本书由宿州学院马克思主义理论重点学科以及
宿州学院“原理”课程教学与科研工作室资助出版。

“意识形态终结论”批判与新时代中国意识形态构建

沈玉梅◎著

安徽师范大学出版社
ANHUI NORMAL UNIVERSITY PRESS
·芜湖·

图书在版编目(CIP)数据

"意识形态终结论"批判与新时代中国意识形态构建/沈玉梅著. — 芜湖:安徽师范大学出版社,2020.8(2021.5重印)

ISBN 978-7-5676-4490-8

Ⅰ.①意… Ⅱ.①沈… Ⅲ.①中国特色社会主义—社会意识形态—建设—研究 Ⅳ.①D616

中国版本图书馆CIP数据核字(2020)第160515号

"意识形态终结论"批判与新时代中国意识形态构建

沈玉梅◎著

责任编辑:吴 琼 唐 芸
责任校对:刘 佳
装帧设计:丁奕奕
责任印制:桑国磊
出版发行:安徽师范大学出版社
芜湖市九华南路189号安徽师范大学花津校区
网 址:http://www.ahnupress.com/
发 行 部:0553-3883578 5910327 5910310(传真)
印 刷:苏州市古得堡数码印刷有限公司
版 次:2020年8月第1版
印 次:2021年5月第2次印刷
规 格:700 mm × 1000 mm 1/16
印 张:16.5
字 数:252千字
书 号:ISBN 978-7-5676-4490-8
定 价:48.00元

目　录

前　　言

第一节　选题缘起

思与做的发生常常基于如下之因：（1）理论上的困惑或对理论的质疑而引起的对理论本身的思考和探索；（2）对现实问题的关怀而产生的对该现实问题的思考与解决之努力。“意识形态的终结”之题之所以跃入笔者的视野并成为本书的研究对象，可谓是二者兼有。

作为精神现象的意识形态，其存在尽管由来已久，但作为一个概念，它的诞生却仅有200余年。德斯图·德·特拉西，这位法国大革命时期的启蒙思想家，用“观念科学”的形式让意识形态作为一个概念首次面世。后历经拿破仑的“政治风波”，意识形态又被冠之以“虚幻的形而上学”之名。马克思承继了意识形态的“虚幻”之内涵，将之用来指称那些“关于意识的空话”的唯心主义思想观念。当然，成长于浓厚的启蒙精神氛围之中的马克思并非一开始就意识到意识形态是“关于意识的空话”。博士论文时期他持有的乃是鲍威尔的“自我意识”哲学的立场，用列宁的话说，这时的马克思还是一个黑格尔唯心主义者。《莱茵报》时期，马克思开始关注现实问题，第一次遭遇“要对所谓物质利益发表意见的难事”。为了解决这一“难事”引起的“苦恼的疑问”，马克思开始研究经济学，把对“副本”的批判转向对“原本”的批判，从而产生了他一生中具有决定性意义的转变。这一转变始于马克思自己开辟出的政治经济学批判，在这一批判及其基础上铺展开来的哲学批判的过程中，马克思发现了意识形态，即“关于意识的空话”的奥秘，开辟出了一条通达“社会现实”的道路。这是一条“从地上升到天上”的道路。它的前提是“处在现实中的、可以通过经验观察到的、在一定条件下进行的发展过程中的人”，它的出发点是“从事实际活动的人，而且从他们的现实生活过程中还可以描绘出这一生活过程在意识形态上的反射和反响的发展”，在这样的基础上，马克思发动了一场全新的哲学革命。此后，“历史就不再像那些本身还是抽象的经验主义者所认为的那样，是一些僵死的事实的汇集，也不再像唯心主义者所认为的那样，是想象的主体的想象活动。”[①]历史就是现实的个人及其生命活动的历史，科学同样也只是一门历史科学。因此，不是意识决定生活，而是生活决定意识。由此，马克思揭开并洞穿了“德意志意识形态”乃至“一般意识形态”的秘密，终结了全部形而上学，揭示了自柏拉图以来的整个超感性世界的虚假性，从而让真正的“历史”得以出场。在此“历史”的视域中，马克思通过“自发分工”揭开了意识形态的神秘面纱，阐述了意识形态的产生、形成和终结的过程。因此，马克思提出了“历史唯物主义”“共产主义意识”和“科学社会主义”等论述，与那些“关于意识的空话”之意识形态相对立。

但是，由于实践性是马克思哲学的本质特征，同时马克思的理论也明示了自己的实践性及其与现实状况的直接关系，因此，以经验历史来指证其理论的过时性是马克思学说经常遭遇到的挑战。故而，以社会历史的变迁来质疑甚至否定马克思的理论，就成了批判马克思理论的一种理论常态。19世纪末20世纪初，当资本主义进入帝国主义时期时，盛行一时的“修正主义”就是这种理论的一个典型事例。针对“修正主义”思潮对马克思理论的非难，列宁在给予严厉的鞭挞和批判的同时，既指出该理论的资产阶级性质，又提出了资本主义社会中两大基本意识形态（资产阶级意识形态和无产阶级意识形态）的对立说。在此基础上，列宁进一步提出了“科学的意识形态”“科学的思想体系”“社会主义意识形态”等概念，着重论述了马克思主义的科学性。

---

①《马克思恩格斯文集》第1卷，人民出版社2009年版，第525—526页。

然而，在晚期资本主义时期，马克思主义又遭遇了一次更为严峻的挑战，这就是发端于20世纪五六十年代、在东欧剧变后再次兴起、以丹尼尔·贝尔和弗朗西斯·福山为代表的、产生广泛影响的近于全球性的那股“意识形态终结论”思潮。

20世纪30年代至50年代末，世界经历了一系列重大事件：30年代的经济大萧条、凯恩斯主义的出现、福利国家的产生；苏联和纳粹的暴力事件、苏德的亲善、第二次世界大战的发生；第三次科技革命的发生、美苏两大阵营之间“冷战”的开始；苏共二十大上赫鲁晓夫的“背叛”、波兰“十月革命”、“匈牙利事件”；等等。历史的诸多变迁，使西方的许多知识分子认为关于资本主义和社会主义之间的意识形态争论已经不再重要，社会主义者已经不再提倡社会主义，资本主义中同样也有社会主义因素，意识形态问题已经被还原为政府所有权和经济计划成分多少的问题。因此，意识形态已经“终结”。率先提出“意识形态的终结”问题的是法国的雷蒙·阿隆。这一问题随后成了由文化自由协会发起的1955年在米兰召开的一次国际会议的主题。诸多与会者，比如爱德华•希尔斯、丹尼尔•贝尔、李普赛特等，都一致认为意识形态的时代已经走向“终结”。这就是20世纪50年代兴起于西方世界的“意识形态终结论”思潮。在这股思潮中，丹尼尔•贝尔是最主要的代表人物，他先后发表了《意识形态的终结：50年代政治观念衰微之考察》《后工业社会的来临——对社会预测的一项探索》《资本主义文化矛盾》等著作，系统地论述了“意识形态的终结”之思想。

20世纪90年代东欧剧变的发生使“意识形态终结论”再次风靡全球。在苏东局势发生危机时，弗朗西斯·福山在美国新保守主义期刊《国家利益》上发表了题为《历史的终结?》一文，认为自由民主制度也许是人类意识形态发展的终点和人类最后一种统治形式，并因此构成“历史的终结”。美国另一位历史学家罗伯特·海尔布隆纳在影响广泛的《纽约客》上发表文章宣称：“资本主义与社会主义两种体制的竞争，在其正式开始后不到75年的时间已经结束，资本主义获得了最终的胜利。”[①]同一时期，美国的前国务卿兹比格涅夫·布热津斯基出版《大失败——二十世纪共产主义的兴亡》一书。他在书中断言，共产主义将不可逆转地在历史上衰亡。1992年苏联解体后，福山出版了《历史的终结及最后之人》这本书，系统论证了“历史终结论”。此后一个时期，“意识形态终结论”在西方甚嚣尘上，其矛头直指马克思主义和社会主义。21世纪以来，现实实践的发展，尤其是2001年的“9·11”事件、2008年的美国金融危机以及近年来的西方自由民主的衰败与中国模式的奇迹，“历史终结论”遭遇了巨大挑战。在此情况下，福山在坚持他的“历史终结论”的同时，开始对这一理论进行“重新思考”，其结果就是一系列专著陆续出版：2004年出版《国家构建——21世纪的国家治理与世界秩序》，2006年出版《美国处在十字路口——民主、权力与新保守主义的遗产》，2011年和2014年出版姊妹篇巨著——《政治秩序的起源——从前人类时代到法国大革命》与《政治秩序与政治衰败——从工业革命到民主全球化》。通过这诸多专著，福山告诉人们，历史之所以至今还没有终结，不是他的“历史终结论”有问题，而是现代国家建设出了问题。由此，他设定了一条通往“丹麦”（并非真实的丹麦这个国家，而是理想的国家状态）的现代国家的构建之路，还是“终结”了历史。

毋庸置疑，这股历时六七十年之久的“意识形态终结论”思潮在全球产生了广泛而深远的影响。一方面，不可否认的是，这股思潮在一定程度上反映了社会发展和变迁的经验事实，表达了社会发展状况的某些实情，这为世界各国在谋求自身发展以及处理自身与别国的关系中提供了某种可资借鉴的方法和资源。比如贝尔提出的“后工业社会”理论，其意义的确不可小觑。另一方面，我们看到这股思潮的矛头指向的仍然是马克思主义之社会主义（尽管贝尔说马克思是自己的老师而称自己只不过是后马克思主义者），他们在运用社会历史的变迁来质疑与否定马克思主义的同时，钝化了马克思主义的批判力，遮蔽了马克思主义的科学性。这不仅使人们对意识形态的理解产生了偏差，更重要的是迷惑了人

① Robert Heilbroler: “Reflections: The Triumph of Capitalism”, The New Yorker, Jan.23, 1989。

们的思想，影响了人们对社会现实的真正理解和把握。比如在20世纪90年代，“意识形态终结论”就得到了西方学界、政界和民间的广泛认同。在新自由主义的额手称庆中，这一思想渗透于诸多民族国家的心理、意识乃至政策中。在这一思潮的影响下，我国出现了“价值中立论”“淡化意识形态论”“历史虚无论”等诸多不良思想。

由此笔者认为，这一时间跨度长、影响范围广的“意识形态终结论”思潮是当代具有全球性和迷惑性的一种意识形态，他们打着“终结”的旗号，实质上是晚期资本主义时期最典型的资产阶级意识形态。正是这种盛行于全球的资产阶级意识形态，在迷惑人们的同时，也使马克思主义的科学性变得晦暗不明。因此，对这一思潮展开批判，揭露其意识形态的本真面目，让被遮蔽的“历史”重新出场，还马克思主义的科学性，就成为当下势在必行之事。

本书是沿着马克思当年的意识形态批判之路，旨在对以贝尔的“意识形态终结论”、福山的“历史终结论”为代表的最具有当代时代特征的资产阶级意识形态展开批判，还马克思主义理论的科学性，深化对马克思主义意识形态理论的研究，同时为新时代中国加强意识形态工作提供意见。

第二节　国内外研究概况

一、国外研究概况

国外对“意识形态终结论”思潮的批判基本是与其兴起和发展同步的。当20世纪50年代阿隆和贝尔等提出“意识形态的终结”之言论后，左派知识分子对此的批判也随之展开。这些反对“意识形态终结论”的左翼思想家主要有：米尔斯、拉普洛姆巴拉、阿尔肯、赫吉斯、哈贝尔等。

米尔斯认为，意识形态既是对政治参与的表达，又是一种关于社会历史的定向理论，同时在许多情况下它还表达一些人类理想，所以它不可能终结。“意识形态的终结”只发生在发达国家中的那些知识分子的自我想象中，因而这是一种简单狭隘的观念。“‘意识形态的终结’只是一种自鸣得意的口号，这种口号集中在当代富裕的西方社会中不成熟的中年人之间流传。”[①]拉普洛姆巴拉认为，“意识形态终结论”的鼓吹者们都是在曼海姆的意义上，即用意识形态是与现实不一致的观念来理解意识形态的。实际上，意识形态既“包含一种历史哲学”，又“倾向于规定一套或多或少相一致的价值，同时寻求把一定的行为方式与达到一种未来状态或保持现存状态联系起来”，而阿隆、贝尔这些“终结论”的提出者，他们“所谓的意识形态并不是指任何一套关于社会的价值、信仰、选择、希望和规定，而是一套特殊的东西，我们可以把它同正统马克思主义、‘科学社会主义’、布尔什维主义、毛主义或者任何教条主义的强烈支持阶级冲突和革命的观点相联系”[②]。由于他们把意识形态的范围搞得很狭窄，只是把其性质视为否定的，所以就得出了错误的结论。赫吉斯的反驳是直接从“知识分子”开始的，因为贝尔和阿隆把意识形态终结看作是和知识分子直接相关的事情。赫吉斯在反击“终结论”的理论家们把知识分子的范围狭窄化的同时指出：在当代社会中，知识分子仍然在为特殊利益集团服务，他们不仅没有超越意识形态，相反更趋向于意识形态。意识形态作为社会一致的工具不仅没有过时而是相反，大众传播工具的帮助，使意识形态从没有像现在这样变得更有用和更富有影响。由此，赫吉斯得出了和“终结论”相反的观点，他说：“意识形态的终结只发生于两个比较狭小的圈子内部：作为官僚、技术统治论者和意识形态统治论者的新知识分子集团，以及幻想破灭、思想枯竭的左派前斗士。”[③]阿尔肯的批评着重点在于“终结论”的理论基础及其后果。他

① C.Wright Mills.Letter to the New Left.In C.I.Waxman ,The End of Ideology Debate.New York:Funk &Wagnalls,1968:127—132。

② J.Lapalombara.Decline of Ideology:A Dissent and an Interpretation.In C.I.Waxman ,The End of Ideology Debate.New York:Funk &Wagnalls,1968:318—323。

③ D.C.Hodges.The End of “The End of Ideology”。In C.I.Waxman ,The End of Ideology Debate.New York:Funk &Wagnalls,1968:37—388。

指出，“终结论”者所说的终结指的是马克思主义的终结，其主要论据之一是：意识形态是社会发展的产物，现代西方社会是发达的富裕社会，意识形态产生和存在的社会历史条件已经消失了。据此，阿尔肯认为，这种观点是受存在主义和实用主义的影响形成的，该理论在“变成反意识形态的狂热”的同时，“不可避免地导向无政府主义，并最后导向虚无主义”①。针对“终结论”者提出的激进运动已经不存在而使意识形态终结的观点，哈贝尔认为，激进运动不是不存在了，而是被压抑和控制了。知识分子关于价值、乌托邦、社会批判和政治战略等观念只是发生了变化，并不表示意识形态的终结。同时，哈贝尔还指出，“终结论”者的这些观点恰好表明了“意识形态终结论”本身就是一种意识形态：对现存福利资本主义制度的肯定与赞同；否定社会冲突的普遍存在而相信社会冲突的有限性并能加以解决；相信宪法程序能够保证社会集团的利益得以整合。

阿尔都塞从结构主义出发反驳了“意识形态的终结”。他认为，意识形态是一切社会总体的有机组成部分，没有意识形态的种种表象体系，人类社会就不能生存下去，“历史唯物主义不能设想共产主义社会可以没有意识形态”②。因此，只有意识形态的世界观能够想象没有意识形态的社会。马尔库塞则是从以科学技术为基础的技术合理性出发，通过对科学技术借工具理性行使意识形态功能的分析，揭示了发达工业社会的意识形态本质。在《单向度的人》一书中，他不仅详细剖析了工业合理性在现代是如何演变为发达工业社会新意识形态之内核的，还通过诸多令人惊骇的描述述说了意识形态对人的控制以及由此造成的严重后果。因此，他批判贝尔的“意识形态终结论”，认为虽然麦卡锡主义时代结束了，恐怖主义的政治统治也结束了，但随着富裕社会的到来，极权主义的统治以一种更隐蔽的方式，即技术理性向各个领域渗透的方式，开始了对人们身心世界的全面控制与操纵。由此他认为，“技术理性这个概念

① H.D.Aiken.The Revolt Against Ideology.In C.I.Waxman ,The End of Ideology Debate.New York:Funk &Wagnalls,1968:236—258。

② [法]阿尔都塞:《保卫马克思》,顾良译,商务印书馆2016年版,第200页。

本身可能就是意识形态的。不仅技术的应用，而且技术本身，就是（对自然和人的）统治——有计划的、科学的、可靠的、慎重的控制。”[①]哈贝马斯同样也阐述了科学技术的意识形态性质。在《作为“意识形态”的技术和科学》中，他指出，在晚期资本主义时期，科学和技术一方面已经成为第一生产力，另一方面也成了统治的合法性的基础。同时他还认为，作为新的合法性形式，技术与科学已经丧失了意识形态的旧形态，而成为一种以科学为偶像的新型的意识形态，即技术统治论的意识形态，其核心是实践和技术的差别的消失。比之旧的意识形态，这种意识形态隐蔽性更强，范围更广：“当今的那种占主导地位的，并把科学变成偶像，因而变得更加脆弱的隐形意识形态，比之旧式的意识形态更加难以抗拒，范围更为广泛，因为它在掩盖实践问题的同时，不仅为既定阶级的局部统治利益作辩解，并且站在另一个阶级一边，压制局部的解放的需求，而且损害人类要求解放的利益本身。”[②]

另外，美国政治学家罗纳德·H·奇尔科特在1994年出版的《比较政治学理论》一书中，探讨了贝尔的“意识形态终结论”问题。他认为，贝尔把意识形态的存在归因于过去一个半世纪的革命冲动，特别表现在黑格尔和马克思他们设法把思想化为行动，由此“在先进社会里，出现了支持极端主义政治运动的信仰型式的枯竭”。而这样的意识形态的具体意义一直被当代社会科学所歪曲，“意识形态现在被贬义地用来描绘极权政权，使人相信在现代化世界中意识形态会趋于枯竭的说法。”对此，奇尔科特批判说：“这种态度忽视了一个事实：世界上最富有的社会之所以始终存在不平等，不是依靠极权势力，而是依靠微妙的内部控制，这种控制是基于美国大多数人所赞同的信仰、价值观和思想。”这就意味着意识形态不仅没有终结，而且渗透于美国社会的任何一个角落。不过，奇尔科特同时指出，贝尔关于“意识形态终结论”的预言预示了对资本主

① [美]赫伯特·马尔库塞:《现代文明与人的困境——马尔库塞文集》,李小兵,等译,三联书店出版社1989年版,第106页。

② [德]哈贝马斯:《作为“意识形态”的技术和科学》,李黎、郭官义译,学林出版社1999年版,第69页。

义文化矛盾以及“后工业社会”理论的关心。①

对福山“历史终结论”的批判，最具有代表性的当属德里达、詹姆逊②、哈贝马斯、吉登斯等西方著名的左翼思想家。解构主义大师德里达在《马克思的幽灵》一书中，从“破败不堪”的资本主义现实世界、福山理论的内在矛盾、抽象人性论等方面展开对福山的批驳。德里达指出，自由民主之资本主义并不是像福山所说的那样美好，而是“破败不堪”，且“病得很厉害，一天不如一天了”，“十大祸害”就是证明，“无论美国还是欧洲共同体都没有达到普遍国家的完善或自由民主制度的完善，不仅没有达到，甚至它们离这个理想还差得很远呢。”而且福山的“历史终结论”充满着矛盾，因为“福山在这里将自由民主制度规定为一种实际存在的现实事物，而在那里又将它规定为一种纯粹的理想。这一事件时而是现实，时而又是现实的预兆。”所以，他“狼狈不堪地在两种不可调和的话语之间犹豫不决，摇摆不定”。同时福山用以支撑他的“历史终结论”的人性论也是一种“唯灵论语言”，这一历史的终结本质上“属于一种基督教的末世论”。③詹姆逊在《关于现实存在的马克思主义的五个论点》和《论现实存在的马克思主义》中，从文本解读和现实理解两个方面对“历史终结论”进行驳斥。他在理论上对什么是马克思主义、社会主义和共产主义，马克思主义、社会主义与“革命”这一传统概念有何关系，马克思主义对晚期资本主义的意义以及晚期资本主义对马克思主义提出了何种任务进行了回答。詹姆逊指出：马克思主义是关于资本主义的唯一科学，因而庆贺马克思主义的死亡正像庆贺资本主义取得最终胜利一样是不能自圆其说的。④

哈贝马斯在《苏东剧变与〈共产党宣言〉》《社会主义今天意味着什

① [美]罗纳德·H。奇尔科特:《比较政治学理论——新范式的探索》(修订版),高铦、潘世强译,社会科学文献出版社1998年版,第25—59页。

② 关于詹姆逊,汉译名不一致,有的译为杰姆逊,有的译为詹明信。

③ [法]德里达:《马克思的幽灵——债务国家、哀悼活动和新国际》,何一译,中国人民大学出版社2008年版,第77、60—62页。

④ 参见[美]弗里德里克·詹姆逊:《论现实存在的马克思主义》,王则译,《马克思主义与现实》1997年第1期。

么》《追补的革命》《作为未来的过去》等文章和著作中对"历史终结论"予以反击。他把东欧剧变看成是一场"矫正的革命"。在他看来，苏联的解体只是苏联模式的社会主义即官僚社会主义的失败，并不意味着社会主义的失败。官僚社会主义的失败并不等于资本主义的胜利。针对福山对资本主义的赞美，哈贝马斯援引《共产党宣言》对此予以驳斥后指出，东欧剧变表明，对马克思主义社会主义观念即现实存在的社会主义需要进行反思，但这并不意味着"马克思主义作为批判"像"实际存在的社会主义"一样已经穷途末路："东欧的国家社会主义的消亡意味着西欧左派汲取理论灵感和指导价值的源泉已经枯竭吗？灰心丧气的毕尔曼在把他的乌托邦天才见解化为满腔愁思之后，暗示了一个辩证的答案：'给我们铲子吧；让我们最终埋葬那个庞大而弱小的僵尸，即使是基督也需要在地下待三天才能使怜悯复活的把戏取得成功！'"[①]因此，哈贝马斯说，尽管福山的"历史终结论"曾风靡一时，但是他对"历史终结的这种诊断不以为然"，因为并不是历史到了终结点，而是"被操纵的世界已经到达了崩溃点"[②]。吉登斯从"第三条道路"出发，在抨击"历史终结论"的同时也"走近马克思"。吉登斯认为，在更广阔的视野下，现代性是以资本主义为中心的，而在现代社会中，经济影响比以前的任何社会类型都更突出、更深远。这些都是围绕着资本主义社会的诸种制度而被结构化的。而马克思凭着对资本主义经济的深刻的洞察和分析，正确地指出了其他形式的经济系统没有资本主义这种不断扩张的本性。因此，吉登斯说，马克思"尽管也许不再时髦，但我仍看重马克思"[③]。

福山的老师塞缪尔·亨廷顿则通过"文明的冲突"范式否定了福山的"历史终结论"。在《文明的冲突和世界秩序的重建》中，他指出：决定后冷战时代的世界格局的范式绝不是一个世界之西方的"普世文明"，

①［德］J·哈贝马斯：《东欧剧变与〈共产党宣言〉》，李晖编译，《马克思主义与现实》1997年第3期。

②［德］J·哈贝马斯：《作为未来的过去》，转引自陈学明：《走进马克思》，东方出版社2002年版，第356页。

③［英］安东尼·吉登斯：《第三条道路——社会民主主义的复兴》，郑戈译，北京大学出版社、生活·读书·新知三联书店2000年版，第166—167页。

而是七（八）个文明之间由于“认同”而可能形成的“文明的冲突”。在未来的岁月里，世界上将不会出现一个单一的普世文化，而是将有许多不同的文化和文明相互并存。新的世界秩序正在依循着由七（八）个文明（也即文化实体）所形成的“文化线”进行着重构与聚合。由此亨廷顿认为，福山的所谓“历史的终结”的想法不仅是一种“谬见”，而且“是十足傲慢的表现”[①]。美国学者迈克尔·罗斯金在《政治科学》一书中也向福山的“历史终结论”发出了质疑之声：“欧洲共产主义的解体并不证明马克思原初的思想是错误的……社会主义思想在美国的一些大学校园中仍具有生命力，一些人仍在辩论实现‘仁慈的社会主义’的可能性……更进一步地说，社会主义外还有其他的意识形态……当苏联解体时，新的、危险的意识形态威胁也产生了，在自由民主的内部，也还有数不清的意识形态观点。”[②]

二、国内研究概况

就国内而言，鉴于当时的特殊情势，对这一思潮的研究较国外相对滞后。

20世纪80年代，随着改革开放进程的推进以及西方关于意识形态理论著作的引入，国内对意识形态问题的研究开始逐渐升温。学者们从政治学、社会学和哲学等视角对意识形态问题进行了卓有成效的探索。除了发表论文外，还出版了一些颇有分量和见地的专著，比如：俞吾金的《意识形态论》（上海人民出版社1993年版）、姚大志的《现代意识形态理论》（黑龙江人民出版社1993年版）、宋惠昌的《当代意识形态研究》（中共中央党校出版社1993年版）、杨生平的《论马克思主义意识形态理论的形成和发展》（首都师范大学出版社1998年版）、郑永廷的《社会主义意识形态发展研究》（人民出版社2002年版）、周宏的《理解与批判——马克思意识形态理论的文本学研究》（三联书店出版社2003年

① [美]塞缪尔·亨廷顿：《文明的冲突与世界秩序的重建》，周琪，等译，新华出版社2002年版，第56页。

② [美]迈克尔·罗斯金：《政治科学》，林震，等译，华夏出版社2001年版，第125页。

版）、童世骏的《意识形态新论》（上海人民出版社2006年版）、侯惠勤的《马克思的意识形态批判与当代中国》（中国社会科学出版社2010年版）、张秀琴的《马克思意识形态概念理解史》（人民出版社2018年版）、唐晓燕的《马克思意识形态理论逻辑进程》（社会科学文献出版社2018年版），等等。这些学者从自己的理论视角出发，探讨了意识形态的起源与形成，马克思意识形态理论的形成、发展、传播与演化，社会主义意识形态的形成和发展，当代西方对意识形态问题的思考和探索，当代中国面临的意识形态问题与社会主义意识形态的建构等方面的问题，形成各具特色的理论风格。这些意识形态研究成果在一定程度上促进了国内学界对“意识形态终结论”思潮的研究。

国内学者对“意识形态终结论”思潮的研究，主要表现在以下两个方面：

一方面，引介、翻译了与“意识形态终结论”相关的思想和专著。就笔者所及资料，国内较早触及“意识形态终结论”思潮的是姚大志1988年在《哲学动态》第10期上发表的《西方关于“意识形态终结”的辩论》一文。后来，王则编译的詹姆逊的《论现实存在的马克思主义》（《马克思主义与现实》1997年第1期）、李晖编译的哈贝马斯的《东欧剧变与〈共产党宣言〉》（《马克思主义与现实》1997年第3期）以及王建民译的贝尔的《技术轴心时代——〈后工业社会的来临〉1999年版前言》（《当代世界社会主义问题》2003年第2、3期）等论文也相继刊出。与此同时，国内陆续出版了一些与“意识形态终结论”思潮相关的中译本著作，比如：R·M·尼克松的《1999：不战而胜》（朱佳穗，等译，长征出版社1988年版），兹·布热津斯基的《大失败——二十世纪共产主义的兴亡》（军事科学院外国军事研究部译，军事科学出版社1989年版）和《大失控与大混乱》（潘嘉玢、刘瑞祥译，中国社会科学出版社1994年版），丹尼尔·贝尔的《资本主义的文化矛盾》（赵一凡，等译，三联书店1996年版）和《意识形态的终结》（张国清译，江苏人民出版社2001年版），李普赛特的《一致与冲突》（张华青，等译，上海人民出版社1995年版）和《政治人》（张绍宗译，上海人民出版社1997年版），福山的《历史的终结及最后之人》(黄胜强、许铭原译，中国社会科学出版社2003年版)，亨廷顿的《文明的冲突与世界秩序的重建》(周琪，等译，新华出版社1998年版)，德里达的《马克思的幽灵——债务国家、哀悼活动和新国际》(何一译，中国人民大学出版社1999年版)，曼海姆的《意识形态与乌托邦》(黎鸣、李书崇译，商务印书馆2000年版)，雷蒙·阿隆的《知识分子的鸦片》(吕一民、顾杭译，译林出版社2005年版)，等等。这些译介以及中译本的刊出无疑推动了国内学界对"意识形态终结论"思潮的研究。

另一方面，批判贝尔和福山的"终结论"的成果次第刊出。质量较高的期刊论文主要有：姚大志的《历史的终结？——后冷战时代西方政治哲学述介（上）》(《哲学动态》1996年第4期)，陈启能的《历史终结了吗？——评福山的历史终结论》(《史学理论研究》1997年第3期)，张国清的《丹尼尔·贝尔和西方意识形态的终结》(《江海学刊》2001年第2期)，仲崇东的《"意识形态终结论"评析》(《天津社会科学》2002年第4期)，杨生平的《自由民主的理念真的已无可匹敌吗？——评福山的"历史终结"论》(马克思主义研究2003年第2-3期)，孙仲的《质疑意识形态终结论》(《浙江学刊》2003年第5期)，苏富强的《"意识形态终结"论的终结》(《求索》2007年第2期)，姜迎春的《试析"意识形态终结论"的方法论谬误》[《南京大学学报》(哲学·人文科学·社会科学) 2007年第6期]，王岩、茅晓嵩的《"意识形态终结论"批判与我国意识形态安全》(《政治学研究》2009年第5期)，张盾的《"历史的终结"与历史唯物主义的命运》(《中国社会科学》2009年第1期)，程恩富、谢长安的《"历史终结论"评析》(《政治学研究》2015年第5期)，陈学明、李先悦的《福山的"历史终结论"的终结说明了什么》(《马克思主义理论学科研究》2017年第1期)，等等。专著有：直接批判"意识形态终结论"思潮的梁建新的《穿越意识形态终结的幻象——西方意识形态终结论思潮评析》(中国社会科学出版社2008年版)、评述贝尔思想的王小章的《丹尼尔·贝尔：介入的观念》(浙江大学出版社2000年版)、程麻的《中国文化视角与世界文明前景——评

“历史终结”论与“文明冲突”论》（清华大学出版社2012年版），等等。

从总体上看，这些研究：

第一，以“冷战”为视角，从“终结论”产生的背景（原因）、“终结论”的方法论错误、“终结论”的实质等方面阐述和论证“终结论”的悖谬及其意识形态本质。张国清认为，贝尔的“意识形态终结论”并不是贝尔一个人的见解，而是一个时代的西方右翼知识分子对于一系列重大的理论问题和实践问题的根本看法。该理论既是冷战的实录，又是右翼知识分子参与冷战的理论武器，而这种冷战思想同样也贯穿在福山的“历史终结论”中。因此，这条冷战路线表明了西方社会的思想界和知识界有人单方面地提出了终结意识形态之争的希望。但是，冷战思维并不由于苏联的解体和东欧社会主义阵营的瓦解而终止，相反，它正以一些新的形式继续着。王岩认为，“意识形态终结论”是在世界经济全球化和两种社会制度斗争的大背景下产生的，其本质是以资本主义“普世价值”为核心的西方中心论，是西方右翼势力推行和平演变战略的继续；为此，我国必须加强国家意识形态安全建设。仲崇东认为，贝尔的“意识形态终结论”既是西方右翼知识分子对20世纪政治运动，尤其是对无产阶级的暴力革命所表现出来的极度的厌恶和恐惧的表现，也是当时西方国家内部阶级结构、社会结构的变化以及“趋同论”的社会历史背景的产物，这些恰好反映了“终结论”浓厚的政治色彩，因而这股思潮是为冷战服务的工具。苏富强的观点和仲崇东大体相同。姜迎春认为，贝尔的“意识形态终结论”有三大历史依据，即社会结构的总体性变革；意识形态社会条件的丧失；社会主义现实运动的“失败”。但是由于历史辩证法的缺场，这三大历史依据都是误判，因此贝尔的“意识形态终结论”实质上是形而上学理论思维的产物，具有明显的意识形态性，也是“冷战”思维的重要组成部分。梁建新在其专著中剖析了“意识形态终结论”思潮产生的现实根源后也认为，该“终结论”思潮是冷战思维支配下资本主义向社会主义意识形态进攻的表现，是西方中心主义价值观的思维再现。

第二，从“终结论”自身理论上的虚弱来论证“终结论”的错误及其意识形态性。陈启能在《历史终结了吗?》一文中，在分析了福山论证其“历史终结论”的理论根据后，认为福山的主要理论支柱是黑格尔的唯心主义以及西方中心论，此种理论既是露骨的唯心主义，因为：福山所谓的历史只是一种观念，或者说是一种历史观，而他所说的“历史的终结”，实际上只是一种历史观的终结；又是带有明显的形而上学性，因为福山尽管极力推崇黑格尔，但是他却恰恰丢弃了黑格尔哲学中的精华，即辩证法。由此他认为历史不会终结，终结的倒是那些没有价值的、短命的理论。张盾认为，福山的“历史终结论”的立论根基主要来自黑格尔的历史终结论题以及科耶夫对黑格尔的解读。但是黑格尔的“历史终结”是一个纯粹的哲学问题，即“绝对知识”的完成所必须承诺的一个本体论前提。而科耶夫则将其进一步实在化为“普遍的同质国家”。福山又把它引申为一个政治意识形态观点：西方自由民主制度的胜利标志着人类历史发展的终点，并喻示着马克思主义理论与实践的终结。由此，福山在误读黑格尔的同时，也在实证的意义上坚持历史的终结并将其强加给马克思，这是福山的错误所在，而此种错误正彰显了福山的意识形态动机。

第三，从21世纪以来“历史终结论”遭遇的挑战以及福山系列新著中存在的问题出发论证“历史终结论”的终结。程恩富、谢长安认为，冷战结束后的二十多年间，以美国为首的西方大国打着民主和人权高于主权的旗号在世界各地肆意发动战争，今天欧洲和亚洲的紧张局势与美国的挑拨密不可分，西方国家金融危机的爆发再次暴露出资本主义具有一系列无法克服的弊病，这些都说明西方资本主义政治制度并没有终结人类历史。陈学明、李先悦认为，无论是纵观20年来客观的历史现实还是考察福山在这期间所做出的对美国的批评和对中国的赞扬，考察福山如何从高调鼓吹“终结论”到被迫唱起“衰败论”(即承认西方资本主义制度的衰落)，都说明福山的“历史终结论”已经终结了。

第四，指出贝尔的“意识形态终结”是与其“后工业社会”概念相关联的。王小章在其专著《丹尼尔·贝尔：介入的观念》中，对贝尔的生平、思想、价值观、方法论进行了总体评述。指出了贝尔的“意识形态终结论”与“后工业社会”的相关性。他在综述了贝尔的意识形态概念后指出，贝尔的“意识形态终结论”已经隐含在他对阶级和政治的分析中了，不过不是对阶级和政治的论述的自然延伸，而是和他的“后工业社会”概念存在着一种内在的联系。

三、有待进一步研究和探讨的问题

总体地看来，以上学者们的研究成果都不乏真知灼见，这对于本书的研究有重要的参考价值。不过，笔者认为，在学者们研究成果的基础上，还有以下问题需要进一步研究和探讨：

第一，关于马克思意识形态理论的形成。对于这一问题，学界成果颇为丰硕。大家一致认为，马克思意识形态理论的形成和唯物史观的形成是同一个过程。不过对于马克思意识形态理论形成过程中起到中介作用的政治经济学批判和自发分工的研究还较为欠缺，尤其对于自发分工这一重要中介，更需要进行深入的探讨，否则就不能触及马克思意识形态概念的本质的那一度。

第二，关于贝尔的“意识形态终结论”的研究。对于这一研究，学界大都局限于“意识形态的终结”这一个问题，却忽略了对这一问题和“后工业社会的来临”之间的关系（即“意识形态的终结”之内涵）的探讨，由此也忽略了对后工业社会中科学技术和意识形态之间关系的探讨。如果不能够对这两个问题进行深入研究，也就没办法搞清楚贝尔的“意识形态终结”之真正内涵及其“意识形态终结论”的真正本质。

第三，关于福山的“历史终结论”的研究。学界对于这一问题的研究，大多基于对这一理论“错误”本质的批判，但却没有对这一理论的理论基础，即福山的“历史”概念及其来源进行前提下的澄清与界线上的划定。换言之，福山“历史终结论”之“历史”本身是有问题的，但是学界并没有把这个“问题”说清楚。同时，21世纪以来，福山对“历史终结论”又进行了“重新思考”。学界评价这种“重新思考”的观点不一，有的学者认为是前后矛盾，有的学者认为是后者否定了前者，还有的学者认为是放弃了前者。对这一问题，还需要依据福山的系列原著进行深入的剖析和探究。

第四，关于亨廷顿的“文明冲突论”的研究。国内一些学者把“文明冲突论”划归“意识形态终结论”思潮，认为亨廷顿用“文明（文化）”取代了意识形态，从而“终结”了意识形态。对于这一问题还需要从文明（文化）与意识形态的关系以及“文明冲突论”的“意义”、根源与实质等方面进行进一步的研究，以说清楚“文明冲突论”是否归属于“意识形态终结论”。

第三节　基本思路、主要观点和结构

在“选题缘起”中已经指明，本书是沿着马克思当年的意识形态批判之路，对以贝尔的“意识形态终结论”、福山的“历史终结论”为代表的最具有当代时代特征的资产阶级意识形态展开批判，同时也澄清国内学者对亨廷顿“文明冲突论”的误读，目的在于还马克思主义科学性的同时，深化对马克思主义意识形态理论的研究。基于此，本文在吸收借鉴当前已有研究成果的基础上，把对“意识形态终结论”思潮的研究再向前推进一步。

本书的基本思路、主要观点和结构如下：

第一章着重阐述马克思主义意识形态理论的形成、完善和发展的过程。首先，简单地考察意识形态概念的诞生及其演变，指出是特拉西首次创立了作为“观念科学”的意识形态概念，后经由拿破仑的“政治风波”之后发生了逆转，意识形态变成了“虚幻的形而上学”。其次，论述意识形态理论的形成，指出现代意识形态理论的形成始于马克思。马克思承继了拿破仑赋予的意识形态之“虚幻性”的内涵，在历经《莱茵报》时期“物质利益的难事”后，开辟出了政治经济学的研究和批判，并在这一批判中达成了哲学批判以及意识形态批判，创立了唯物史观，意识形态理论得以形成。在唯物史观的视域中，马克思运用“自发分工”阐述了意识形态的起源、形成和终结的过程。再次，论述恩格斯对意识形态理论的完善，认为恩格斯批判了杜林的唯心史观以及当时的"经济决定论"，在阐述意识形态诸形式的产生过程、特点、结构以及意识形态的相对独立性的基础上，完善了意识形态理论。最后，论述列宁对意识形态理论的发展，认为列宁既批判了伯恩施坦对马克思思想的"修正"，指出其思想的资产阶级性质，又论述了先进理论的重要作用，并在阐述"灌输说"的同时，提出意识形态的阶级性与党性学说，论述了马克思主义作为无产阶级意识形态的科学性，发展了意识形态理论。

第二章对丹尼尔·贝尔的"意识形态终结论"进行剖析。本章主要探讨了贝尔的"意识形态终结论"形成的时代背景、"意识形态终结论"的本质内涵以及"意识形态终结论"与后工业社会的关系，认为贝尔的"意识形态终结论"是那个特定历史条件下的产物，其"意识形态的终结"的真正内涵是"50年代政治观念的衰微"。"意识形态的终结"的真正所指是"后工业社会的来临"，即通过"意识形态的终结"之名来表达"后工业社会的来临"之实，以凸显出科学技术对于经济社会发展的轴心作用。贝尔关于后工业社会的预测的确意义重大，但是，他的社会学方法论决定了这种社会预测理论仍然是在"历史"之外的，其实质是一种"历史终结论"。事实上，在后工业社会中，科学技术和意识形态的关系不能互相代替。一方面，既要重视科学技术作为第一生产力的重大作用但不能将其绝对化；另一方面，又要注意意识形态的功能但要把握其限度，以使它们在社会有机体中各尽其能、各司其职。

第三章对弗朗西斯·福山的"历史终结论"进行批判。福山认为，苏联解体证明了自由民主资本主义是迄今最好的意识形态，由此历史走向终结。首先，对此观点予以剖析，认为后冷战时期，自由民主资本主义社会危机重重，正陷入困境，它并不是最好的意识形态。苏联的解体终结的只是社会主义实践之一种，即僵化教条的社会主义模式，而不是社会主义。它的解体恰好证明了，不坚持马克思主义的社会主义，改革不坚持社会主义的政治方向，必然导致失败。其次，对福山"历史终结论"的理论来源展开分析，指出福山历史概念的抽象性质以及他对黑格尔和马克思的历史概念的严重误读，揭示其理论来源的无根性。第三，剖析福山“历史终结论”的立论根据。尽管福山认为“经济”和“认可”是历史发展的“两大支柱”，但他认为历史发展的最终原因是“认可”。而“认可”的历史机制是从科耶夫那里拿来的，该机制本身就是科耶夫对黑格尔历史观的误读。这种“拿来主义”的做法既证明福山学理上的无知，也彰显了其意识形态动机错误。由此可以看出，尽管福山通篇都在言说历史，但是“历史”却恰恰在他的视野之外，因此，“历史终结论”充其量只是一种外部反思。最后，分析“历史终结论”遭遇的挑战及其本质。笔者认为，由于“历史终结论”的抽象本质，决定了它经不起实践的检验。因此，当这一理论遭遇现实实践发展（特别是“9·11”事件、2008年的金融危机以及中国经济的崛起）的严峻挑战时，福山不得不对其“历史终结论”进行“重新思考”，其结果便是福山理想中的“现代国家”——“丹麦”的建立。但是，这个“丹麦”又是脱离社会物质生产基础的一个抽象理念。因此，“历史终结论”终究因为没有触及“历史”的本质的那一度而沦为福山一厢情愿式的情感表达，它不仅不能“终结”历史，而且处处彰显了这一理论的资产阶级意识形态之本质。

第四章对塞缪尔·亨廷顿的“文明冲突论”进行剖析。本章主要针对国内学界对“文明冲突论”的误读展开。自“文明冲突论”发表以来，国内许多学者把这一理论也归入“意识形态终结论”思潮中，但这是对“文明冲突论”的误读。本章对该论的剖析是基于亨廷顿所声言的“意义”展开的，指出该论强调的是在一个国家或地区中，文明或文化对于其“政治原则”的重大意义。这提醒我们，在后冷战时期，一个国家的意识形态建设必须立足于本国的文明或文化传统，那些脱离本国文明或文化传统的意识形态是不具有吸引力的。然而亨廷顿的此种“意义”彰显出的却不是如他所言的“意识形态及其分歧已不再重要”的断言，恰恰相反，而是后冷战时期意识形态的极端重要性。因此，随后本章开始对“文明冲突”的根源和实质、“文明冲突论”的基础和本质予以剖析，认为文明之所以发生冲突，并非源于亨廷顿所认为的文明之间固有的“差异”，而是源于现代文明，即以资本为原则的文明的基本性质。由此冲突就并不是文明之间的冲突，而是托起文明的那个利益实体之间的利益冲突。因此，亨廷顿所论证的由于文明固有的差异而产生的“认同逻辑”才使文明之间发生冲突的分析只是一个抽象理念。也由此，“文明冲突论”的基础便凸显出来，那就是新种族主义意识形态。故而，“文明冲突论”的资产阶级意识形态之本质不言自明。由此，引领未来人类文明与文化的发展方向的范式绝不是亨廷顿的“冲突”，而是中国提出的“和而不同，兼容并蓄”的“共存”之理念。

第五章在前四章分析的基础上，提出新时代中国社会主义意识形态建设的几点建议：一是必须看清“意识形态终结论”思潮的晚期资本主义意识形态本质，毫不动摇地坚持马克思主义在意识形态领域的指导地位；二是要科学定位意识形态的功能和作用，防止意识形态的“泛化”和“淡化”；三是推进意识形态改革和创新，加强意识形态工作的科学性。

第一章
马克思主义意识形态理论的形成和发展

根据历史唯物主义，意识是伴随着人类社会的产生而产生的。最初的意识是和人的社会活动杂糅交织在一起的，是感性意识。意识形态和"分工"有着不解之缘。当"真实的分工"即物质劳动和精神劳动的分离出现时，意识可以"现实地想象"了。这时候起，原先和人的社会活动融合交织在一起的意识就上升硬化为意识形态。而分工和私有制是同义语，所以意识形态是私有制的产物。在阶级社会里，意识形态不过是以思想的形式表现出来的占统治地位的物质关系，它言说的是统治阶级的话语权。当历史进入20世纪，尤其是第二次世界大战后，代表着资本主义阵营和社会主义阵营的美苏之间的"冷战"拉开了序幕，意识形态的这种功能更是淋漓尽致地彰显出来。美国前总统尼克松在他的大作《1999：不战而胜》中如是说："我们与苏联的竞争是军事、经济和政治性的，但美苏之争的根源在于意识形态。苏联想要传播共产主义……，而美国则想要阻止共产主义……如果我们在思想意识战中败北，则我们所有的武器、条约、贸易、外援和文化关系都将毫无用处。"故而把意识形态领域称之为"没有硝烟的战场"一点都不为过。在此意义上，阿尔都塞将意识形态硬化并冠之以"国家机器"之名是恰当的。之所以如此，是因为每种意识形态都植根于粗糙的世俗世界，牵引着意识形态前进的则是在世俗世界之中奔走忙碌的利益实体。

然而，当"意识形态"一词首次诞生在人世间之时，这一切都与它无关。

第一节　意识形态概念的起源

关于意识形态概念的诞生，可以说是启蒙运动孕育了它。启蒙，英文对应词是“enlightment”，其本意是指“照亮”“启发”“开启蒙昧”之意。正如其英文对应词所意谓的那样，启蒙运动的一个主要任务便是重新肯定人类的理性能力，因为启蒙学者们相信，只有理性的力量才能使一切变得清楚明白、可知可见。从笛卡尔对人理性能力的揭发和肯定开始，经过17—18世纪自然科学的归纳证明，启蒙时期的人们已经乐于相信理性的灵光，认为有了这束灵光的普照，人就能够祛除黑暗和偏见，摆脱权威的束缚而活在一个自我确定的意义世界中。由此可见，启蒙运动最重要的真实内涵是理性，用康德的话说：“启蒙运动就是人类脱离自己所加之于自己的不成熟状态……要有勇气运用你自己的理智！这就是启蒙运动的口号。”①这意味着，理性是启蒙运动的动力源和检验机制，它是一种贯通所有领域的中介物，也正是在此意义上，我们往往用“理性主义时代”为18世纪冠名。

在理性灵光的照耀中，法国的启蒙思想家特拉西创立了意识形态这个概念。

一、意识形态:“观念科学”

18世纪的法国，沐浴在启蒙思想的理性灵光中。凭借理性的灵光，思想家们以惊人的魄力“反对现状、反对信仰、反对数千年来的一切权威势力”。这些思想具有这样一个特点，“即反对一切有势力的东西、与自我意识格格不入的东西、不愿与自我意识共存的东西、自我意识在其中找不到自己的东西的那种深恶痛绝的感情。”②其中，有一部分思想家，

① [德]康德:《历史理性批判文集》,何兆武译,商务印书馆1990年版,第22页。

② [德]黑格尔:《哲学史讲演录》第四卷,贺麟、王太庆译,商务印书馆2009年版,第243页。

他们“承袭了培根和笛卡尔的自由主义启蒙传统，在哲学上追随洛克和孔狄亚克的经验论”[①]。这部分思想家认为，传统的形而上学、宗教神学以及其他各种传统和观念都存在着偏见，这些偏见导致人们不能正确地认识世界。因此，他们在给予这个“旧世界”猛烈抨击的同时，又想创立一种新的认识论，以便为人们摒弃偏见建设法国提供科学的认识基础。这种新的认识论与以往的以形而上学为基础的传统哲学不同，它以关于人的能力为基础，以人的感觉经验为前提，运用分析的方法，对日常观念进行层层解剖和还原，以弄清它们的特点和来源。意识形态这一概念就是在这些思想中孕育的。创立这一概念的就是思想家特拉西。现在，尽管对于意识形态概念产生的确切时间说法不一，但是，学者们对于“意识形态概念是由特拉西创制的”这一观点则是无异议的。因此，“意识形态”这一概念，如同当今许多实际存在的各种“意识形态”一样，发端于18世纪90年代的法国大革命。

意识形态在德文和英文中分别是Ideologie和ideology，它们都是源于法文词idéologie，即“观念学”之意。而创制idéologie的人就被称为“观念学家”或“意识形态家”，即法文idéologues。由于特拉西秉承的是洛克和孔狄亚克的彻底的感觉主义，认为人无法认识事物本身，只能认识对事物的感知所形成的观念，故而在特拉西那里，意识形态作为“观念学”是有其特定含义的，其“主要任务是研究认识的起源、界限和认识的可靠性的程度”[②]。他还认为，通过对观念和感知谨慎系统地分析，意识形态不仅能为一切科学知识提供坚实的基础，而且还会使人性被认识，从而会使社会和政治秩序可以根据人类的需要与愿望重新被安排。故而，“观念学‘是肯定的，有益的，可以具有严格精确性的’。在谱系上，它是‘第一科学’，因为一切科学知识都包罗观念的结合。它也是文法、逻辑、教育、道德的基础，以及最终是‘最伟大艺术’的基础……”[③]

① 姚大志:《现代意识形态理论》,黑龙江人民出版社1993年版,第2页。

② 俞吾金:《意识形态论》,上海人民出版社2014年版,第8页。

③ [英]约翰·B.汤普森:《意识形态与现代文化》,高铦,等译,译林出版社2005年版,第32页。

1795年，法兰西研究院成立，该研究院替代了被恐怖时期罗伯斯庇尔废止的皇家学院。除了一个科学院与一个文学和美术部以外，该研究院还包括一个道德伦理与政治科学方面的研究。1796年特拉西被任命为伦理学和政治学部门的院士。在该院中，特拉西和他的朋友们一起研究被他们称为“观念科学”的意识形态。在随后的1801至1805年间，特拉西将其思想进行详细阐发，形成了他自己的观念科学体系，这就是他的四卷本巨著《意识形态的要素》①。

根据姚大志先生的研究，特拉西的这套巨著，从形式到内容都与洛克的《人类理解论》非常相似。第一卷的标题是“狭义的意识形态”，研究思想、感觉以及观念的形成和效果。第二卷的标题是“语法”，探讨语言的主要规则，认为语言规则与思想、感觉和观念相关。第三卷的标题为“逻辑”。第四卷的标题为“论意志及其效果”，其中将前三卷所讨论的东西应用于实践领域，以此来考察意志的本质和作用，达到对人类行为的真正理解。②

由此不难看出：

第一，意识形态作为观念科学，它一开始就把认识论中的基本问题作为自己的研究对象，因此，这个概念是作为“哲学”大家族的一员而登上历史舞台的。但就其作为“第一科学”的特定内涵而言，它和现代意义上的意识形态概念没有本质意义上的关联。

第二，由于特拉西自称为“科学”的认识论秉承了洛克和孔狄亚克的经验主义，因此，这种所谓的观念科学无非是洛克和孔狄亚克经验主义的另一种变形而已。在这个意义上，黑格尔如下的评价是正确的：“洛克这种对于复杂观念的所谓分析以及对于这些观念的所谓解释，由于非常清楚明晰，曾受到普遍的欢迎。因为，说由于我们感知时间，所以我们具有时间的概念，——实在没有比这更清楚的了。如果我们没有真正看见空间，怎么会有空间概念？现在我们既有空间概念，故我们必定看见空间。——这也再清楚不过了。所以法国人特别采纳了这种说法，并

---

① 关于这本书，译法不一，本书采用的是俞吾金的译法。

② 参见姚大志：《现代意识形态理论》，黑龙江人民出版社1993年版，第3页。

加以进一步的发挥；他们所谓Idéologie（观念学）所包含的不外是这种东西。”[①]

第三，由于特拉西创制的意识形态概念本身就与法国大革命紧密相连，其目的是欲通过意识形态将道德与政治科学安置在坚实的基础上，并纠正它们的错误和偏见。因此，想通过意识形态来改变当时法国的现状是特拉西创制意识形态的初衷。故而，意识形态概念的最初诞生就有实践，即改变世界的指向。也因此，特拉西的意识形态概念在其诞生之时就遭到当时维护现状的拿破仑的攻击。这也似乎意味着意识形态概念自其诞生之日起就与政治结下了不解之缘。

所以，当特拉西的《意识形态的要素》于1815年完全面世时，迎接它的不是欢呼，而是污蔑。正如汤普森所言，“到这些著作面世的时候，‘Ideology’一词已有了一个新的、相当不同的含义，这个含义很快掩盖了发现者宏大的目的。”[②]意识形态的命运之所以会发生如此转变，与被黑格尔誉为骑在马背上的“世界精神”的拿破仑直接相关。

二、意识形态:虚幻的形而上学

拿破仑，由于年轻时深受启蒙思想影响而“迷恋上了卢梭、孟德斯鸠、伏尔泰等启蒙学者的著作，对卢梭的《社会契约论》尤感兴趣。”于是，“争取平等与自由的观念在他的思想中深深地扎下了根”[③]。1789年法国大革命爆发后，拿破仑同情革命，一时成为雅各宾派的拥护者且深受罗伯斯庇尔的赏识。1799年刚执政时的拿破仑，其方针和思路与意识形态家们在很多方面是相吻合的，因此，意识形态家们对他的统治十分拥护，但好景不长。

担任第一执政以来，拿破仑也采取了一系列措施强化中央集权，以便为他的独裁统治创造条件。因而，拿破仑在利用意识形态家们的同时

① [德]黑格尔:《哲学史讲演录》第四卷，贺麟、王太庆译，商务印书馆2009年版，第168页 。

② [英]约翰·B. 汤普森:《意识形态与现代文化》，高铦，等译，译林出版社2005年版，第33页。

③ 韦红:《拿破仑传》，湖北辞书出版社1996年版，第6页。

却又提防着他们，认为他们的共和主义观念对于他的独裁野心来说是一种潜在的威胁。从这时起，拿破仑便开始攻击意识形态家。1800年1月，《对外关系信使报》的一篇文章谴责该集团，把它称之为形而上学派系或者“观念学者”，说它胡乱对待大革命而现在又在阴谋反对新政权。不仅如此，1801年拿破仑与教皇达成协议，规定天主教为法国国教，使天主教再度成为国家的精神支柱，这自然激起了意识形态家们的反对。而意识形态家们的反对言行加深了拿破仑的担忧，于是拿破仑决定先发制人，扫除“忧患”。1803年1月23日，拿破仑下令取消法兰西研究院中的伦理学和政治学两个部门，其成员被合并到研究院的其他部门。《哲学百科辞典》认为，“导致拿破仑这一镇压行动的主要因素是特拉西的直接与拿破仑重建宗教的意向相冲突的反宗教观点。”①此后，拿破仑对意识形态家们的反对和敌视越来越厉害，特别是他建立的帝国开始崩溃时，这种反对达到了顶点。

1812年12月，当拿破仑在对俄罗斯的战争中惨败回国后，观念学家成了拿破仑的出气筒，观念学成了拿破仑极力谴责的对象。在向国民议会发表的一篇声明中，拿破仑把法兰西近年来经历的所有重大灾难一并归罪于意识形态：“我们美好的法国所遭受的病患应归罪于观念学，那种虚幻的形而上学，它晦涩地寻求民众立法基础的初始推动力，而不是去利用人类心灵和历史教训所知晓的规律。这些错误不可避免地，而且在事实上，导致了嗜血人物的统治……如果有人得到召唤来重振一个国家，他必须采取绝对相反的原则。”②

此后，尽管拿破仑退位，波旁王朝再次登台，但是当“ideology”一词再次流入政治舞台时，其含义已经发生了变化，它不再是当初的“观念科学”，而是“抽象和幻想的意识形态”。而以特拉西为首的意识形态家也被冠之以脱离社会现实的空想家之名。

毋庸置疑，特拉西及其意识形态家们反对拿破仑重建宗教的言行是

① 转引自俞吾金:《意识形态论》(修订版)，人民出版社2009年版，第26页 。

② [英]约翰·B。汤普森:《意识形态与现代文化》，高铦，等译，译林出版社2005年版，第34页。

符合当时启蒙运动的基本精神的，当然具有一定的历史意义。但是，特拉西奠基在感觉主义基础之上的所谓“观念科学”，既不可能为各门学科提供坚实的基础，也不可能达到改造法国的目的。因为“它是一种抽象的形而上学，是对于最简单的思维规定的一种列举和分析。这些思维规定并没有得到辩证的考察，反之它们的材料是从我们的反思和思想里取得的，而包含在这种材料中的各种规定又必须在材料中得到证明”①。如果我们撇开拿破仑的政治目的，而仅在此意义上来看拿破仑对特拉西的指责和抨击的话，那就不是没有道理的。否则，意识形态作为虚幻空想的学说就不会在现代意义上被沿用。还是曼海姆说得好：“当拿破仑发现这个哲学团体反对他的帝国野心，从而轻蔑地称这批人为‘意识形态主义者’时，现代的意识形态观便诞生了。因此，这个词带上了贬义，像‘教条主义者’这个词一样，一直保留至今。”②

第二节　马克思主义意识形态理论的形成和完善

由特拉西创制的作为“观念的科学”的意识形态，在历经拿破仑的“政治风波”后，变成了“虚幻的形而上学”。此后这一概念就成了贬义词并在欧洲流行起来，现代意义上的意识形态概念当源出于此。毋庸置疑，马克思秉承了意识形态作为“虚幻”的内涵之要义，在批判地吸收了德国及英法思想的基础上创立了现代意识形态理论，此后的意识形态理论之形成和发展，或受其支配，或受其影响。因此，麦克莱伦的如下判断是正确的：“意识形态既有其法国起源，也有其德国起源。”③

---

① [德]黑格尔：《哲学史讲演录》(第四卷)，贺麟、王太庆译，商务印书馆1997年版，第238页。

② [德]曼海姆：《意识形态与乌托邦》，黎鸣，等译，商务印书馆2007年版，第72—73页。

③ [英]大卫·麦克里兰：《意识形态》，孔兆政、蒋龙翔译，吉林人民出版社2005年版，第8页。

一、虚幻之内涵

我们知道，马克思对意识形态概念的论述都是散见于他的诸多专著和手稿中的。而在这些著作和手稿中，马克思既没有对意识形态概念下一个确切的定义（西方传统哲学中对概念A的定义就是对“什么是A?”的回答），也没有一本专门系统论述这一概念的专著。因此，当前国内外学者对马克思意识形态概念的内涵存有很大的争议，归纳起来无非是或褒（肯定）或贬（否定）或中性或兼而有之等诸种说法。比如，拉雷恩把马克思对这一概念的解释归纳为“否定的”（即指某种歪曲的思想）和“肯定的”（指社会意识的整体形式或一切社会阶级的所有政治观念）的对立。①而他对“否定的”解释作了强有力的辩解。国内学者张秀琴认为，马克思的意识形态概念具有二重属性，既表现为中性的意识形态一般（“上层建筑说”和“文化载体说”），又表现为贬义性的意识形态具体（“阶级意识说”和“虚假意识说”）。②倪瑞华认为，马克思的意识形态概念在不同的语境中具有不同的内涵，这一内涵经历了由否定性到中性再到肯定性发展的逻辑历程。③等等。我们认为，马克思是在否定的意义上使用这一概念的，即认为意识形态是虚幻性的学说。但是，这种否定意义的“虚幻”性并非仅指某种单一的内涵，而是具有多种复杂的含义，并且马克思对这些多种复杂含义的阐述是在历史唯物主义的视域中进行的。归纳起来，这些复杂的含义主要有以下几个方面。

首先，马克思认为意识形态只存在于阶级社会中，在无阶级的社会中意识形态并不存在。先看无阶级的原始社会，这一点在《德意志意识形态》中马克思有非常清楚的论述。当马克思阐述了源初的历史的关系的四个因素之后，他说：“我们才发现：人还具有‘意识’。但是这种意

① 参见[英]乔治·拉雷恩：《马克思主义与意识形态：马克思主义意识形态论研究》，张秀琴译，北京师范大学出版社2013年版，第4页。

② 参见张秀琴：《马克思意识形态概念理解史》，人民出版社2018年版，第33页。

③ 参见倪瑞华：《马克思的意识形态概念内涵的语境分析》，《马克思主义研究》2017年第9期。

识并非一开始就是'纯粹的'意识。"[①]也就是说，马克思认为，最初的"意识"并不是如笛卡尔式的没有任何内容的"我思"，而是在感性交往中形成并与人的感性活动交织在一起的。这种意识是在语言中呈现并由语言托起的，因为"语言是一种实践的、既为别人存在因而也为我自身而存在的、现实的意识"[②]。而语言和意识都是由于需要，由于和他人交往的迫切需要才产生的。因而，语言和意识从其诞生起就是在人与人之间的感性交往之中的，并且是与人的感性活动粘连在一起的，这种意识就是感性意识。比如图腾崇拜，或曰自然宗教，即最早的人对自然界的一种纯粹动物式的意识，这是感性意识而不是意识形态。后来自发分工出现，即私有制出现后，感性意识和感性活动发生了断裂才上升硬化为意识形态。再看共产主义社会。马克思认为，意识形态是由于自发分工使物质劳动和精神劳动相分裂而产生的，所以当共产主义革命消灭了意识形态产生的基础即分工与私有制之后，感性意识与感性活动就不再发生分裂，意识形态自然就消失了："随着基础即随着私有制的消灭，随着对生产实行共产主义的调节以及这种调节所带来的人们对于自己产品的异己关系的消灭，供求关系的威力也将消失，人们将使交换、生产及他们发生相互关系的方式重新受自己的支配。"[③]"共产主义革命就是同传统的所有制关系实行最彻底的决裂；毫不奇怪，它在自己的发展进程中要同传统的观念实行最彻底的决裂。"[④]

其次，意识形态的虚幻性指的是它颠倒了社会存在和社会意识的关系。在历史唯物主义的视野中，不是意识决定生活，而是生活决定意识。但是，一切意识形态都把思想和概念看作是决定性的原则，认为观念世界统治和决定着人们的现实世界，而现实世界则是观念世界的产物："迄今为止人们总是为自己造出关于自己本身、关于自己是何物或应当成为何物的种种虚假观念。他们按照自己关于神、关于标准人等等观念来建

①《马克思恩格斯文集》第1卷，人民出版社2009年版，第533页。

②《马克思恩格斯文集》第1卷，人民出版社2009年版，第533页。

③《马克思恩格斯文集》第1卷，人民出版社2009年版，第539页。

④《马克思恩格斯文集》第2卷，人民出版社2009年版，第52页。

立自己的关系。他们头脑的产物不受他们支配。他们这些创造者屈从于自己的创造物。”[①] 比如“德意志意识形态”即是如此。对此，马克思指出，由于德国人或者是“从人们所说的、所设想的、所想象的东西出发”，或者是“从口头的、思考出来的、设想出来的、想象出来的人出发”，于是，在德国人那里，“人们之间的关系、他们的一切举止行为、他们受到的束缚和限制，都是他们意识的产物”；也于是，德国人就在这“‘纯粹精神’的领域中兜圈子”，尤其是黑格尔的历史哲学，“是整个这种德国历史编纂学的最终的、达到自己‘最纯粹的表现’的成果”。[②] 这样在德国人那里，历史就成了“仅仅是一般概念的前进运动”，成了纯粹意识的演进史，也就是说，“几乎整个意识形态不是曲解人类史，就是完全撇开人类史。意识形态本身只不过是这一历史的一个方面。”[③]所以这些意识形态完全颠倒了社会存在和社会意识的关系，具有虚幻性。

再次，意识形态的虚幻性指的是意识形态的独立性的假象。由于意识形态忽视了历史的现实基础，把历史当作纯粹意识的发展史，认为“批判”是历史的动力。就如青年黑格尔派玄想家，他们满口讲的都是“震撼世界”的词句，他们宣称反对“词句”的斗争就确切地表达了他们的活动。在这些玄想家看来，真正的革命就是思想领域中的革命，就像那位“庸俗的满口仁义道德的桑乔”在他那本“圣书”中所表达的那样：“问题仅仅在于新道德，在于他所谓的新人生观，在于人们把一些‘固定观念’‘从自己头脑中挤出去’，如果这样做了，一切人就能够满足于自己的生活，就能够享受生活了。”[④]对于玄想家们的言行，马克思在《德意志意识形态》的序言中有一个非常形象的比喻，他说：“有一个好汉忽然想到，人们之所以溺死，是因为他们被重力思想迷住了。如果他们从头脑中抛掉这个观念，比方说，宣称它是迷信观念，是宗教观念，他们就会避免任何溺死的危险。……这位好汉就是现代德国革命哲学家们的

①《马克思恩格斯文集》第1卷，人民出版社2009年版，第509页。

②《马克思恩格斯文集》第1卷，人民出版社2009年版，第525、515—516、546页。

③《马克思恩格斯文集》第1卷，人民出版社2009年版，第519页。

④《马克思恩格斯全集》第3卷，人民出版社1960年版，第490—491页。

标本。”[①]也就是说，在这些玄想家们的视野中，意识形态是一种独立的可以推动历史前进的“实体”。马克思认为，意识形态并不是独立的“实体”，它的独立是一种假象。因为，在历史唯物主义的视野中，人们的观念“都是他们的现实关系和活动、他们的生产、他们的交往、他们的社会组织和政治组织有意识的表现，而不管这种表现是现实的还是虚幻的……如果这些个人的现实关系的有意识的表现是虚幻的，如果他们在自己的观念中把自己的现实颠倒过来，那么这又是由他们狭隘的物质活动方式以及由此而来的他们狭隘的社会关系造成的。”同样，“人们头脑中的模糊幻象也是他们可以通过经验来确认的、与物质前提相联系的物质生活过程中的必然升华物。因此，道德、宗教、形而上学和其他意识形态，以及与它们相适应的意识形态便不再保留独立性的外观了。它们没有历史，没有发展，而发展着自己的物质生产和物质交往的人们，在改变自己的这个现实的同时也改变着自己的思维和思维的产物。”[②]可见，意识形态并不独立，独立的是在它背后的物质实体。因此，马克思说意识形态是虚幻的。

最后，意识形态的虚幻性还指的是它的欺骗性。我们知道，意识形态是阶级社会特有的现象，它代表着统治阶级的话语权，维护的是统治阶级的利益。为了达到自己的目的，统治阶级把自己的利益说成是社会全体成员的共同利益，同时赋予自己的思想以普遍性的形式，把它们描绘成唯一合乎理性的、有普遍意义的思想，从而在精神上麻痹和控制被统治阶级，掌握意识形态领域的领导权。对此，马克思指出：“统治阶级的思想家或多或少有意识地从理论上把它们变成某种独立自在的东西，在统治阶级的个人的意识中把它们设想为使命等等；统治阶级为了反对被压迫阶级的个人，把它们提出来作为生活准则，一则是作为对自己统治的粉饰或意识，一则是作为这种统治的道德手段。”[③]关于这一点，马克思在对 1848 年欧洲革命的剖析中表现得最为清楚，这主要体现在

①《马克思恩格斯文集》第1卷，人民出版社2009年版，第510页。

②《马克思恩格斯文集》第1卷，人民出版社2009年版，第524—525页。

③《马克思恩格斯全集》第3卷，人民出版社1960年版，第492页。

《1848年至1850年的法兰西阶级斗争》《路易·波拿巴的雾月十八日》等著作中。马克思通过分析这次革命浪潮中的重大历史事件发现，资产阶级的意识形态并不是一成不变的，随着革命形势的变化和发展，革命的口号也会作相应的变化，但是这种变化是在某种现象遮蔽下悄然进行的，它对人们起着潜移默化的作用，从而达到支配人们的思想和行动的目的。比如在六月起义中，资产阶级借助法国农民对拿破仑的迷信，打出了“拿破仑观念”的招牌，请出路易·波拿巴登上总统的宝座。资产阶级的这一举动实际上是请出拿破仑的“亡灵”来为他们效劳，以达到笼络法国农民的目的。所以，马克思如是说：“在这些革命中，使死人复生是为了赞美新的斗争，而不是为了拙劣地模仿旧的斗争；是为了在想象中夸大某一任务，而不是为了回避在现实中解决这个任务；是为了再度找到革命的精神，而不是为了让革命的幽灵重行游荡。”[①]因此，从意识形态的欺骗性上，马克思说它是虚幻的。

二、祛蔽之彰显

既然意识形态是虚幻的，那就必须要对其进行祛蔽，用马克思的话说就是：“我们要把他们从幻想、观念、教条和想像（象）的存在物中解放出来，使他们不再在这些东西的枷锁下呻吟喘息。”[②]换言之，唯有去意识形态之蔽方能还人类史之真面目，方能使人正确认识自己的历史及其现实。可见，当马克思在言说这种虚幻性时，这个概念已经是一个批判性的概念了。就像黑格尔，当他指责特拉西的意识形态概念“并没有得到辩证的考察”时，他已经将历史感的汁液注入他的“精神”之中了。批判性无疑构成了马克思意识形态概念的本质和灵魂，所以我们说，马克思的意识形态理论就是他的意识形态批判。恰如汤普森所言：“批判性概念意味着特点为意识形态或意识形态的这种现象是误导的、幻想的或片面的；把一些现象的特点视为意识形态就带有对它们的含蓄批判或谴

①《马克思恩格斯文集》第2卷，人民出版社2009年版，第472页。

②《马克思恩格斯全集》第3卷，人民出版社1960年版，第15页。

责。”[①]不过由于深入透彻地分析马克思的意识形态批判问题并非本文之主旨，此处只是从这一视角对这一过程（主要是马克思意识形态理论的形成）做一简单地阐述。

（一）政治经济学批判是马克思意识形态理论形成的中介

我们知道，马克思的意识形态理论是唯物史观的有机组成部分，因此唯物史观的创立过程也就是马克思意识形态理论的形成过程，而这一过程就是祛蔽的过程。正是在祛意识形态之蔽的过程中唯物史观才得以创立，马克思的意识形态理论才得以形成。这一过程是马克思通过政治经济学研究和批判这一中介完成的。在唯物史观形成和创立的过程中，马克思主要的著作有《1844年经济学哲学手稿》《神圣家族》《关于费尔巴哈的提纲》《德意志意识形态》《哲学的贫困》《共产党宣言》《政治经济学批判》《资本论》等。鉴于马克思的唯物史观在《德意志意识形态》中已经草创出来，因此本文阐述的政治经济学研究和批判只是在《德意志意识形态》之前的时期。为了言说的方便，我们把这一时期分为三个时间段：转向政治经济学研究阶段、第一次“遭遇”政治经济学阶段以及政治经济学研究的深化阶段。

1.转向政治经济学研究

我们知道，深受启蒙思想影响的马克思并不天生就是一个马克思主义者。在完成于1841年的博士论文中，作为青年黑格尔派的主要成员之一，马克思秉承的乃是鲍威尔的“自我意识”哲学的立场。因此，列宁的如下判断是正确的：“马克思就其当时的观点来说，还是一个黑格尔唯心主义者。”[②]《莱茵报》时期是马克思思想转变过程中具有决定意义的时期。正是在这一时期，马克思“回到人间”，开始关注现实问题，从而“第一次遇到要对所谓物质利益发表意见的难事”[③]。马克思之所以将这件事称为“难事”，是因为他当时的哲学信仰和现实的经济事实发生了冲

---

①［英］约翰·B. 汤普森：《意识形态与现代文化》，高铦，等译，译林出版社2005年版，第60页。

②《列宁选集》第2卷，人民出版社2012年版，第414页 。

③《马克思恩格斯文集》第2卷，人民出版社2009年版，第588页 。

突，也就是黑格尔的哲学和现实的物质利益发生了矛盾，或者换句话说，马克思无法用他当时所持有的黑格尔哲学合理地解释当前的社会现实——物质利益问题。这些“难事”成为促使马克思研究经济问题的最初动因。理所当然地，马克思从社会舞台退回书房。此次的“退回书房”意味着马克思将另辟蹊径以释放在遭遇物质利益的难题后而生长着的内在紧张，对于这一点科尔纽的说法是比较恰当的：“对经济关系和社会关系（如林木盗窃法，酿造葡萄酒的农民的状况）的研究，使得他认识到主要的问题不是宗教问题或政治问题，而是社会问题；社会问题并不像他从前所想的那样，是不能用纯粹法律的和政治的手段，用改变法律和国家制度的办法来解决的。”[①]在此，马克思开始告别非反思的现代启蒙主义，从对资本主义的“副本”批判转向对“原本”的批判，预示了政治经济学批判的开端，是马克思思想转变的“枢纽”。

当然，此时马克思还遇到另一个他当时不能解决的问题。在1859年的《政治经济学批判》序言中，马克思有简短地回顾：“在《莱茵报》上可以听到法国社会主义和共产主义的带着微弱哲学色彩的回声。我曾表示反对这种肤浅言论，但是同时在和奥格斯堡《总汇报》的一次争论中坦率承认，我以往的研究还不容许我对法兰西思潮的内容本身妄加评判。”因此，马克思在“退回书房”研究经济学的同时也研究历史与政治，这一研究马克思是在克罗茨纳赫完成的。在那里马克思广泛阅读和研究了欧洲各国的历史政治著作，作了九本详细的摘录笔记，即我们今天看到的《克罗茨纳赫笔记》。从笔记的基本内容来看，三组摘录都与马克思最为关心的国家与市民社会的关系问题紧密相关。在这些丰富资料的基础上，马克思吹响了批判黑格尔哲学的号角，这就是马克思在遭遇物质利益困惑之后于1843年夏完成的第一部著作——《黑格尔法哲学批判》，“为了解决使我苦恼的疑问，我写的第一部著作是对黑格尔法哲学的批判性的分析。”[②]这部著作的导言发表在1844年的《德法年鉴》上，

① [法]奥古斯特·科尔纽：《马克思恩格斯传》（Ⅰ），刘丕坤、王以涛、杨静远译，生活·读书·新知三联书店1980年版，第432页。

②《马克思恩格斯文集》第2卷，人民出版社2009年版，第591页。

在导言中马克思明确指出了对黑格尔法哲学进行批判的重要意义："德国的国家哲学和法哲学在黑格尔的著作中得到了最系统、最丰富和最终的表述；对这种哲学的批判既是对现代国家以及同它相联系的现实所作的批判性分析，又是对迄今为止的德国政治意识和法意识的整个形式的坚决否定，而这种意识的最主要、最普遍、上升为科学的表现正是思辨的法哲学本身。"①

在《黑格尔法哲学批判》中，马克思深入思考了黑格尔国家、法律的理性主义立场与现实物质利益关系的冲突根源，揭示了黑格尔法哲学的"逻辑的泛神论的神秘主义"本质，初步发现了黑格尔"将一切头足倒置"的思辨哲学本质。正如马克思指出的那样："逻辑的泛神论的神秘主义在这里已经很清楚地显露出来"，"观念变成了主体，而家庭和市民社会对国家的现实的关系被理解为观念的内在想像（象）活动"。在马克思看来，"实际上，家庭和市民社会都是国家的前提，它们才是真正活动着的；而在思辨的思维中这一切却是颠倒的。"马克思洞察到，"家庭和市民社会是国家的现实的构成部分……家庭和市民社会使自身成为国家。它们是动力。""政治国家没有家庭的自然基础和市民社会的人为基础就不可能存在。它们对国家来说是必要条件。"②基于此，马克思认识到：法的关系正像国家的形式一样，既不能从它们本身来理解，也不能从所谓人类精神的一般发展来理解。相反，它们根源于物质的生活关系，即"市民社会"。正是这一基本创见，标志着马克思开辟了通向唯物史观的道路，成为马克思意识形态理论形成的开端。

2. 第一次"遭遇"政治经济学

既然法的观念和国家的形式植根于物质的生活关系，即植根于"市民社会"，那么对政治国家的研究也就应当深入到市民社会之中，而"对市民社会的解剖应该到政治经济学中去寻求"③。1843年10月，马克思到了巴黎，开始了对政治经济学进行系统研究，同时考察了法国革命史。

①《马克思恩格斯文集》第1卷，人民出版社2009年版，第10页。

②《马克思恩格斯全集》第3卷，人民出版社2002版，第10、12页。

③《马克思恩格斯文集》第2卷，人民出版社2009年版，第591页。

1844年2月，恩格斯的《国民经济学批判大纲》在《德法年鉴》上发表，这本“包含着科学共产主义在经济学方面的茁壮根苗”[①]，并且蕴含着历史主义之辩证眼光的“天才的大纲”给予了马克思很大的启发。这促使马克思通过政治经济学解剖市民社会不仅成为可能，而且成为必需。马克思这一阶段研究的重大成果就是《1844年经济学哲学手稿》（以下简称《手稿》）。《手稿》是由三部分组成的，即以“异化劳动”理论为核心的经济批判、以“对黑格尔的辩证法和整个哲学的批判”为主体的哲学批判以及以“共产主义批判”为主体的社会批判。这三个部分是彼此贯通、相互联系的，切不可把它们彼此孤立起来，否则必然人为地造成对《手稿》的误读。其中，经济批判是哲学批判和社会批判的基础，哲学批判是经济批判的理论提升，社会批判是经济批判和哲学批判的归宿。

《手稿》是马克思第一次本质性地与经济学“遭遇”。“这一遭遇的重要性并不在于对政治经济学本身的批判，而在于通过政治经济学对市民社会中现实的社会经济关系进行批判性的分析，揭示现代社会的基本原则和内在限度之所在。”[②]本质地看来，《手稿》中对经济学的批判是在两个具有根本性的追问中展开的：

（1）把人类的最大部分归结为抽象劳动，这在人类发展中具有什么意义？

（2）主张细小改革的人不是希望提高工资来改善工人阶级的状况，就是（像蒲鲁东那样）把工资的平等看作社会革命的目标，他们究竟犯了什么错误？[③]

说这两个追问具有根本性是因为：第一，此时马克思已经看到了“抽象劳动”[④]在现实社会中对人的统治，它的直接表现就是劳动之异化的“经济事实”，对“抽象劳动”历史意义的追问实质上就是对资本原则的追问。这上承的是由《莱茵报》时期物质利益问题的困惑而导致的对

① [德]弗·梅林:《马克思传》(上),樊集,译,人民出版社1965年版,第127页。

② 罗骞:《论马克思的现代性批判及其当代意义》,上海人民出版社2007年版,第67页。

③《马克思恩格斯文集》1卷,人民出版社2009年版,第124页。

④ 当然,此时的马克思还没有明确地区分出具体劳动和抽象劳动的界限,这一工作是在《资本论》中完成的。

黑格尔法哲学进行批判的初步成果，下启的是哲学批判及其视域中的哲学革命之发动以及全新历史哲学维度之开启。第二，此追问本身意味着马克思已经意识到在资本原则范围之内的改革是不可能成功的，也说明此时的马克思已经跃出国民经济学的地平线开始质疑并追问其作为“科学”之合法性了。这两个关乎本质的追问本身预示着马克思必然要对国民经济学家眼中合法的而在马克思看来却是“有害的、招致灾难的”劳动进行剖析，这一剖析的成果就是马克思最终形成的著名的“异化劳动”理论。在此理论中，马克思得出了如下结论：“我们从国民经济学得到作为私有财产运动之结果的外化劳动（外化的生命）这一概念。但是，对这一概念的分析表明，尽管私有财产表现为外化劳动的根据和原因，但确切地说，它是外化劳动的后果……后来这种关系就变成相互作用的关系。”①这样，马克思就揭开了遮蔽在劳动之上的神秘面纱：国民经济学用来作为前提的劳动不是本真劳动，而是异化劳动，以劳动为前提的国民经济学的矛盾就是异化劳动与本真劳动的矛盾；私有财产和异化劳动本质上是同一的，以私有财产为前提的国民经济学产生的矛盾就是对象化的私有财产和真正的人的财产之间的分裂而产生的矛盾。“抽象劳动”经济事实的本质及其根源被呈现出来，国民经济学作为“科学”之意识形态性也就暴露无遗了。

呈现“抽象劳动”经济事实之本质及其根源只是马克思经济批判的直接结果，或者说是马克思所做工作的基础，更为重要的是马克思要面对如何处置“抽象劳动”统治现实社会的经济事实的问题，因为马克思意识到像蒲鲁东那样的改良式社会主义不可能真正地“改变世界”。因此，对劳动本质的继续追问及找寻“改变世界”的途径必然随之跃入马克思的理论视野。故而马克思提出两个必须要解决的问题：

（1）揭示异化劳动和私有财产的普遍本质。

（2）我们已经承认劳动的异化、劳动的外化这个事实，并对这一事实进行了分析。现在要问的是，人是怎样使自己的劳动外化、异化的？

---

①《马克思恩格斯文集》第1卷，人民出版社2009年版，第166页。

这种异化又是怎样由人的发展的本质引起的？①

这两个问题彰显的乃是马克思由经济批判上升到哲学批判和社会批判的内在逻辑的转换。

在哲学批判中，通过“对黑格尔的辩证法和整个哲学的批判”，马克思抓住了黑格尔伟大的成果——作为推动原则和创造原则的否定性的辩证法，剔除了笼罩在劳动之上的“抽象的、逻辑的、思辨的”异化外观，呈现劳动的本质，把劳动作为哲学（同样也作为经济学）的根本原则。这里我们看到了马克思对劳动，即“对象性活动”之本质的全新界定：“当现实的、肉体的、站在坚实的呈圆形的地球上呼出和呼入一切自然力的人通过自己的外化把自己现实的、对象性的本质力量设定为异己的对象时，设定并不是主体；它是对象性的本质力量的主体性，因此这些本质力量的活动也必定是对象性的活动。对象性的存在物进行对象性活动……因此，并不是它在设定这一行动中从自己的‘纯粹的活动’转而创造对象，而是它的对象性的产物仅仅证实了它的对象性活动，证实了它的活动是对象性的自然存在物的活动。”②正是在此“对象性活动”的哲学境域中，我们看到马克思全新历史哲学维度的初步开启以及一系列唯物史观伟大创见的生成：劳动是人的本质；劳动创造了世界历史；劳动创生了社会关系；个体是社会存在物，社会性是人的特性；等等。

也正是在初步形成的唯物史观创见的基础上，马克思展开了“共产主义”之社会的批判。这一批判的实质是从对私有财产本质的哲学追问中，刻画作为“社会”状态的“共产主义”的本质规定性。通过对“私有财产的本质”的追问与解答，我们看到了马克思关于“共产主义”的“社会”状态的经典表述：“共产主义是对私有财产即人的自我异化的积极的扬弃，因而是通过人并且为了人而对人的本质的真正占有；因此，它是人向自身、也就是向社会的即合乎人性的人的复归，这种复归是完全的复归，是自觉实现并在以往发展的全部财富的范围内实现的复归。这种共产主义，作为完成了的自然主义，等于人道主义，而作为完成了

①《马克思恩格斯文集》第1卷，人民出版社2009年版，第167—168页。

②《马克思恩格斯文集》第1卷，人民出版社2009年版，第209页。

的人道主义，等于自然主义，它是人和自然界之间、人和人之间的矛盾的真正解决，是存在和本质、对象化和自我确证、自由和必然、个体和类之间的斗争的真正解决。它是历史之谜的解答，而且知道自己就是这种解答。”①

由此我们看到，这部《手稿》被阿尔都塞称为“《资本论》的草稿”②并非没有道理。不过《手稿》似乎并不是如张一兵所言的“不是青年马克思计划写作的成果”③，因为《手稿》是马克思对黑格尔法哲学批判后而得出的“对市民社会的解剖应该到政治经济学中去寻求”的那个“寻求”的直接结果，既如此，它何以会游离于马克思的“计划”之外？而阿尔都塞的“这部可以比作黎明前黑暗的著作偏偏是离即将升起的太阳最远的著作”④的说法也显然是对《手稿》的误判。因为，在马克思对资产阶级市民社会异化的经济事实的解剖而后上升为对黑格尔的辩证法和整个哲学的批判的过程中，我们看到了马克思哲学革命的发端，看到了全新历史哲学维度的开启以及一系列唯物史观伟大创见的形成。

至此，马克思意识形态理论的基地基本建成了。

3.政治经济学研究的深化

从《手稿》到《德意志意识形态》之间的这段时间，马克思继续研究经济学，主要著作有与恩格斯合著的《神圣家族》以及《评弗里德里希·李斯特的著作〈政治经济学的国民体系〉》。

（1）《神圣家族》。《神圣家族》是马克思恩格斯于1844年11月合写的，目的是驳斥鲍威尔之流的“思辨唯心主义”。⑤这是一部同自己过去的“哲学良心”进行一次清算的论战性著作，从该书的行文脉络以及理

①《马克思恩格斯文集》第1卷，人民出版社2009年版，第185—186页。

②［法］路易·阿尔都塞：《保卫马克思》，顾良译，商务印书馆2017年版，第149页。

③ 张一兵：《回到马克思——经济学语境中的哲学话语》，江苏人民出版社2005年版，第217页。

④［法］路易·阿尔都塞：《保卫马克思》，顾良译，商务印书馆2017年版，第19页。

⑤ 其实在写作《手稿》时，马克思已经有了写作《神圣家族》的计划：“关于这个饶有兴味的历史的判决，这个历史的涅墨西斯，我将在另一个场合加以详细的介绍。”参见《马克思恩格斯全集》第3卷，人民出版社2002年版，第222页。

论境域看，它本质上是《手稿》中生成的新哲学境域的深化和延展。

首先是经济学批判。

这部分内容主要集中在该书第四章第四部分“蒲鲁东”中。在这里，马克思的经济学批判是在双向批判中，即通过分析鲍威尔之流如何曲解蒲鲁东以及应该如何正确评价蒲鲁东中展开的。马克思对蒲鲁东经济学的批判秉承了《手稿》中的立场，只不过在《手稿》中没有展开而在这里展开了。马克思认为，“蒲鲁东则对国民经济学的基础即私有财产作了批判的考察，而且是第一次具有决定意义的、无所顾忌的和科学的考察。这就是蒲鲁东在科学上实现的巨大进步，这个进步在国民经济学中引起革命，并且第一次使国民经济学有可能成为真正的科学。”因此，“蒲鲁东始终不同于其他国民经济学家，他不是以限于局部的方式把私有财产的这种或那种形式描述为国民经济关系的扭曲者，而是以总括全局的方式把私有财产本身描述为国民经济关系的扭曲者。从国民经济学观点出发对国民经济学进行批判时所能做的一切，他都已经做了。”这部著作的特点“正是在于把私有财产的实质问题看做（作）对国民经济学和法学生死攸关的问题”。基于此，“蒲鲁东从国民经济学用诡辩掩盖的相反的方面出发，即从私有财产的运动造成的贫穷出发，进行了否定私有财产的思考。”①但是，鲍威尔之流并没有掌握必要的经济学知识，连最基本的经济关系都还未能认识，只是以他们所特有的批判的机敏，感到自己有责任对蒲鲁东进行批判地分析从而就对蒲鲁东开始了攻击。他们仅仅用自己想象中所做到的事情来反驳蒲鲁东的真实的事情，他们到处看到的只是一些范畴。可见，他们攻击蒲鲁东的最终结果不过是“用范畴的形式夺得了整个现实并把人的一切活动消融在思辨的辩证法中”②罢了。随后马克思话锋一转开始批判蒲鲁东，认为蒲鲁东和其他国民经济学家一样，也是以私有财产作为前提的：“蒲鲁东的《什么是财产？》这部著作也是根据国民经济学的观点对国民经济学所做的批判”，他也“没有把私有财产的各种进一步的形式，如工资、商业、价值、价格、货币等等，

①《马克思恩格斯文集》第1卷，人民出版社2009年版，第256、257、258、259页。

②《马克思恩格斯文集》第1卷，人民出版社2009年版，第274—275页。

像《德法年鉴》那样看做（作）私有制的形式（见弗·恩格斯的《国民经济学批判大纲》），而是用国民经济学的这些前提来反驳国民经济学家”。所以，“蒲鲁东想扬弃不拥有以及拥有的旧形式，这同他想扬弃人与自己的对象性本质的实际异化的关系，以及想扬弃人的自我异化在国民经济学上的表现，其实都是完全相同的一件事。但是，由于他对国民经济学的批判还受到国民经济学的前提的束缚，因此，蒲鲁东仍以国民经济学的占有形式来理解对象世界的重新获得。”[①]故而，“蒲鲁东在国民经济学的异化范围内扬弃国民经济学的异化”[②]的改良主义是不可能真正扬弃异化的。

马克思认为，蒲鲁东的经济学由于是以私有财产为前提的，所以，他的为否定私有财产而提出的平等原则只不过是“按法国的方式即用政治语言和具象思维的语言所说的东西”而已，说到底也是一个抽象的范畴。“德国的破坏性的批判在以费尔巴哈为代表对现实的人进行考察以前，试图用自我意识的原则来瓦解一切确定的和现存的东西一样，法国的破坏性的批判也试图用平等的原则来达到同样的目的。”因而蒲鲁东在这里的做法和德国批判家并无二致，如果有区别的话，那就是：“他讲法语而我们讲德语，因此他是用法国方式表达我们用德国方式所表达的东西。”[③]故而蒲鲁东和鲍威尔之流一样本质上都从属于黑格尔的思辨哲学。由此，马克思由经济批判上升为对鲍威尔之流的思辨哲学的批判。

其次，哲学批判。

由于鲍威尔的“自我意识”哲学来源于黑格尔，因此马克思首先批判了黑格尔的思辨哲学。马克思认为，“在黑格尔的体系中有三个要素：斯宾诺莎的实体，费希特的自我意识以及前两个要素在黑格尔那里的必然充满矛盾的统一，即绝对精神。第一个要素是形而上学地改了装的、同人分离的自然。第二个要素是形而上学地改了装的、同自然分离的精神。第三个要素是形而上学地改了装的以上两个要素的统一，即现实的

①《马克思恩格斯文集》第1卷，人民出版社2009年版，第255页。

②《马克思恩格斯文集》第1卷，人民出版社2009年版，第268页。

③《马克思恩格斯文集》第1卷，人民出版社2009年版，第264页。

人和现实的人类。”[①]于是，在黑格尔那里，人变成了自我意识，纷繁复杂的人类现实只是自我意识的特定形式，只是自我意识的规定性。这种自我意识的规定性又不过是“纯粹的范畴”，是赤裸裸的“思想”，并且这种“思想”能够在纯思维中加以扬弃同时通过纯思维来加以克服。于是，人类自我意识的各种异化形式所具有的现实的物质基础均被黑格尔消融在“无人身的人类理性”的怀抱之中。这样一来，真实的历史在黑格尔的一手“操纵”下就变成了纯粹“思想”的演绎史。而现实世界中血腥的战斗也只是观念之间彼此的对抗和扬弃。可见，“黑格尔的历史观又不过是关于精神和物质、上帝和世界相对立的基督教日耳曼教条的思辨表现”[②]。因此，马克思用“头足倒置”来定格黑格尔哲学的同时并冠之以“虚假的实证主义”和“虚有其表的批判主义”之名。[③]

接着马克思对鲍威尔等人的哲学进行了批判，认为他们的哲学远没有达到黑格尔的高度。马克思认为，鲍威尔等人和施特劳斯一样都只是分有了黑格尔哲学的一脉，并且这一脉在他们那里也只是得到了片面的、因而是彻底的发展。因此，“他们两人在自己的批判中都超出了黑格尔体系，但同时他们两人都继续停留在黑格尔思辨的范围内，而他们之中无论哪一个都只是代表了黑格尔体系的一个方面。”[④]因而鲍威尔从黑格尔那里只是学会了一种技艺，即把一切外部的感性的斗争都变成了纯粹观念的斗争。于是，在鲍威尔的此种“技艺”中，一切都变成单纯的假象和纯粹的幻想，“自我意识即精神就是一切。在它之外没有任何东西。”“世界实际上只是形而上学的区分，是自我意识的超凡入圣的头脑的幻想和想象物。”[⑤]所以马克思在批判塞利加时幽默而讽刺地说：“他的辩证法丝毫没有伪善和矫饰。他以值得称赞的诚实和老实人的直率来表演他的技巧。而且他不在任何地方掺入现实的内容，所以他的思辨结构没有任何碍手碍脚的附加物，没有任何模棱两可的掩饰，这种思辨结构让我们

①《马克思恩格斯文集》第1卷，人民出版社2009年版，第341—342页。

②《马克思恩格斯文集》第1卷，人民出版社2009年版，第291页。

③《马克思恩格斯文集》第1卷，人民出版社2009年版，第213页。

④《马克思恩格斯文集》第1卷，人民出版社2009年版，第342页。

⑤《马克思恩格斯文集》第1卷，人民出版社2009年版，第343页。

看到的是赤裸裸的美。”[①]

于是，在经济—哲学批判后生成的经济哲学的境域中，一系列唯物史观思想在由《手稿》开启的历史哲学的基地上迸发出来：历史的发源地不在“天上的云雾中”，而在“尘世的粗糙的物质生活中”；历史不过是追求着自己目的的人的活动而已；历史活动是群众的事业；等等。而且马克思在批判蒲鲁东的经济学时还提出生产关系的概念，“‘平等的占有’是国民经济学的观念，因而本身也是下述状况的异化表现：对象作为为了人的存在，作为人的对象性存在，同时也就是人为了他人的定在，是他同他人的人的关系，是人同人的社会关系。”[②]更为重要的是，马克思让《德法年鉴》中提出的无产阶级革命的“实际可能性”以及《手稿》中的“共产主义”之“社会”的理想在《神圣家族》中以历史辩证法的形式出场了，“在这种对立内，私有者是保守的一方，无产者是破坏的一方。从前者产生保持对立的行动，从后者则产生消灭对立的行动。”所以，“无产阶级能够而且必须自己解放自己。但是，如果无产阶级不消灭它本身的生活条件，它就不能解放自己。如果它不消灭集中表现在它本身处境中的现代社会的一切非人性的生活条件，它就不能消灭它本身的生活条件。无产阶级并不是白白地经受那种严酷的但能使人百炼成钢的劳动训练的……它的目标和它的历史使命已经在它自己的生活状况和现代资产阶级社会的整个组织中明显地、无可更改地预示出来了。”由此，无产阶级在获得胜利时，“无产阶级本身以及制约着它的对立面——私有财产都会消失。”[③]

由此我们可以看出，《神圣家族》在马克思唯物史观的创立与意识形态理论的形成过程中的重要作用决不可小觑。至此。我们不禁想起了梅林在《马克思传》中对《神圣家族》的一句评价，他说：“要最公正地估价马克思和恩格斯的这部书，就应该把它看成是一部即兴之作，而它显

①《马克思恩格斯文集》第1卷，人民出版社2009年版，第280—281页。

②《马克思恩格斯文集》第1卷，人民出版社2009年版，第268页。

③《马克思恩格斯文集》第1卷，人民出版社2009年版，第261、262页。

然也正是这样一部作品。”①显然，这位正统的马克思主义者对《神圣家族》的评价中有“即兴”中的不公正之嫌。

（2）《评弗里德里希·李斯特的著作〈政治经济学的国民体系〉》。1844年秋，刚刚完成《神圣家族》的马克思和恩格斯“不约而同”地想到要批判离现实更近的德国经济学家李斯特。作为德国近代著名的经济学家，李斯特是以德国工业资本家的理论代表的身份登上历史舞台的。相对于比较发达的英法资产阶级社会来说，当时的德国还是一个经济落后的封建农奴制国家。容克地主的统治严重地阻碍了商品流通和市场的形成，这对德国新兴的资产阶级的发展构成了很大的障碍。对此，李斯特主张对内取消各邦之间的关税，对外实行国家关税保护主义来保护新生的资产阶级免受外部竞争带来的巨大冲击，发展德国的工业资本主义。1841年，李斯特为了宣扬这种思想，维护德国新生的资产阶级的经济利益，写就了一本被称为德国资产阶级经济上的“宣言书”的专著——《政治经济学的国民体系》。显然，这本所谓的“宣言书”几乎就是德国资产阶级利益和意识形态的现实体现。针对李斯特的这种观点，恩格斯1845年2月15日在爱北斐特集会上的演说中“从实际方面”首先进行了直接的批判，而马克思在《评弗里德里希·李斯特的著作〈政治经济学的国民体系〉》（以下简称《评李斯特》）中批判的是李斯特的“体系的前提”，而不是他的“体系的结论”②。

《评李斯特》是一篇诞生在离太阳升起最近地方的文本，马克思写于1845年3月，现存的是一个不完整的手稿，在此手稿中马克思秉承的仍是经济学—哲学批判的理论运演方式。

马克思首先对李斯特的经济学思想给予了一般评述。马克思认为，“李斯特体系的整个理论部分，不过是以理想的词句掩盖坦率的经济学的工业唯物主义”。马克思的这句评述包含了两个要点：第一，李斯特经济学的实质就是一种经济学的工业唯物主义。换言之，他追求财富，想发财，就像英法资产阶级已经发了财那样，他想利用工业使自己的腰包鼓

① [德]弗•梅林：《马克思传》（上），樊集译，人民出版社1965年版，第139页。

②《马克思恩格斯全集》第47卷，人民出版社2004年版，第351页。

起来。但是，他又想用“人类的至善”将其美化，于是他就无视现实而“沉溺于最荒谬的幻想之中”。因而，“他为自己创造了一种与世俗的法国和英国的经济学完全不同的‘理想化的’经济学，以便向自己和世界证明他也想发财是有道理的。”第二，这种经济学就只能是一堆“理想的词句”。可见，“他追求财富而又否认财富。他把无精神的唯物主义装扮成完全唯心主义的东西，然后才敢去猎取它。”①

那么，李斯特是如何达到“名利双收”的目的的呢？马克思认为，李斯特主要用了三个招式：第一，否认了自斯密以来的英法经济学。由于英法经济学都把竞争和自由贸易作为现代资产阶级社会发展的条件，这和他的保护关税相违背，因此，他就“大胆地”反对英法的经济学家。他昭告德国人，英法经济学不外是研究室中编造出来的体系，这些理论都因为包藏有某种秘密目的而都带有欺骗性，并给予这些经济学家以道德上的诽谤、人格上的攻击来达到他的目的。第二，搬动“国家”来掩饰资产者的真实目的。李斯特想发财，但是由于不掌握国家政权而不能随意支配它，于是他希望国家实行保护关税政策以便攫取政权和财富，同时向国家表明他对国家的要求是在向国家做出让步。他要猎取的不是非精神的物质财富，而是精神实质，无限的生产力。第三，求助于“社会主义的”词句。此举是在全力维护早已遭到驳斥的骗局。

对于李斯特的这些“原理”，马克思在给予讽刺性批判的同时也阐述了自己的观点。马克思认为，与李斯特的“唯灵论”相反，英法经济学是同社会的现实运动联系在一起的，作为一种科学，它们仅仅是这种运动在理论上的表现，比如李嘉图的“地租学说”，就是工业资产者为反对地主而进行的生死斗争在经济学上的表现。如果说斯密是国民经济学的理论出发点，那么它的实际出发点，它的实际学派就是“市民社会”，而对这个市民社会的各个不同发展阶段可以在经济学中准确地加以探讨。马克思指责李斯特：“他从未批判过现实社会。他作为一个真正的德国人，对这个社会的理论表现进行批判，指责说它所表现的是事物而不是

①《马克思恩格斯全集》第42卷，人民出版社1979年版，第240—241页。

事物的幻象。”[1]而李斯特请求国家用保护关税之法让自己发财，自创所谓新的经济学，目的是把英国人对“自己同胞进行剥削”的权力全部让渡给德国资产者，这实际上是“狼同它的狼伙伴的关系”的把戏。李斯特没有看到“国民经济学家只是给这一社会制度提供相应的理论表现”这一事实，因而不愿意在国内承认他在国外承认的经济规律，马克思说这是天真而可笑的唯心主义。

由于马克思的批判“限于李斯特这本书的理论部分”[2]，而李斯特又认为他的新经济学和英法国民经济学建立的基础不一样，他的经济学建立在生产力的基础上，而英法的经济学是建立在交换价值的基础上，所以，马克思又对李斯特的“生产力”学说给予了批判。[3]针对李斯特“把‘物质财富’和‘交换价值’完全等同起来”的观点，马克思指出，“把物质财富变为交换价值是现存社会制度的结果，是发达的私有制社会的结果。废除交换价值就是废除私有制和私有财产。”同时，“‘劳动’是私有财产的活生生的基础，作为创造私有财产的源泉的私有财产。私有财产无非是物化的劳动。如果要给私有财产以致命的打击，那就不仅必须把它当作物质状态，而且也必须把它当作活动，当作劳动来攻击。谈论自由的、人的、社会的劳动，谈论没有私有财产的劳动，是一种最大的误解。‘劳动’，按其本质来说，是非自由的、非人的、非社会的、被私有财产所决定的并且创造私有财产的活动。因此，废除私有财产只有被理解为废除‘劳动’（当然，这种废除只有通过劳动本身才有可能，就是说，只有通过社会的物质活动才有可能，而决不能把它理解为用一种范畴代替另一种范畴）的时候，才能成为现实。因此，一种“劳动组织”就是一种矛盾。这种能够获得劳动的最好的组织，就是现在的组织，就

①《马克思恩格斯全集》第42卷，人民出版社1979年版，第252页。

②《马克思恩格斯全集》第42卷，人民出版社1979年版，第249页。

③这里的“生产力”并不是马克思唯物史观视域中的“生产力”，这时的马克思只是在否定的意义上确证李斯特的观点，他仍是将工业和资产阶级社会画上了等号，还没有区分生产力和生产关系的概念。虽然此时马克思的经济学研究的总体水平与《神圣家族》时期基本相同，对古典经济学仍持否定的态度，但是在批判李斯特的行文中阐述的唯物史观思想却是较为丰富的。

是自由竞争，就是所有它先前的似乎是‘社会的’组织的解体。”①这里马克思言说的资本主义之产生和消亡不就是《德意志意识形态》中表达的声音吗？更为重要的是，马克思从现实工业出发直接肯定了这种工业所开辟的“世界历史意义”，并把“目前的工业理解为一个过渡时期”，在现实的工业基地上道说出了作为“异化劳动的积极扬弃”的“共产主义”之社会革命的必然趋势。②在破除李斯特美化“生产力”的神秘灵光时，尽管马克思还没有得出科学的生产力概念，但是已经很接近了：“在现代制度下，生产力不仅在于它也许使人的劳动更有效或者使自然的力量和社会的力量更富于成效，而且它同样还在于使劳动更加便宜或者使劳动对工人来说生产效率更低了。因此，生产力从一开始就是由交换价值决定的。”③

至此，黎明的曙光已经显现，太阳即将升起！

当马克思理清了现实历史的来龙去脉后，清算自己“从前的哲学信仰”，即厘清自己与德国哲学的意识形态之间界限的时机成熟了。此次厘清工作的展开“是以批判黑格尔之后的哲学的形式来实现的”，这就是马克思恩格斯合著的那部当时因种种原因没有发表而“留给老鼠的牙齿去批判”的《德意志意识形态》。在《德意志意识形态》中，马克思恩格斯以“现实的个人及其活动”为前提，以生产力及其交往形式之间的辩证运动关系为主轴，批判了“以往的一切意识形态”歪曲或撇开历史的唯心史观，全面阐述了他们全新的历史观——唯物史观。与从“人们所说的、所想像（象）的、所设想的东西出发”，从“只存在于口头上所说的、思考出来的、想像（象）出来的、设想出来的人出发，去理解真正的人”的唯心史观不同，唯物史观是从“从事实际活动的人”出发，从“他们的现实生活过程中”，“揭示出这一生活过程在意识形态上的反射和回声”，科学地解释了意识形态的真正来源：“意识［das Bewußtsein］在任何时候都只能是被意识到了存在［das bewußte Sein］，而人们的存在就

①《马克思恩格斯全集》第42卷，人民出版社1979年版，第254—255页。

② 参见《马克思恩格斯全集》第42卷，人民出版社1979年版，第255—259页。

③《马克思恩格斯全集》第42卷，人民出版社1979年版，第263页。

是他们的现实生活过程。如果在全部意识形态中，人们和他们的关系就像在照相机中一样是倒立成像的，那么这种现象也是从人们生活的历史过程中产生的，正如物体在视网膜上的倒影是直接从人们生活的生理过程中产生的一样。”因此，“不是意识决定生活，而是生活决定意识”①。由此，马克思在存在论的基础上、在唯物史观的视域中揭开了“意识形态”的神秘面纱，完成了“意识形态”的祛蔽，从而给予了作为人类史之一部分的意识形态在人类史中本应具有的地位和名分。这些思想在后来的《哲学的贫困》以及《共产党宣言》等著作中又得到了系统的阐发。在1859年的《政治经济学批判》序言中，马克思对此作了经典的概述：“人们在自己生活的社会生产中发生一定的、必然的、不以他们的意志为转移的关系，即同他们的物质生产力的一定发展阶段相适合的生产关系。这些生产关系的总和构成社会的经济结构，即有法律的和政治的上层建筑竖立其上并有一定的社会意识形态与之相适应的现实基础。物质生活的生产方式制约着整个社会生活、政治生活和精神生活的过程。不是人们的意识决定人们的存在，相反，是人们的社会存在决定人们的意识。社会的物质生产力发展到一定阶段，便同它们一直在其中运动的现存生产关系或财产关系（这只是生产关系的规律用语）发生矛盾。于是这些关系便由生产力的发展形式变成生产力的桎梏。那时社会革命的时代就到来了。随着经济基础的变更，全部庞大的上层建筑也或慢或快地发生变革。在考察这些变革时，必须时刻把下面两者区别开来：一种是生产的经济条件方面所发生的物质的、可以用自然科学的精确性指明的变革，一种是人们借以意识到这个冲突并力求把它克服的那些法律的、政治的、宗教的、艺术的或哲学的，简言之，意识形态的形式。”②

可见，没有《莱茵报》时期物质利益的困惑引起的马克思对黑格尔哲学的质疑，就没有马克思对黑格尔法哲学的批判以及那个众所周知的被颠倒过来的观点；没有《手稿》中奠基于经济批判之上的对“劳动”的“现象学还原”，就没有“对黑格尔的辩证法以及整个哲学的批判”以

①《马克思恩格斯文集》第1卷，人民出版社2009年版，第525页。

②《马克思恩格斯文集》第2卷，人民出版社2009年版，第591—592页。

及在此批判中生成的“对象性活动”的境域，也就没有作为社会批判的“异化的积极扬弃”的“共产主义”之“社会”的呈现，也没有在“对象性活动”的本质基点上马克思的哲学革命的发动、全新历史哲学之维度的开启以及一系列唯物史观伟大创见的形成；没有《神圣家族》以及《评李斯特》的在经济批判基础上上升到哲学批判的境域中对《手稿》中形成的一系列唯物史观洞见的深化和延展，也就没有《德意志意识形态》中的唯物史观的创立以及意识形态理论的形成。

当然，马克思祛意识形态之蔽的工具还有一个，那就是“自发分工”。

（二）“自发分工”是马克思意识形态理论的本质基点

阿尔都塞在《保卫马克思》中曾说：“分工在《德意志意识形态》中起着第一位的作用，……因为分工对于整个意识形态理论和整个科学理论具有决定的意义。”[①]此说可谓是一语中的。但是，在现今研究马克思意识形态理论的领域中，“具有决定意义”的分工却常常被忽略了，即使某位学者的理论之中有所涉及但也只是蜻蜓点水式的一笔带过，这在研究马克思意识形态领域里的确是遗憾。因为，马克思正是通过分工在存在论的层面上揭示了意识形态的真正起源。

1.自发分工是意识形态的起源

前面已经谈及，马克思认为，人的意识最初是和感性活动相互交织在一起的感性意识，这种感性意识是在语言中呈现并由语言托起的，比如图腾崇拜，或曰自然宗教，即最早的人对自然界的一种纯粹动物式的意识，就是感性意识。可见，“意识一开始就是社会的产物，而且只要人们存在着，它就仍然是这种产物。”[②]也就是说，感性意识是人的感性交往的产物，只要人还存在着，继续着感性交往，感性意识就会在这感性交往中产生。所以马克思如是说：“思想、观念、意识的生产最初是直接与人们的物质活动，与人们的物质交往，与现实生活的语言交织在一起

① [法]路易·阿尔都塞:《保卫马克思》,顾良译,商务印书馆2017年版,第20页。

②《马克思恩格斯文集》第1卷,人民出版社2009年版,第533页。

的。人们的想象、思维、精神交往在这里还是人们物质行动的直接产物。表现在某一民族的政治、法律、道德、宗教、形而上学等的语言中的精神生产也是这样。”[①]因而，意识在任何时候都只能是被意识到了存在，而人们的存在就是他们的现实生活过程。可见，感性意识是意识形态的来源。

然而，当自发分工出现后，感性意识和感性活动就开始发生了断裂，于是感性意识就从感性活动中升华出来而成为意识形态。马克思认为，随着需要的增长以及人口的增多，人的最初的意识即感性意识也开始获得了进一步的发展和提高。与此同时，分工也发展起来。分工最初只是性行为方面的分工，后来是由于天赋（例如体力）、需要、偶然性等自发地或“自然地”形成了分工。但是，分工“只是从物质劳动和精神劳动分离的时候起才真正成为分工。从这时候起意识才能现实地想象：它是和现存实践的意识不同的某种东西；它不用想象某种现实的东西就能现实地想象某种东西。从这时候起，意识才能摆脱世界而去构造‘纯粹的’理论、神学、哲学、道德等等”[②]。也就是说，当物质劳动和精神劳动相分离的自发分工发生后，原先与感性活动粘连交织在一起的感性意识就和感性活动发生了断裂，感性意识便上升硬化为意识形态，于是意识就呈现出一种独立式的样态。因为这种分工一旦形成，意识就会获得关于自己的另外一种假想，即“我思”独立了。意识自身独立了，就可以“不用想象某种现实的东西就能现实地想象某种东西”，所以它可以摆脱世界而去构造这个世界的模样，于是世界似乎就变成了和生活世界相脱离的纯粹意识中的世界。

而感性意识之所以因自发分工而与感性活动相脱离并呈现出一种独立的样态，是因为分工使每个人都被固定在一个特定的活动范围内，且不能超出这个范围，所以精神活动和物质活动、享受和劳动、生产和消费由不同的个人来分担就成为现实，而且它们之间不可避免地会彼此发生对抗。这样受分工制约的不同个人的共同活动也就产生了一种在各个

①《马克思恩格斯文集》第1卷，人民出版社2009年版，第524页。

②《马克思恩格斯文集》第1卷，人民出版社2009年版，第534页。

人之外的且他们都不能控制的社会力量，“关于这种力量的起源和发展趋向，他们一点也不了解；因而他们不再能驾驭这种力量，相反地，这种力量现在却经历着一系列独特的、不仅不依赖于人们的意志和行为反而支配着人们的意志和行为的发展阶段。”[①]正是由于在这种“他们一点也不了解”的“神秘力量”的控制之下，像“怪影”“枷锁”“最高存在物”“概念”“疑虑”等一系列孤立的、个人的、唯心的、思辨的观念就出现了，即意识形态产生了。同时，马克思还认为，“如果这种理论、神学、哲学、道德等等和现存的关系发生矛盾，那么，这仅仅是因为现存的社会关系和现存的生产力发生了矛盾。”[②]换言之，如果这诸种观念和现实社会发生了矛盾，即观念和现实之间出现了不一致，其根源并不是在于诸种观念自身，而是源于诸种观念所表达的那个现实社会本身。因为“分工包含着所有这些矛盾”。可见，没有自发分工，意识形态的产生是不可想象的。

2. 意识形态的本质内涵

当前，国内外学者几乎都认为马克思没有给意识形态下一个确切的定义，事实并非如此。在《德意志意识形态》中马克思已经给予了意识形态一个明确的定义，只不过没用那种常用的下定义的方式而已。

既然意识形态起源于自发分工，而分工意味着感性活动的对抗和矛盾，于是在《德意志意识形态》中马克思写下了这样一段话：“不言而喻，‘幽灵’、‘枷锁’、‘最高存在物’、‘概念’、‘疑虑’显然只是孤立的个人的一种观念上的、思辨的、精神的表现，只是他的观念，即关于真正经验的束缚和界限的观念；生活的生产方式以及与此相联系的交往形式就在这些束缚和界限的范围内运动着。”[③]这段话实质上就是马克思对意识形态的界定，它包含两层含义：第一，“幽灵”“枷锁”“最高存在物”等意识形态就是“关于真正经验的束缚和界限”的观念；第二，这种“真正经验的束缚和界限”的观念并不仅仅只是纯粹的意识，它们言

①《马克思恩格斯文集》第1卷，人民出版社2009年版，第538页。

②《马克思恩格斯文集》第1卷，人民出版社2009年版，第534—535页。

③《马克思恩格斯文集》第1卷，人民出版社2009年版，第535页。

说的是"生活的生产方式以及与此相联系的交往形式"。不言而喻，马克思认为意识形态的真实内涵不是纯粹的"观念"本身，而是该观念所言说的"生活的生产方式以及与此相联系的交往形式"。由此，"这种关于现存的经济界限的观念上的表现，不是纯粹理论上的，而且在实践的意识中也存在着，就是说，使自己自由存在的并且同现存的生产方式相矛盾的意识，不是仅仅构成宗教和哲学，而且也构成国家。"①也就是说，当前现存的资本主义的意识形态，并不单纯是以纯粹的理论而存在的，它本身表达的就是现存社会市场交换中的单子式的个人之间的竞争和对抗。

所以马克思如是说："如果在全部意识形态中，人们和他们的关系就像在照相机中一样是倒立成像的，那么这种现象也是从人们生活的历史过程中产生的，正如物体在视网膜上的倒影是直接从人们生活的生理过程中产生的一样。"②换言之，如果意识形态本身是虚假的、颠倒的，这并不是意识形态本身所致，其根源在于虚假和颠倒的现实生活，而意识形态只不过是这种虚假和颠倒的现实生活的反射和回声而已。

那么这种"真正经验的束缚和界限的观念"之"束缚和界限"是如何形成的呢？这当然是分工之所为。因为，"分工一出现之后，任何人都有自己一定的特殊的活动范围，这个范围是强加于他的，他不能超出这个范围。"故而，"人本身的活动对人来说就成为一种异己的、同他对立的力量，这种力量压迫着人，而不是人驾驭着这种力量。"③这样，人的感性活动的束缚和界限也就在分工的粗暴干预下自然地形成了。

可见，马克思已经洞悉了意识形态的本质，并用自己特有的语言将其言说出来，只不过学者们由于忽略了"自发分工"而人为地将其遮蔽罢了。

3. 意识形态没有历史

既然意识形态的本质内涵是人的"生活的生产方式以及与此相联系的交往形式"，那么，如果抽离掉人的感性活动及其交往行为，意识形态

①《马克思恩格斯文集》第1卷，人民出版社2009年版，第535页。

②《马克思恩格斯文集》第1卷，人民出版社2009年版，第525页。

③《马克思恩格斯文集》第1卷，人民出版社2009年版，第537页。

必然就会失去其存在的根基而自行消亡。正是在此意义上，马克思认为“意识形态没有历史”。当然，这里马克思所说的“意识形态没有历史”，仅是从意识形态的存在论意义上，即意识形态的来源而言的，也就是说，从意识形态来源于人们的感性交往而言，它不具有独立性，没有自己独立发展的历史。

从上面的阐述我们已经知道，意识最初是与人的感性活动粘连在一起的感性意识，只是由于自发分工的暴力强制才致使它脱离生活世界而成为具有独立外观的意识形态。因此，不仅正确的意识来源于现实的生活世界，错误的意识同样也来源于现实的生活世界：“如果这些个人的现实关系的有意识的表现是虚幻的，如果他们在自己的观念中把自己的现实颠倒过来，那么这又是由他们狭隘的物质活动方式以及由此而来的他们狭隘的社会关系造成的。”①不言而喻，人们头脑中的模糊幻象也是可以通过经验来确认的、与物质前提相联系的物质生活过程的必然升华物。可见，意识在任何时候都只是生活世界中从事感性活动的人的意识，没有现实的个人及其感性活动当然就没有意识形态的存在。故而，“道德、宗教、形而上学和其他意识形态，以及与它们相适应的意识形式便失去了独立性的外观了。它们没有历史，没有发展，那些发展着自己的物质生产和物质交往的人们，在改变自己的这个现实的同时也改变着自己的思维和思维的产物。”②基于此，马克思向那些阉割真实历史的哲学家喊出了那句极为经典的名言：“不是意识决定生活，而是生活决定意识。”③这样，意识形态独立性的假象就被马克思揭穿了。

可是，意识形态独立性的假象又是如何形成的？对此，马克思在唯物史观的视域中，对“统治阶级的思想统治世界”的假象做了解释。马克思认为，由于统治阶级的思想在每一个时代都是占统治地位的思想，于是人们会认为在该时代占统治地位的是统治阶级的思想，而不是统治阶级。就像在贵族统治时期占统治地位的是荣誉、忠诚等概念；在资产

①《马克思恩格斯文集》第1卷，人民出版社2009年版，第524页。

②《马克思恩格斯文集》第3卷，人民出版社1960年版，第30页。

③《马克思恩格斯文集》第1卷，人民出版社2009年版，第525页。

阶级统治时期占统治地位的是自由、平等等概念。之所以出现这种现象，是“因为每一个企图取代旧统治阶级的新阶级，为了达到自己的目的不得不把自己的利益说成是社会全体成员的共同利益，就是说，这在观念上的表达就是：赋予自己的思想以普遍性的形式，把它们描绘成唯一合乎理性的、有普遍意义的思想。”[①]这样，就很容易会把“占统治地位的思想同进行统治的个人分割开来，主要是同生产方式的一定阶段所产生的各种关系分割开来，并由此得出结论说，历史上始终是思想占统治地位，这样一来，就很容易从这些不同的思想中抽象出‘思想’、观念等等，并把它们当做历史上占统治地位的东西，从而把所有这些个别的思想和概念说成是历史上发展着的概念的‘自我规定’。”[②]黑格尔就是这样把历史演变成为“一般概念”的前进史的。同时马克思还认为，对于这种“幻想、玄想和曲解”，只要“从他们的实际生活状况、他们的职业和分工出发，是很容易说明的”[③]。也就是说，只要我们“不是从观念出发来解释实践，而是从物质实践出发来解释各种观念形态”[④]，那么就能正确地解释这些意识形态的形成过程。所以，统治阶级的思想之所以呈现出“思想”之统治的独立性的外观，并不是因为思想本身具有独立性，而是因为在思想背后有一定的物质关系在支撑着它，即“占统治地位的思想不过是占统治地位的物质关系在观念上的表现，不过是以思想的形式表现出来的占统治地位的物质关系。”[⑤]因此，“只要阶级的统治完全不再是社会制度的形式，也就是说，只要不再有必要把特殊利益说成是普遍利益，或者把‘普遍的东西’说成是占统治地位的东西，那么，一定阶级的统治似乎只是某种思想的统治这整个假象当然就会自行消失。”[⑥]

4.意识形态的终结

关于意识形态的终结之问题，有些学者认为是恩格斯在1886年在

①《马克思恩格斯文集》第1卷，人民出版社2009年版，第552页。

②《马克思恩格斯文集》第1卷，人民出版社2009年版，第553页。

③《马克思恩格斯文集》第1卷，人民出版社2009年版，第544页。

④《马克思恩格斯文集》第1卷，人民出版社2009年版，第544页。

⑤《马克思恩格斯文集》第1卷，人民出版社2009年版，第550页。

⑥《马克思恩格斯文集》第1卷，人民出版社2009年版，第553页。

《路德维希•费尔巴哈和德国古典哲学的终结》中提出的。比如，李普赛特在《一致与冲突》中指出：“‘意识形态的终结’这个著名论断最早出现在马克思主义经典著作中。在弗里德里希·恩格斯关于费尔巴哈的文章里，恩格斯强调，除非构成所有意识形态的物质利益‘对这些人来说注定是一无所知的’，否则‘将出现所有意识形态的终结’。这就是说，只要真实的意识存在，只要人们意识到其真正的利益，意识形态，即对错误意识的详尽阐述便会消失。”[①]国内有的学者持有和李普赛特一样的观点，比如仲崇东、孙仲等。李普赛特引用的恩格斯的这段话在中译本的马恩选集里是这样的：“人们头脑中发生的这一思想过程，归根到底是由人们的物质生活条件决定的，这一事实，对这些人来说必然是没有意识到的，否则，全部意识形态就完结了。”[②]这里，恩格斯是在阐述意识形态的产生过程时提到了“意识形态的完结”这一问题的，恩格斯后来在1893年致梅林的信中又做了简单归纳和阐述，他认为意识形态是所谓的思想家们脱离现实中人们的物质生活后纯粹思维活动的产物，不过这是思想家们在不知道“推动他的真正的动力”的情况下完成的，而当这些思想家们意识到推动他的真正动力时，意识形态的样态也就消失了。那么为什么这些思想家们会意识不到“推动他的真正的动力”呢？马克思、恩格斯认为，“自发分工”是罪魁祸首。而关于“自发分工”导致意识形态的产生这一问题，《德意志意识形态》一书中，马克思恩格斯在唯物史观的视域内给予了详细阐述。因此，关于“意识形态的终结”问题的最早提法，是马克思恩格斯在《德意志意识形态》中提出的，而不是恩格斯于1886年在《路德维希•费尔巴哈和德国古典哲学的终结》中才提出的。

我们知道，马克思通过对“德意志意识形态”的批判揭示了这些意识形态在历史观问题上的根本错误，指出它们完全忽视了历史的现实基础，因而都是对客观世界的颠倒反映，是一种虚假的意识。这些意识形

① [美]西摩·马丁·李普赛特：《一致与冲突》，张华青、林恒增、张哲，等译，上海人民出版社1995年版，第97—98页。

②《马克思恩格斯文集》第4卷，人民出版社2009年版，第309页。

态认为，迄今为止一直统治和决定着人们的现实世界的是观念、想法、概念，现实世界是观念世界的产物，因而认为“批判的批判”是历史发展的动力。和这种唯心史观相反，马克思在唯物史观的视域中，科学地解释了意识形态的产生过程：“从直接生活的物质生产出发阐述现实的生产过程，把……市民社会理解为整个历史的基础，从市民社会作为国家的活动描述市民社会，同时从市民社会出发阐明意识的所有各种不同的理论产物和形式，如宗教、哲学、道德等等，而且追溯它们产生的过程。”[①]因此，当我们在此视域中描绘出这个能动的生活过程时，“历史就不再像那些本身还是抽象的经验主义者所认为的那样，是一些僵死的事实的汇集，也不再像唯心主义者所认为的那样，是想象的主体的想象活动”[②]，而是现实的个人的感性活动的发展史。

正是在此唯物史观的视域中，马克思指出了意识形态的终结：“在思辨终止的地方，在现实生活面前，正是描述人们实践活动和实际发展过程的真正的实证科学开始的地方。关于意识的空话将终止，它们一定会被真正的知识所代替。对现实的描述会使独立的哲学失去生存环境，能够取而代之的充其量不过是从对人类历史发展的考察中抽象出来的最一般的结果的概括。”[③]也就是说，只要我们从物质实践出发去解释观念，而不是从观念出发去解释物质实践，那些关于“意识的空话”（即历史唯心主义）之意识形态就将终结，取而代之的将是科学解释历史的“真正的知识”——历史唯物主义。这里，马克思所说的“意识形态的终结”之“意识形态”并不是指所有的意识形态，而是指“关于意识的空话”，即历史唯心主义的哲学。因此，我们必须要在具体的语境中明确概念的具体所指，切不要将其绝对化，从而把马克思的这一“终结”之思想变成没有语境的抽象概念，那些关于马克思是否终结哲学的争论之潮也就自然消退了。

可是，只是这样科学地解释了意识形态就能终结意识形态吗？倘若

①《马克思恩格斯文集》第1卷，人民出版社2009年版，第544页。

②《马克思恩格斯文集》第1卷，人民出版社2009年版，第525—526页。

③《马克思恩格斯文集》第1卷，人民出版社2009年版，第526页。

如此的话，马克思岂不还是从属于“青年黑格尔派”？当然不是！因为马克思认为：首先，意识形态是分工导致的，分工和私有制是同义语，一个指的是活动，一个指的是活动的产品，它们都是物质力量，而物质力量只能用物质力量来摧毁；其次，意识形态起源于分工，它是人的感性活动在意识中的硬化，因而它不再是思维本身，而是构成调节思维与存在之间关系的一种具有惰性的“实体”。故而马克思指出，“意识的一切形式和产物不是可以通过精神的批判来消灭的，不是可以通过把它们消融在‘自我意识’中或化为‘怪影’、‘幽灵’、‘怪想’等等来消灭的，而只有通过实际地推翻这一切唯心主义谬论所由产生的现实的社会关系，才能把它们消灭；历史的动力以及宗教、哲学和任何其他理论的动力是革命，而不是批判。”①也就是说，要真正地、实际地消灭这些词句，从人们意识中消除这些观念，就要靠改变了的环境而不是靠理论上的演绎来实现。所以，马克思提出了“消灭分工”“消灭私有制”“消灭劳动”的“使现存世界革命化”的终结意识形态之途径。不言而喻，这里马克思所说的消灭分工、消灭私有制、消灭劳动的终结意识形态的途径指的是同一件事情，就是发动共产主义革命，推翻现存的颠倒的世界，从根本上消除意识形态产生的根源。正是在此意义上，恩格斯后来也在《路德维希·费尔巴哈和德国古典哲学的终结》中指出：“德国的工人运动是德国古典哲学的继承者。”②

马克思之所以提出消灭私有制建立共产主义社会的终结意识形态之途径是因为，“随着基础即随着私有制的消灭，随着对生产实行共产主义的调节以及这种调节所带来的人们对于自己产品的异己关系的消灭，供求关系的威力也将消失，人们将使交换、生产及他们发生相互关系的方式重新受自己的支配。”③于是，原来在私有制社会中的异化劳动就转向了自主活动，受制约的交往转向了个人本身的交往，联合起来的个人占有了全部生产力。因此个人获得了真正的个人自由，从而获得全面发展

①《马克思恩格斯文集》第1卷，人民出版社2009年版，第544页。

②《马克思恩格斯文集》第4卷，人民出版社2009年版，第313页。

③《马克思恩格斯文集》第1卷，人民出版社2009年版，第539页。

其才能的手段。

当然，马克思同时也指出，意识形态的终结并不是一蹴而就的，因为共产主义社会是在资本主义的胞胎里孕育的，它要取代资本主义社会必然有一个从资本主义向共产主义的转变时期，因而意识形态的终结也是一个渐进的过程。当真正的共产主义完全到来时，意识形态也会或快或慢地随之而变化直至最后消失在历史的长河之中。关于这个问题，马克思在1875年的《哥达纲领批判》中有较为详尽地阐述。他说："我们这里所说的是这样的共产主义社会，它不是在它自身基础上已经发展了的，恰好相反，是刚刚从资本主义社会中产生出来的，因此它在各方面，在经济、道德和精神方面都还带着它脱胎出来的那个旧社会的痕迹。"马克思用平等的权利为例做了说明："在这里平等的权利按照原则仍然是资产阶级权利，虽然原则和实践在这里已不再互相矛盾，……虽然有这种进步，但这个平等的权利总还是被限制在一个资产阶级的框框里。"因此，一些弊病"在经过长久阵痛刚刚从资本主义社会产生出来的共产主义社会第一阶段，是不可避免的"，因为"权利决不能超出社会的经济结构以及由经济结构制约的社会的文化发展"，"在共产主义社会高级阶段，迫使个人奴隶般地服从分工的情形已经消失，从而脑力劳动和体力劳动的对立也随之消失之后；在劳动已经不仅仅是个人谋生的手段，而且本身成了生活的第一需要之后；在随着个人的全面发展，他们的生产力也增长起来，而集团财富的一切源泉都充分涌流之后，——只有在那个时候，才能完全超出资产阶级权利的狭隘眼界，社会才能在自己的旗帜上写上：各尽所能，按需分配！"①

因此本质地看来，如果不把"自发分工"纳入马克思的意识形态理论的视野之中，那么，就必然会错失其中的关乎理解马克思意识形态理论的本质的重要关节点，同时也可能造成对它的误读，这是我们不愿意看到的。故而，我们说"自发分工"是马克思意识形态理论的本质基点。

①《马克思恩格斯文集》第3卷，人民出版社2009年版，第434、435、436页。

三、恩格斯对意识形态理论的完善

唯物史观与意识形态理论是马克思恩格斯共同的见解。关于这一点，马克思在1859年的《〈政治经济学批判〉序言》中有过说明："自从弗里德里希·恩格斯批判经济学范畴的天才大纲（在《德法年鉴》上）发表以后，我同他不断通信交换意见，他从另一条道路（参看他的《英国工人阶级状况》）得出同我一样的结果。当1845年春他也住在布鲁塞尔时，我们决定共同阐明我们的见解与德国哲学的意识形态的见解的对立，实际上是把我们从前的哲学信仰清算一下。"①在这一共同见解创立的过程中，恩格斯做出了非常重大的贡献。

（一）恩格斯对意识形态理论形成的贡献

在意识形态理论形成的过程中，恩格斯的贡献主要体现在以下方面：

首先，体现在青年恩格斯的《国民经济学批判大纲》（以下简称《大纲》）著作上。《大纲》是恩格斯于1844年在《德法年鉴》上发表的，这是恩格斯写的第一篇经济学著作。在《大纲》中，恩格斯首次用唯物主义观点分析了资本主义经济制度和资产阶级政治经济学的理论和范畴，他既指出了资产阶级政治经济学唯一的值得肯定的进步是阐述了私有制的各种规律，看到了私有制是造成资本主义社会中一切矛盾、对立和分裂状态的根源，又揭露了资本主义制度的矛盾和不道德，看到了社会革命在资本主义内部几乎规律地发生的历史必然性。由此恩格斯强调指出："只有全面改革社会关系，消灭私有制，才能消灭资本和劳动对立这种反常的分离、社会的利益对立、竞争和无政府状态、周期性的经济危机、工人阶级的贫困以及资本主义的一切罪恶，才能实现有组织有意识的生产和分配。"②这篇大纲发表后立即受到马克思的重视，他认真阅读并仔细地做了摘要，正是恩格斯的这篇《大纲》的重大启发，才促使刚刚批判过黑格尔法哲学不久的马克思，通过政治经济学解剖市民社会不仅成

①《马克思恩格斯文集》第2卷，人民出版社2009年版，第592—593页。

②《马克思恩格斯全集》第3卷，人民出版社2002年版，"前言"第10页。

为可能，而且成为必需。因此马克思给予《大纲》很高的评价，将之称为“德国人的内容丰富而有独创性的著作”（见《1844年经济学哲学手稿》序言）、“批判经济学范畴的天才大纲”（见《〈政治经济学批判〉序言》），并在1880年为恩格斯的《社会主义从空想到科学的发展》一文所写的法文版前言中指出，“《大纲》中已经表述了科学社会主义的某些一般原则”①。

其次，体现在《英国工人阶级状况》这部著作上。这部著作是恩格斯于1845年在曼彻斯特完成的。在这部著作中，恩格斯研究了英国的经济制度和政治制度，并以英国为例阐明了资本主义生产的一系列规律。恩格斯指出，在资本主义制度下，失业者的产业后备军的形成、周期性的经济危机的不断重复以及随着资本主义生产的不断扩大而对工人阶级和劳动群众剥削的日益加强都是不可避免的。由此，恩格斯在揭开引起无产阶级出现的产业革命的奥秘后强调指出：工人和资本家的利益是不可调和的；无产阶级所处的悲惨地位必然促使其站起来为谋求自身的解放而进行推翻资本主义制度的斗争，从而无产阶级的阶级斗争会成为历史发展的强大动力。这样，恩格斯通过对工业革命以来的英国经济关系的考察，特别是通过对英国工人阶级受剥削状况的考察走向了唯物史观。因此，马克思认为这是一部重要的著作，并给予了很高的评价，他说这部著作的意义已经由他“在《资本论》中作了充分的估价”。1844年当恩格斯与马克思在巴黎会面及其之后的时间里，恩格斯与马克思又一起合著了《神圣家族》《德意志意识形态》《共产党宣言》等著作，在阐述唯物史观以及意识形态理论上作出了重大贡献。

（二）恩格斯对意识形态理论的进一步完善

但是，由于后来形势的变化以及他们自身不同的特点，斗争工作有了分工，唯物史观这一理论基本由恩格斯一人来阐述了。关于这一点，恩格斯在《论住宅问题》的1887年第二版序言中有过说明：“由于马克思和我之间有分工，我的任务就是要在定期报刊上，因而特别是在同敌

①《马克思恩格斯文集》第3卷，人民出版社2009年版，第491页。

对见解的斗争中，发表我们的见解，以便让马克思有时间去写作他那部伟大的基本著作。因此，在大多数情况下，我都必须采用论战的形式，在反对其他种种观点的过程中，来叙述我们的观点。”[①]恩格斯对“我们的观点”的“叙述”主要包含在《反杜林论》《自然辩证法》《路德维希·费尔巴哈和德国古典哲学的终结》以及《论历史唯物主义》等晚年的著述和一些书信中。也正是恩格斯的这些“叙述”使意识形态理论得到了进一步完善并呈现出系统化的样态。

1.批判杜林的唯心史观

恩格斯此时批判杜林的原因有二。第一，源于杜林本人。杜林出生于德国一个大官僚家庭，柏林大学讲师，小资产阶级思想家。1875年前后，他突然“作为社会主义的行家兼改革家”向当代进行挑战。于是杜林披着“新社会主义”的外衣手持“某种新哲学体系”“耀武扬威”地出场了。他的出场给当时的德国造成了很坏的影响。第二，当时德国的“创造体系”蔚然成风。除了杜林外，天体演化学、一般自然哲学、政治学、经济学等体系如雨后春笋出现在德国。就连最不起眼的哲学博士，甚至大学生，也动辄就要创造一个完整的体系。甚至是德国的社会主义也十分热衷于此种“高超的胡说”，造就出以“科学”自炫的各色人物来。为了治愈这种“幼稚病”并不让这种“幼稚病”继续蔓延，在马克思的大力支持下，恩格斯花了两年多的时间，写下了一系列批判杜林的文章，在德国党的机关报《前进报》上陆续发表。1878年7月印成单行本，这就是著名的理论巨著——《反杜林论》。由于杜林的体系，恩格斯常常不得不跟着他到处跑，并以自己的体系去反驳他的体系。“因此，消极的批判成了积极的批判；论战转变成对马克思和我所主张的辩证方法和共产主义世界观的比较连贯的阐述，而这一阐述包括了相当多的领域。”[②]所以，《反杜林论》就成了把哲学、经济学和社会主义学说有机地结合在一起的马克思主义的百科全书。

在这部著作的“引论”中，恩格斯简要地阐述了科学社会主义的基

①《马克思恩格斯文集》第3卷，人民出版社2009年版，第242页。

②《马克思恩格斯选集》第3卷，人民出版社2012年版，第383页。

础及其前提，第一次提出马克思的两个伟大发现——唯物史观和剩余价值学说，使社会主义从空想变成了科学。在“哲学”篇中，恩格斯批判了杜林反动的唯心主义先验论，指出：“原则不是研究的出发点，而是它的最终结果；这些原则不是被应用于自然界和人类历史，而是从它们中抽象出来的；不是自然界和人类去适应社会原则，而是原则只有在符合自然界和历史的情况下才是正确的。”[①]同时，系统地论述了辩证唯物主义认识论，科学地回答了思维和存在的关系问题，揭示了辩证法和形而上学的根本区别，阐述了工人阶级的科学世界观的哲学基础。在“政治经济学”篇中，恩格斯以马克思的经济理论的成就为依据，批判了杜林在政治经济学上的先验主义和形而上学观点、庸俗政治经济学以及他的历史虚无主义观点。同时，规定了政治经济学的对象是“研究人类社会中支配物质生活资料的生产和交换的规律的科学”[②]，指出经济科学本质上是一门历史的科学，揭示了生产、交换和分配的相互关系，科学地说明了政治经济学的历史性和阶级性。“科学社会主义”篇是前两篇的落脚点和归宿，因而是全书的核心。恩格斯认为，杜林自己创造的社会主义根本不是历史发展的必然产物，更不是粗糙物质的、单纯为了喂饱肚子的现代经济条件的产物，它是建立在“两个傀儡上演了一出表现权利平等的戏”的基础之上的。在批判杜林荒谬的社会主义论后，恩格斯阐述了科学共产主义的历史和理论。恩格斯根据对资本主义社会中占统治地位的对抗性矛盾的研究，揭示了资本主义的基本矛盾是生产的社会性和资本主义私人占有形式之间的矛盾，而解决这个矛盾的途径就是无产阶级起来革命夺取国家政权，变生产资料为国家财产。这样，恩格斯就论证了资本主义必然被社会革命推翻的历史必然性，也说明了科学共产主义产生的历史规律性。可见，《反杜林论》既是已经形成的唯物史观的成功运用，又是对唯物史观的完善和发展，其意义已是不言自明。

2.进一步阐述了意识形态的产生过程及其层次性特征

意识形态是虚幻的学说，而这种虚幻性是由于分工造成的人们交往

①《马克思恩格斯选集》第3卷，人民出版社2012年版，第410页。

②《马克思恩格斯选集》第3卷，人民出版社2012年版，第525页。

的局限性而产生的，晚年恩格斯对意识形态的层次性及其产生过程给予了分析和阐述。在《路德维希·费尔巴哈和德国古典哲学的终结》中，恩格斯对意识形态的几种形式——国家、政治、法律、哲学和宗教的产生过程给予了分析。首先，恩格斯说，国家是作为第一个支配人的意识形态力量而出现的，它的表现形式是国家政权。由于它是一个保护共同利益的机关，故而对社会来说就是独立的，它越是成为某个阶级的机关，就越是直接地实现这一阶级的统治，它就越独立。因此，当阶级斗争发生时，被统治阶级起来反抗统治阶级的统治就必然表现为是反抗其政治统治，即反抗那个统治阶级的化身——国家机关。于是对这一政治斗争同它的经济基础的联系的认识就日益模糊起来，并且会完全消失。其次，恩格斯认为，当国家一旦独立起来，其他的意识形态，如法的意识就会随之而产生。这样职业政治家们同经济事实的联系就完全消失不见了。这是因为，“经济事实要以法律的形式获得确认，必须在每一个别场合都采取法律动机的形式，而且，因为在这里，不言而喻地要考虑到现行的整个法的体系，所以，现在法律形式就是一切，而经济内容则什么也不是。”①于是公法和私法就被看作两个独立的领域且都有自己的独立的历史。最后恩格斯认为，“更高的即更远离物质经济基础的意识形态，采取了哲学和宗教的形式。”②这些意识形态同其物质存在条件的联系更是越来越复杂，越来越被一些中间环节搞模糊了。同时恩格斯认为，这种联系是存在着的。就像18世纪的一些哲学家，他们本身又是政治经济学家。而这种情形在黑格尔那里表现得最为明显，历史在他那里是以意识的形式不断演化的。恩格斯特别分析了宗教这种“离开物质生活最远”的意识形态，认为它看起来好像与物质生活最不相干，其实还是由人们的物质生活条件决定的，只不过人们没有意识到这个事实罢了。

毋庸置疑，对意识形态的产生过程及其形成的层次性特征的分析和阐述是恩格斯对马克思创立的意识形态理论的进一步完善。

①《马克思恩格斯文集》第4卷，人民出版社2009年版，第308页。

②《马克思恩格斯文集》第4卷，人民出版社2009年版，第308页。

3. 论述了意识形态的相对独立性

19世纪八九十年代，在马克思主义传播的同时，德国出现了把历史唯物主义庸俗化的思潮。一些资产阶级批评家以及党内"青年派"思想家对唯物史观进行歪曲和攻击，他们或把唯物史观歪曲为"经济决定论"，认为唯物史观只是承认经济的决定作用而不承认政治和意识的能动作用；或对事物不做具体研究而把唯物史观当作套语到处乱用，保尔•巴尔特和恩斯特就是这方面思想的代表。这些思想在当时既产生了很坏的影响，也造成了一些混乱，特别是在青年学生中。比如，恩格斯比较赞赏的一位年轻的经济学家康•施米特就写信告诉恩格斯："我认为，他对马克思的历史观的批评是深刻的。首先，他极力证明，不仅经济单方面决定政治，而政治也决定经济。他一般断言，政治的、法律的、宗教的、哲学的运动在颇大的程度上循着内在的、不是从经济基础派生出来的规律，并勇敢地从历史中找出了证明。"普鲁士科尼斯堡大学数学系学生约瑟夫•布洛赫也在1890年9月3日致信恩格斯："根据唯物主义历史观，现实生活的生产和再生产是历史过程中的决定性因素。这个原理应当如何理解？是否可以这样理解：经济关系是唯一的决定因素，或者经济关系只是在一定的程度上构成其他一切关系的固定的基础——虽然这些关系然后也可以发生作用，我以为，保尔•恩斯特先生最坚持前一种观点，康拉德•施米特博士坚持后一种观点。难道纯政治的、王朝的、甚至个人的利益在历史的过程中不经常起一定的作用？"①因此，布洛赫要求恩格斯对这一问题再作解释。针对这种情况，恩格斯在晚年的书信中既对巴尔特和恩斯特的思想予以揭露和批判，又阐明了历史唯物主义的一些基本原理。

对于这种思想的出现原因，恩格斯认为有两个：第一，是马克思和他自己造成的。因为唯物史观的思想大多是马克思和他在同自己的论敌论战中表达出来的，他们在反驳这些论敌时，常常不得不强调被论敌否认的主要原则，这就把重点放在了从基本经济事实中引出政治的、法的

---

① 转引自洪韵珊:《恩格斯晚年思想研究》,华中师范大学出版社1988年版,第305—307页。

和其他意识形态的观念以及观念为中介的行动。但是他们在这样做的时候为了内容方面而忽略了形式方面，即这些观念是由什么样的方式和方法产生的，并且也不是始终都有时间、地点和机会来给其他参与相互作用的因素以应有的重视。于是这就给了敌人以称心的理由来对唯物史观进行曲解和歪曲。第二，是巴尔特和恩斯特等人的形而上学的方法造成的。恩格斯认为，德国的许多青年著作家缺少的是辩证法，他们都把"唯物主义"这个词当作一个套语，并对这个套语不做任何进一步的研究就当作标签贴到各种事物上去，就以为问题已经解决了。这样一来，他们总是只在这里看到原因，在那里看到结果，却从来意识不到他们的这种做法只是一种空洞的抽象，也意识不到这种形而上学的两极对立在现实世界中只是存在于危急中，因而看不到真正伟大的发展过程是在相互作用的形式中进行的。他们只看到了事物发展的绝对的一面，而相对性就从他们那里消失不见了。所以，恩格斯告诫那个"简直是跟风车作斗争"的巴尔特说："他只需看看马克思的《雾月十八日》，那里谈到的几乎都是政治斗争和政治事件所起的特殊作用，当然是在它们一般依赖于经济条件的范围内。或者看看《资本论》，例如关于工作日的那一篇，那里表明立法起着多么重大的作用……再说，如果政治权力在经济上是无能为力的，那么我们何必要为无产阶级的政治专政而斗争呢？暴力（即国家权力）也是一种经济力量！"[①]

鉴于此，恩格斯阐述了意识形态的相对独立性。

第一，意识形态对经济基础具有反作用。其实，对于意识形态的反作用，正像恩格斯所说的，"马克思的《雾月十八日》"已经运用具体的实例做了阐述。马克思指出，"一切已死的先辈们的传统，像梦魇一样纠缠着活人的头脑。当人们好像刚好在忙于改造自己和周围的事物并创造前所未有的事物时，恰好在这种革命危机时代，他们战战兢兢地请出亡灵来为自己效劳，借用它们的名字、战斗口号和衣服，以便穿着这种久受崇敬的服装，用这种借来的语言，演出世界历史的新的一幕。"[②]恩格

①《马克思恩格斯文集》第10卷，人民出版社2009年版，第600—601页。

②《马克思恩格斯文集》第2卷，人民出版社2009年版，第471页。

斯认为，我们创造历史是在十分确定的条件下创造的，其中经济的前提和条件归根到底是决定性的，但是政治等的前提和条件，甚至那些萦回于人们头脑中的传统，也起着一定的作用，虽然不是决定性的作用。恩格斯还认为，不同的意识形态对经济基础的反作用是不同的。其中，对经济关系的反映的法的原则，由于它是对经济关系的积极反映，因此对经济基础发生直接的反作用，并在某种限度内可以改变经济基础；而宗教、哲学等，由于离经济基础相对较远，对经济基础的反作用常常要经过中间环节来进行，因而其反作用是间接的。不仅如此，恩格斯还认为政治、法、哲学、宗教、文学、艺术等意识形态又都互相作用并对经济基础发生作用。

第二，意识形态的无意识特征。对于这一特征，恩格斯有两段分析，一个是被许多国内外学者经常引用的意识形态定义，即“虚假意识说”：“意识形态是由所谓的思想家通过意识、但是通过虚假的意识完成的过程。推动他的真正动力始终是他所不知道的，否则这就不是意识形态的过程了。因此，他想象出虚假的或表面的动力。因为这是思维过程，所以它的内容和形式都是他从纯粹的思维中——或者从他自己的思维中，或者从他的先辈的思维中引出的。他只和思想材料打交道，他毫不迟疑地认为这种材料是由思维产生的，而不去进一步研究这些材料的较远的、不从属于思维的根源。而且他认为这是不言而喻的，因为在他看来，一切行动既然都以思维为中介，最终似乎都以思维为基础。”①另一段是在《路德维希·费尔巴哈和德国古典哲学的终结》中阐述的：“任何意识形态一经产生，就同现有的观念材料相结合而发展起来，并对这些材料做进一步的加工；不然，它就不是意识形态了，就是说，它就不是把思想当作独立地发展的、仅仅服从自身规律的独立存在的东西来对待了。人们头脑中发生的这一思想过程，归根到底是由人们的物质生活条件决定的，这一事实，对这些人来说必然是没有意识到的，否则，全部意识形态就完结了。”②

---

①《马克思恩格斯文集》第10卷，人民出版社2009年版，第657—658页。

②《马克思恩格斯文集》第4卷，人民出版社2009年版，第309页。

第三，意识形态的历史继承性。恩格斯认为，任何意识形态一经产生就会和现有的观念材料相结合而发展并呈现出不同的形式，而这些意识形态又会被以后的意识形态家用来制作那个时代意识形态的材料，并在那个时代发挥作用。恩格斯说，历史思想家（这里的历史应当是政治、法律、哲学、神学等），他们在每一科学领域中都有一定的材料，这些材料是基于以前的各代人的思维而独立形成的，在这些世代相继的人们的头脑中经过了自己的独立的发展道路。就像哲学，在每一个时代作为分工的特定的领域，都具有由它的先驱传给它而它便由此出发的特定的思想材料作为前提。因此，经济上落后的国家在哲学上仍然能够演奏第一小提琴：18世纪的法国对英国来说是如此（法国人是以英国哲学为依据的），后来的德国对英国来说也是如此。但是，恩格斯又指出，经济发展在这些领域也具有至高无上的权力，不论在法国还是在德国，哲学和那个时代的普遍的学术繁荣一样，也是经济高涨的结果。

基于以上分析和阐述，恩格斯对意识形态在人类历史中的地位和作用做了更进一步的界定："根据唯物史观，历史过程中的决定性因素归根到底是现实生活的生产和再生产……经济状况是基础，但是对历史斗争的进程发生影响并且在许多情况下主要是决定着这一斗争的形式的，还有上层建筑的各种因素：阶级斗争的政治形式及其成果——由胜利了的阶级在获胜以后确立的宪法等等，各种法的形式以及所有这些实际斗争在参加者头脑中的反映，政治的、法律的和哲学的理论，宗教的观点以及它们向教义体系的进一步发展。这里表现出一切因素间的相互作用，而在这种相互作用中归根到底是经济运动作为必然的东西通过无穷无尽的偶然事件（……）向前发展。"①

总之，在恩格斯的分析和阐述中，马克思主义意识形态理论得到了进一步完善。

①《马克思恩格斯文集》第10卷，人民出版社2009年版，第591—592页。

第三节 马克思主义意识形态理论的发展

尽管晚年恩格斯在整理出版马克思《资本论》的同时尽力维护唯物史观的科学性，但是仍没有遏制住那些“庸人们”将马克思主义庸俗化的势头，这在第二国际理论家那里有明显表现。列宁运用马克思主义对这些“庸人们”进行了批判。这些批判在捍卫马克思主义科学性的同时，也使马克思主义意识形态理论得到了发展。

一、对伯恩斯坦修正主义的批判

（一）伯恩斯坦及其修正主义观点

列宁曾经指出，由于马克思的学说直接为教育和组织现代社会的先进阶级服务，指出这一阶级的任务，并且证明现代制度由于经济的发展必然要被新的制度所代替，因此这一学说在其生命的过程中每走一步都得经过战斗。①事实的确如此。自马克思主义诞生后的头半个世纪中（从19世纪40年代起），马克思主义一直在同那些与它根本敌对的理论进行斗争，到19世纪90年代，这一胜利基本完成。但是，当马克思主义把这一切比较完整的、同马克思主义相敌对的学说排挤出去以后，这些学说所表现的倾向就是开始给自己另找出路，因此，斗争仍在继续，只是斗争的形式和原因较以前开始发生了变化。19世纪90年代一开始，马克思主义就同马克思主义内部的一个反马克思主义派别进行斗争。这一派别因前正统的马克思主义者伯恩施坦而得名，他最完整地表达了对马克思学说的修正，即修正主义。

19世纪末，随着资本主义进入帝国主义阶段、工人贵族的形成以及资产阶级统治策略的变化，西欧资本主义国家的政治经济状况发生了一种显著的变化。对这个变化，科尔施有过这样的描述：“在19世纪90年

① 参见《列宁专题文集（论马克思主义）》，人民出版社2009年版，第148页。

代的欧洲，特别是德国，新兴工业迅猛发展，与此同时，在欧洲大陆出现了‘更民主地’使用国家权力的最初迹象。这一过程包括1880年法国对巴黎公社社员的大赦，以及1890年德国反社会党人法的废除。在这种新的实际背景下，作为一个整体的马克思主义体系的正式声明就表现为一种理论的辩护和形而上学的安慰。”①在此背景下，1895年，伯恩施坦完成了《社会主义的前提和社会民主党的任务》一书，以资本主义社会变化的经验事实为根据，开始了对马克思学说的质疑和“修正”。1896年，伯恩施坦以《社会主义问题》为总标题，在考茨基主编的《新时代》杂志上陆续发表了6篇文章，进一步对马克思的学说进行“修正”。

伯恩施坦认为，马克思的科学社会主义并没有祛除曾经的空想社会主义学说的空想成分而具有“空想主义的性质”，因而要对其中的现实因素和空论因素作具体的分析。在他看来，历史唯物主义如果说有现实因素的话，那就是这些观念在倾向上是现实主义的。因此，关于未来发展的全部理论，纵然是十分唯物主义的，到底也必然带空想色彩。由此，伯恩施坦提出了“回到康德去！”②的口号。关于马克思的政治经济学，伯恩施坦认为，要用“经济发展的新材料”来影响公众。在他看来，资本主义走向崩溃的“崩溃论”是站不住脚的，因为农业方面的大生产排挤小生产的过程根本没有发生，在商业和工业方面的进展也极其缓慢，而且经济危机也比较少见、比较微弱了，阶级矛盾有减弱和缓和的趋势。由此，伯恩施坦认为，马克思描述劳动价值论时所做的辩证抽象，“价值就失去了任何可衡量性，成了纯粹的思维的构想。”③于是，他认为，马克思的价值理论可以按照柏姆-巴维克的观点来加以修正。

（二）列宁对修正主义的批判

针对修正主义的这种言论，列宁给予了有力的批判。

首先，系统揭露了修正主义在哲学、政治经济学和政治方面对马克

---

① [德]卡尔·科尔施：《马克思主义与哲学》，王南湜、荣新梅译，重庆出版社1989年版，第66页。

② [德]伯恩施坦：《伯恩施坦文选》，殷叙彝编，人民出版社2008年版，第72页。

③ [德]伯恩施坦：《伯恩施坦文选》，殷叙彝编，人民出版社2008年版，第176页。

思学说的歪曲。在哲学方面，列宁认为，修正主义总是跟着资产阶级教授的“科学”的屁股后面跑。资产阶级教授们反对马克思的唯物主义，鄙视黑格尔的辩证法，宣扬浅薄庸俗的唯心主义，修正主义者就跟在他们后面鹦鹉学舌。在哲学领域中辩证唯物主义与唯心主义形而上学的斗争，反映的是阶级斗争。因此，列宁认为，修正主义者修正马克思学说，其行为完全是资产阶级的附庸。在政治经济学方面，列宁驳斥了修正主义者的“危机论”和“崩溃论”。列宁认为，修正主义者的言行是在粉饰现代小生产，他们的毛病在于，对一些片面抽象出来的事实作肤浅的概括，而没有把它们同整个资本主义制度联系起来看。事实是，“科学和技术每前进一步，都必不可免地、毫不留情地破坏资本主义社会内的小生产的基础，而社会主义经济学的任务是研究这一过程所表现的往往是错综复杂的一切形式，是向小生产者证明，他们在资本主义制度下不可能支持下去，农民经济在资本主义制度下没有出路，农民必须接受无产者的观点。”[①]因此，只有极其近视的人，才想要修正马克思学说的原理。在政治方面，列宁认为，修正主义者的观点从属于自由派资产阶级的思想体系。他们对社会主义运动的最终目的所报的态度，是其经济倾向和政治倾向的必然补充。他们提出的“运动就是一切，最终目的算不了什么”的策略，忘记了无产阶级的根本利益，忘记了整个资本主义制度、整个资本主义演进的基本特点，为了实际的或假想的一时的利益而牺牲无产阶级的根本利益。[②]正是此种策略，不可避免地要引起某种形式的修正主义。

其次，分析修正主义在现代社会中的阶级根源。列宁认为，修正主义的出现是不可避免的，它是一种国际现象，因为现代社会就是它产生的阶级根源。在任何资本主义国家里，在无产阶级身旁总有广泛的小资产者阶层。资本主义在其发展过程中必然要重新生产出许多小生产者，而这些小生产者也同样被抛进无产阶级的队伍中，于是小资产阶级世界观也就会不断渗入广大工人政党的队伍。而且，这种情况一直到无产阶

①《列宁专题文集(论马克思主义)》,人民出版社2009年版,第152页。

②《列宁专题文集(论马克思主义)》,人民出版社2009年版,第154页。

级革命发生急剧变化的时候还会如此。由此，列宁指出，19世纪末马克思主义对修正主义的思想斗争，将是无产阶级所进行的伟大革命战斗的序幕。

最后，强调先进理论的重要作用。这是列宁在1900年的《怎么办》中批判伯恩施坦以及《工人事业》报时提出的。列宁认为，伯恩施坦提出的一套所谓颇为严整的“新”论据和“新”理由按其内容来说，是直接从资产阶级的书刊上搬到社会主义的书刊上来的，因而他的社会改良主义当然免不了用资产阶级观点来批评马克思主义的一切思想。这种改良以败坏工人群众的社会主义意识（而社会主义意识则是保障我们获得胜利的唯一基础）为代价，因而这种新“批评”派无非是机会主义的一个变种罢了。而“俄国社会民主党人联合会”的国外机关刊物《工人事业》报，针对伯恩施坦主义的批评只是流于形式地提出“批评自由”的口号，说出一些所谓反对思想僵化等的响亮词句，这只不过是用来掩饰人们对理论思想发展的冷淡和无能，其实质则是自由地抛弃任何完整的和周密的理论，是折中主义和无原则。尤其该报忽视俄国当时理论比较混乱这一事实而打出了马克思《哥达纲领批判》中的那句名言：“一步实际行动比一打纲领更重要”，列宁认为该报的这种做法其实就是假借马克思的名义来极力贬低理论的意义。针对这种情况，列宁强调先进理论的重要作用，指出：“没有革命的理论，就不会有革命的运动。在醉心于最狭隘的实际活动的偏向同时髦的机会主义说教结合在一起的情况下，必须始终坚持这种思想。而对俄国社会民主党来说……理论的意义就显得更为重要了。”因为，“只有以先进理论为指南的党，才能实现先进战士的作用。”①

二、提出意识形态的阶级性与党性学说

首先，在自发意识和自觉意识的关系基础上阐述了灌输说。灌输学说来源于考茨基。考茨基认为，社会主义学说根源于现代经济关系，但是这种学说并不是在无产阶级的阶级斗争中自发产生的，而是在深刻的

①《列宁专题文集》（论无产阶级政党），人民出版社2009年版，第70、71页。

科学知识的基础上形成的，资产阶级知识分子则是这种科学知识的创立者。而后资产阶级知识分子再把这个学说传授给无产阶级中的才智出众者，并进而灌输到无产阶级的阶级斗争中去。列宁接受了考茨基的这种学说，认为“工人本来也不可能有社会民主主义的意识”，“各国的历史斗争证明：工人阶级单靠自己本身的力量，只能形成工联主义的意识”，“而社会主义学说则是从有产阶级的有教养的人即知识分子创造的哲学理论、历史理论和经济理论中发展起来的”，马克思恩格斯创立了现代科学社会主义即是如此，社会主义意识“只能从外面灌输进去”[①]。基于此，列宁指出：“我们应当积极地对工人阶级进行政治教育，发展工人阶级的政治意识。”[②]以此反对自发性，使工人运动脱离这种投到资产阶级羽翼下去的工联主义的自发趋势，而把它吸引到革命的社会民主党的羽翼下来。

其次，提出了资产阶级意识形态和无产阶级意识形态的对立说，赋予意识形态以阶级属性。列宁认为，既然工人阶级在其运动过程中不能独立创立自己的意识形态，“那么问题只能是这样：或者是资产阶级的思想体系，或者是社会主义的思想体系。这里中间的东西是没有的（因为人类没有创造过任何‘第三种’思想体系，而且在为阶级矛盾所分裂的社会中，任何时候也不可能有非阶级的或超阶级的思想体系）。因此，对社会主义思想体系的任何轻视和任何脱离，都意味着资产阶级思想体系的加强。”但是，由于“资产阶级思想体系的渊源比社会主义思想体系久远得多，它经过了更加全面的加工，它拥有的传播工具也多得不能相比”，因而，“某一个国家中的社会主义运动愈年轻，也就应当愈积极地同一切巩固非社会主义思想体系的企图作斗争，也就应当愈坚决地告诉工人提防那些叫嚷不要‘夸大自觉因素’等等的蹩脚的谋士。”[③]这里，列宁非常明确地提出资产阶级意识形态与无产阶级意识形态之间的根本对立，并提出没有超阶级的意识形态的思想，这就将意识形态与阶级利

①《列宁专题文集》(论无产阶级政党)，人民出版社2009年版，第76页。

②《列宁选集》第1卷，人民出版社2012年版，第342页。

③《列宁专题文集》(论无产阶级政党)，人民出版社2009年版，第85、87页。

益直接合而为一，明确赋予了意识形态以阶级属性。

最后，论述了无产阶级意识形态的党性原则。在《社会主义政党和非党的革命性》一文中，列宁指出："非党性是资产阶级思想，党性是社会主义思想。这个原理总的来说适用于整个资产阶级社会。当然，必须善于把这个普遍真理运用于个别的具体问题和具体场合。但是，在整个资产阶级社会都起来反对农奴制和专制制度的时候，忘记这个真理就等于实际上根本拒绝对资产阶级社会进行社会主义的批判。"①而这个党性原则就表现在哲学这一意识形态的派别斗争中："在经验批判主义认识论的烦琐语句后面，不能不看到哲学上的党派斗争，这种斗争归根到底表现着现代社会中敌对阶级的倾向和意识形态。最新的哲学像在两千年前一样，也是有党性的。"②所以，"马克思和恩格斯在哲学上自始至终都是有党性的，他们善于发现一切'最新'流派对唯物主义的背弃，对唯心主义和信仰主义的纵容。"③而且列宁还指出，在现代社会中，政治经济学也像认识论一样，是有党性的学说。因此，"无论在哲学上或经济学上，马克思主义者的任务就是要……善于贯彻自己的路线，同敌视我们的各种力量和阶级的整个路线作斗争。"④

三、阐述了马克思主义的科学性

列宁认为，马克思以人类在资本主义制度下所获得的全部知识为基础，研究了人类社会发展的规律，认识到资本主义的发展必然导致共产主义，同时马克思还依据对资本主义社会所作的最确切、最缜密和最深刻的研究，借助以往科学所提供的全部知识的充分掌握而证实了这个结论。"凡是人类社会所创造的一切，他都有批判地重新加以探讨，任何一点也没有忽略过去。凡是人类思想所建树的一切，他都放在工人运动中

①《列宁选集》第1卷，人民出版社2012年版，第676页。

②《列宁选集》第2卷，人民出版社2012年版，第240页。

③《列宁专题文集（论辩证唯物主义和历史唯物主义）》，人民出版社2009年版，第121页。

④《列宁专题文集（论辩证唯物主义和历史唯物主义）》，人民出版社2009年版，第125页。

检验过，重新加以探讨，加以批判，从而得出了那些被资产阶级狭隘性所限制或被资产阶级偏见束缚住的人所不能得出的结论。”[①]所以，作为无产阶级求解放的学说，作为革命无产阶级的思想体系，它赢得了世界历史性的意义，它是共产主义科学。这种学说是人类在19世纪所创造的优秀成果——德国的哲学、英国的政治经济学和法国的空想社会主义的当然继承者。它完备而严密，它给人们提供了决不同于任何迷信、任何反动势力、任何为资产阶级压迫所作的辩护相妥协的完整的世界观。它之所以具有无限力量，就是因为它正确。因此，“沿着马克思的理论的道路前进，我们将愈来愈接近客观真理（但决不会穷尽它）；而沿着任何其他的道路前进，除了混乱和谬误之外，我们什么也得不到。”[②]

总之，列宁根据当时国际国内条件以及理论材料的变化和发展，批判了伯恩斯坦修正主义思潮，提出了资本主义社会中两大基本意识形态的对立说，赋予了意识形态的阶级性与党性之属性，在指出马克思主义是无产阶级意识形态的同时，赋予了马克思主义“共产主义科学”的内涵，从而发展了马克思主义的意识形态理论。

①《列宁专题文集》(论马克思主义)，人民出版社2009年版，第296页。

②《列宁专题文集》(论辩证唯物主义和历史唯物主义)，人民出版社2009年版，第50页。

第二章
丹尼尔·贝尔的“意识形态终结论”解析

20世纪30年代到50年代末，世界经历了一系列重大事件：30年代的大萧条、凯恩斯主义的登台以及随之而出现的福利国家；苏联和纳粹的暴力行为、苏德的亲善以及第二次世界大战的发生；第三次科技革命的发生、苏共二十大上赫鲁晓夫的“背叛”、波兰“十月事件”以及“匈牙利革命”；等等。这些复杂事件的发生使西方世界的一些知识分子认为：社会主义者已经不再提倡社会主义，他们同保守主义者一样，担心掌握所有权利的国家的危险；意识形态问题已经被还原为一个政府所有权和经济计划多一点还是少一点的问题，有关意识形态之间的争论已经失去了意义，即意识形态开始走向终结。二战后，第一个使用“意识形态的终结”一语的是阿尔伯特·加缪，在他看来，意识形态是一种骗人的东西。雷蒙·阿隆在他的《知识分子的鸦片》中，以“意识形态时代的终结？”作为最后一章的标题率先提出了“意识形态的终结”问题。随之，这一问题变成了由文化自由协会发起的1955年在米兰召开的一次国际会议的主题，并且得到了诸多与会者，比如爱德华·希尔斯、丹尼尔·贝尔、李普赛特等的一致认同，他们断言，意识形态的时代已经走向“终结”。在其后的几年中，“意识形态的终结”这一核心思想在各种研讨会和著作中均得到了精心探讨。这就是20世纪50年代兴起于西方世界的那股“意识形态终结论”思潮。在这股思潮中，丹尼尔·贝尔是主要的代表人物，他先后发表了《意识形态的终结：50年代政治观念衰微之考察》（1960年，以下简称《意识形态的终结》）、《后工业社会的来临——对社会预测的一项探索》（1973年，以下简称《后工业社会的来临》）、《资本主义的文化矛盾》（1976年）等著作，对“意识形态的终结”问题作了较为深入的探讨。

贝尔的“意识形态终结论”出台后，支持者大有人在，批评之声同样不绝于耳。不过贝尔对这些批评却不以为然，并指责说，所有这些批评由于“都没有说到点子上”而造成了对他的《意识形态的终结》的“误读”。为此，贝尔在1988年为纪念阿隆所写的“跋”中对《意识形态的终结》的内容做了总结和解释，对那些来自不同方向的“误读”和批评给予分析和澄清，从而为自己“正名”。

那么，“意识形态的终结”究竟包含着何种内涵，以致贝尔说那些对它的批评不仅没有说到点子上而且还误读了它？《意识形态的终结》是如何形成的？其形成的根据是什么？我们又该如何去理解“意识形态的终结”？只有弄清这些问题后，我们才能澄清贝尔的“意识形态的终结”之前提，划定其“意识形态的终结”之界限，从而真正把握“意识形态终结”的内涵、主旨及其实质。

第一节 “意识形态的终结”形成的时代背景

贝尔说，“意识形态的终结”是一部讨论一个时代的著作，是这个时代社会的重大变化促使意识形态走向终结。归纳起来，社会的重大变化主要体现在三个方面，即后工业社会的来临、“政治”的变革与知识分子的“思想”探索。

一、后工业社会的来临

1945年，第一颗原子弹的爆炸成功，使世界意识到了科学的巨大威力，由此产生了人类利用核能的潜力。1946年，第一台数字电子计算机——电子数字积分计算机在马里兰州阿伯丁的政府试验基地完成，很快又出现了高速电子数字积分计算机和琼尼阿克开放系统，随后的十年内又出现了一万多种计算机。在人类的发明史上，从来没有一项新的发明像计算机这样迅速地被应用，并且推广到许多的应用领域。“如果说原子弹证明了纯物理学的威力，那么，计算机和控制论的结合则开辟了通向一种新的‘社会物理学’的道路——通过控制和信息传递理论构成的一套技术，来建立一个安排决策和选择的整体表。”[①]

原子能和电子计算机的诞生正式开启了人类历史上的第三次科技革命。这次科技革命是人类文明史上继蒸汽技术革命和电力技术革命之后的科技领域里的又一次重大飞跃。它的发生，使科技与技术、科技与生产之间形成了一种新的更加紧密的关系，显示了变革生产和变革社会的前所未有的巨大的物质力量。与前两次科技革命相比，新科技革命的影响是空前广泛而深刻的。它大大拓展了人类认识和改造自然的广度和深度，对人类的生产和生活的各个领域都产生了巨大的促进作用，使人类由电气时代跨入到自动化、智能化时代或信息时代。尤为重要的是，这场全球性、全方位的新科技革命，使高科技成为战后西方国家经济发展的巨大引擎，成为推动当代资本主义调整和变革的强大动力。

一方面，新科技革命使西方国家的劳动生产率大大提高，从而使科学技术成为推动西方国家生产力发展和经济增长的决定性因素。与生产力其他要素相比，科学技术已经成为推动西方国家生产力发展和经济增长的第一位的决定性因素。在科学技术的作用下，劳动对象开始向广度和深度拓展，劳动力结构由主要依靠体力向知识智能转化，同时也为日益复杂的生产管理提供了新的理论、方法和技术手段。这一切使社会生产力的性质和水平开始发生历史性的飞跃。从西方发达国家的情况看，20世纪初，科技进步在经济增长中的贡献仅为5%到20%，到五六十年代，其贡献上升到50%左右，到八十年代则高达60%到80%。这表明，科学技术已成为现代生产力中最活跃的因素和最主要的支撑力量。[②]

科学技术的发展也改变了西方国家的产业结构、就业结构，促进了资本主义经济走向“高级化”和现代化。20世纪五六十年代，随着原子能技术、电子计算机和空间通讯技术等新科技的应用，塑料、合成化纤、

① [美]丹尼尔·贝尔:《后工业社会的来临——对社会预测的一项探索》,高铦、王宏周、魏章玲译,商务印书馆1984年版,第384页。

② 张文科:《关于发展科技生产力的若干思考》,《经济问题》1991年第11期。

合成橡胶的生产，半导体收音机、电视机和其他家用电器的生产，喷气式客机的研制，各种卫星的发射等，西方国家的一些新兴产业开始形成并发展。与此相适应，高科技产业及研究与设计、金融保险、文化教育、商业与服务业等第三产业蓬勃发展，并逐渐超过了第一、二产业。而且各类产业内部也发生了劳动、资本密集型产业向技术、知识密集型产业的转化，作为新科技革命载体的知识和信息成为经济发展的强大推动力。与此同时，消耗大量资源和原材料的煤炭、纺织、钢铁等传统产业，则开始陷入衰落、转产和凋敝的结构性危机之中。与产业结构的变化相适应，其就业结构也发生了显著变化，从事体力劳动的蓝领工人逐渐减少，而从事脑力劳动的白领工人和知识工人不断增加。工人阶级的知识化和专业化，对当今社会的阶级阶层结构和社会意识形态的变化产生了巨大影响。

而且，新科技革命在促进生产社会化程度提高的同时，也推动垄断资本主义开始进行深刻的变革。由于重视科学技术的作用，加强职业技术教育和培训，推动国家、企业和私人之间及国际间的多层次、全方位的科技研究、开放与合作，大力发展高新科技产业，西方发达国家的经济结构迅速升级换代，经济发展水平大幅度提高，出现了战后经济发展的“黄金时期”。据统计，在1948—1976年间，世界资本主义工业生产增长了3倍以上，年均增长6.6%。联邦德国和日本的工业生产指数在1948—1972年间分别增长了几十倍，连增长速度最慢的英国，也增长了一倍多。并且西方国家的调整和改良还拓展了资本主义经济发展的空间，在一定程度上使资本主义国家经济波动的幅度降低了，经济危机的破坏性也降低了。据有的专家估算，在1929—1933年经济危机中，美国的生产下降幅度高达46.2%、德国为40.6%、日本为32.9%，而在1973—1975年危机和1979—1983年危机中，美国的生产下降幅度分别为15.3%和11.8%，联邦德国分别为12.9%和12.2%，日本分别为20%和4.1%。美国的失业率在1929—1933年危机中为24.9%，联邦德国高达50%，而在1973—1975年危机和1979—1983年危机中，美国的失业率分别为9.1%和

10.8%，联邦德国分别为5.1%和8.5%。[①]在经济发展取得重大成就时，西方发达国家开始对国民收入进行再分配，建立社会福利和保障制度，在一定程度上提高了工人阶级和其他劳动群众的收入水平，改善了他们的生产和生活条件，缓和了这些国家内部的阶级矛盾和社会冲突。绝对贫困人口减少，中间阶层逐渐扩大。

另一方面，在二战后新科技革命的推动下，经济全球化开始出现并迅速发展起来。就像马克思在《共产党宣言》中已经指出的那样：“资产阶级，由于开拓了世界市场，使一切国家的生产和消费都成为世界性的了。使反动派大为惋惜的是，资产阶级挖掉了工业脚下的民族基础。古老的民族工业被消灭了，并且每天都还在被消灭。它们被新的工业挤掉了，新的工业的建立已经成为一切文明民族的生命攸关的问题；这些工业所加工的，已经不是本地的原料，而是来自极其遥远的地区的材料；它们的产品不仅供本国消费，而且同时供世界各地消费。旧的、靠本国产品来满足的需要，被新的、要靠极其遥远的国家和地带的产品来满足的需要所代替了。过去那种地方的和民族的自给自足和闭关自守状态，被各民族的各方面的相互往来和各方面的互相依赖所代替了。物质的生产是如此，精神的生产也是如此。……资产阶级，由于一切生产工具的迅速改进，由于交通的极其便利，把一切民族甚至野蛮的民族都卷到文明中来了……它迫使一切民族——如果它们不想灭亡的话——采用资产阶级的生产方式；它迫使它们在自己那里推行所谓的文明，即变成资产者。一句话，它按照自己的面貌为自己创造出一个世界。”[②]而科学技术为全球化创造了极为有利的条件。正如有的学者所言：“正是技术……才如此巨大地缩短了地理和社会的距离。这是通过喷气飞机、计算机、地球卫星以及许多其他的发明，比以往更迅捷和安全地跨越空间和时间传输着人员、商品和观念。正是技术深刻地改变了人类事务发生的规模……一句话，正是技术促进了地区、民族和国际共同体的相互依

① 靳辉明、罗文东主编:《当代资本主义新论》,四川人民出版社2005年版,第35页。

②《马克思恩格斯文集》第2卷,人民出版社2009年版,第35—36页。

赖。”[①]在技术的驱动下，我们看到了资本、货币、商品以及与日俱增的生产“全球化”。运动和休闲，饮食和服饰，同样也开始了全球化。曾经偌大的世界，而今成了“地球村”。我们进入了“信息时代”。

面对世界发生的如此巨大的变化，人们对社会开始产生了新的认识：“人们对发展的思想——经济方面、政治方面和社会方面——有了自觉的认识；人们开始懂得，所谓资本主义和社会主义这类社会制度的名称，可能都是工业化和官僚科层化这些成规内一个范围更加广泛的社会进程的一部分，这些社会作为工业体制的变种，甚至可能按照它们的经济特点汇聚为某种新型的集中化与分散化兼而有之的市场计划体制。”[②]于是，“趋同论”出现并盛行起来。基于此，贝尔说：“第二次世界大战结束以来的阶段使人们对时间和社会变化产生了新的认识。人们完全可以说，1945年到1950年是后工业社会象征性的‘出生年代’。”[③]

“意识形态的终结”就是在后工业社会的来临中萌动的。

二、复杂多变的“政治”事件

20世纪30年代开始，西方世界发生了一系列复杂而多变的“政治”事件。贝尔将这些事件归纳为两条链子：“像莫斯科审批、纳粹德国和苏联的缔约、集中营、匈牙利工人的被镇压等等一系列灾难构成了一条链子；像资本主义的改良和福利国家的产生之类的社会变化又构成了另一条链子。”[④]这两条“链子”可以分为三个方面：

第一，苏联、东欧的一系列事件及苏德的亲善行为。20世纪30年代中后期，斯大林在苏联意识形态领域实行了一次空前的大清洗。莫斯科审判几乎处决了整个老布尔什维克的领导班子，叶佐夫担任克格勃领导

---

① 转引自岳长龄:《西方全球化理论面面观》,《战略与管理》1995年第6期。

② [美]丹尼尔·贝尔:《后工业社会的来临——对社会预测的一项探索》,高铦、王宏周、魏章玲译,商务印书馆1984年版,第385页。

③ [美]丹尼尔·贝尔:《后工业社会的来临——对社会预测的一项探索》,高铦、王宏周、魏章玲译,商务印书馆1984年版,第383页。

④ [美]丹尼尔·贝尔:《意识形态的终结》,张国清译,江苏人民出版社2001年版,第462页。

人期间对成千上万老党员进行了大规模的清洗，还有数百万人被关押在劳改营中。与此同时，在莫斯科机场上竟然飘扬着纳粹的万字旗，红军乐队也演奏起了《韦塞尔丛林曲》，苏联与纳粹德国秘密签订了《苏德互不侵犯条约》。贝尔说，这些事件的发生终结了知识分子对苏联的迷恋。而随后在第二次世界大战中，苏联人民在斯大林的领导下做出的巨大牺牲以及取得的巨大胜利，又使这种政权带给人新缓和的种种希望，也使人们重新萌发了通往社会主义乐土的许多渴望。但是，到20世纪50年代中后期，苏共二十大上赫鲁晓夫对斯大林的全面否定，波兰的"十月事件"废除了莫斯科强加于人们的政治制度，而后又爆发了"匈牙利革命"，这一系列事件又给了信奉苏联的知识分子以重重一击，使又一代信念者望而却步。

第二，纳粹和苏联的集中营。1919年贝尔生于纽约的一个东欧犹太移民家庭，从小随寡母备尝生活之艰辛，又加之处于文化同化的压力中，贝尔深刻地体验到了贫富悬殊的社会差异和不公正的排犹倾向。30年代的经济危机和革命运动促进了贝尔思想的早熟。1932年，13岁的贝尔剔除了通往其"上帝之城"的"信仰之梯"，转而加入青年社会主义者运动。"像其他后被称为'纽约文人'的犹太裔进步青年一样，贝尔一度思想激进，在社会与经济问题上深受马克思主义影响。这不仅驱使他在大学选择了社会学作为自己的专业方向，也使他成名之后在同行中博得'精通马克思'的声誉准备了条件。"[①]但是，由于受当时复杂的政治经济背景的影响，贝尔终没有成为真正的马克思主义者。贝尔说，他是在担惊受怕中度过了30年代和40年代的。因为，当时不仅有过超乎所有文明人想象的野蛮的纳粹死亡集中营，而且还有苏联大清洗中的恐怖残暴的集中营，这些使所有的乌托邦景象都蒙上了一层死亡的阴影。从这些可怕的运动中，贝尔及其朋友们看到了周而复始的人性的奸诈，看到了人性的双重性。而当现代人越过限定的边界时，他便寻找着自我的无限性并以盲目崇拜告终。由此贝尔说，他们这一代是在悲观主义、罪恶、悲

---

①［美］丹尼尔·贝尔：《资本主义文化矛盾》，赵一凡、蒲隆、任晓晋译，生活·读书·新知三联书店1989年版，第2—3页。

剧和绝望中找到了其智慧的一代。也正是因为这些在贝尔看来是悲观主义、罪恶、悲剧和绝望的"政治"行为，使他产生了对集体行动、政治感情以及关于激情和仇恨的政治学的恐惧，并且这种恐惧形成了贯穿于其一生的观点。在1952年的专著《美国的马克思派社会主义》中，这种恐惧得到了表达。在这本专著中，贝尔探讨了伦理和政治之间的张力。贝尔认为，在现代社会的一个鲜明特征是伦理和政治的分离，"因为任何一个集团都不能通过世俗力量把道德观念强加于整个社会，于是，意识形态——以大众利益和普遍价值为幌子，掩盖了特殊的自身利益——代替了伦理。"①由此贝尔说："由于布尔什维克运动既不生存于这个世界，也不归属于这个世界，它不为'通常的'道德问题（相对于'资产阶级'而言）所困扰，所以，为了达到其目的，任何一个手段，所有的手段——包括谋杀和恐怖——在道义上都是可行的。"②也正是源于这种恐惧，贝尔才会形成如下的观点：共产主义运动是"既不生存于这个世界又不归属于这个世界"的运动，社会主义运动是"虽然生存于这个世界但是不归属于这个世界的运动"，而放弃了政治权力目标的劳动运动是"既生存于这个世界，又归属于这个世界"③的运动。

第三，资本主义的改良和福利国家的产生。20世纪30年代的世界性经济大危机和大萧条重创了资本主义世界，使资本主义在惨淡经营中苦苦支撑着，因而资本主义各国都在寻找良方以拯救"病重"中的资本主义。美国的"罗斯福新政"以及随后"凯恩斯主义"的登台挽救了濒于灭亡边缘的资本主义。于是，一直作为"守夜人"的"总资本家"的国家和政府开始登上了历史的前台，对资本主义生产关系进行了一系列调整，开始干预经济和社会的发展。同时，为了缓和劳资矛盾，西方发达国家自觉或不自觉地推行了一些改善工人生产条件、增加工人收入、提

① [美]丹尼尔·贝尔：《意识形态的终结》，张国清译，江苏人民出版社2001年版，第310—311页。

② [美]丹尼尔·贝尔：《意识形态的终结》，张国清译，江苏人民出版社2001年版，第478页。

③ [美]丹尼尔·贝尔：《意识形态的终结》，张国清译，江苏人民出版社2001年版，译者序第12页。

高中下层民众生活待遇的政策和措施，福利国家随之也产生。1942年11月，英国经济学家贝弗里奇向英国政府递交了具有人权宣言性质的《贝弗里奇报告》，艾德里工党政府随后以此确立了英国社会保险和国家卫生体系。贝尔认为，艾德里工党政府在短短7年时间里便确立了贝弗里奇社会保障和国家卫生体系的行为为建立一个公正的福利国家奠定了基础。其后，艾德里的继承人沿着艾德里开辟的福利国家的道路继续前进并进行了一些新的探索，强调指出把工业的民族化作为该党的首要目标，同时对社会主义哲学予以反思，把平等、机会和美德作为工党的希望的核心。而在德国，贝德·戈德斯贝格的社会民主党抛弃了正统的马克思主义而采纳了一个新的党纲，并且声明，德国社会民主党已经不再是一个“阶级政党”，它寻求改革而非革命。贝尔认为，在欧洲各国，尤其是在社会主义的政党中间，贝德·戈德斯贝格的宣言因此被看作是古典马克思主义被抛弃的一个主要的历史转折点。这些对于一直被意志的乐观主义和心灵的悲观主义所缠绕的贝尔看来，是战后西方的政治希望。

三、知识分子的思想探索

新科技革命以及复杂的“政治”事件，促使世界发生了巨大变化，这些变化首先触动的是敏感的知识分子的神经。于是，理论探索活动的序幕就在知识分子中间次第拉开，而诸多关于“未来”的断言也在意识形态的旗帜下又获得了新的发展。由于立场不同，知识分子对于未来社会发展前景的断言必然相异。在各持己见之下，论战当然不可避免。贝尔说，他的“意识形态的终结”就是发生在这些知识分子中间的观念论战的一部分。

这次发生在知识分子之间的论战开始于“关于苏联和斯大林主义的前景”的辩论。论战的双方：一方是萨特、梅洛·庞蒂、布莱希特、恩斯特·布洛赫以及卢卡奇，他们是共产主义苏联的同情者；另一方是阿尔伯特·加缪、雷蒙·阿隆、亚瑟·柯斯特勒、乔治·奥威尔以及C·米洛兹等人，他们是共产主义苏联的批判者。作为声援苏联的一方：梅洛·庞蒂著书《人道主义和恐怖》，认为革命暴力之所以可取，是因为它具有人道主义的性质，并论证了压迫是辩证的螺旋式进步的逻辑；布洛赫完成了他的《希望的原理》，提出了一种揭示人类启示之乌托邦原理的历史哲学；萨特则直接声称，对于作为通向未来之继承人的候选者苏联或者美国来说，苏联比美国具有更大的优越性，因为前者是工人阶级这个普遍阶级的化身，而后者是粗俗的资产阶级的化身。

作为反对苏联的一方，他们则直接打出了“意识形态的终结”的旗号。第一个使用“意识形态的终结”一语的是加缪，当时的语境是法国党内部的一场争论。在那场争论中，一派竭力重新肯定马克思主义是历史的不可动摇的逻辑，另一派则把马克思主义重申为一种道德力量。对此，加缪于1946年指出：假如法国社会主义者放弃把马克思主义当作一种绝对科学，假如他们只是承认其批判的方面，那么，“他们将举例证明我们这个阶段标志着意识形态走向终结的途径，即绝对的乌托邦走向终结的途径。”[①]在加缪看来，意识形态是一种骗人的把戏，随之，一些西方思想家对布尔什维克主义进行批判，将其作为意识形态虚假性的证明。于是把意识形态看作一种自欺欺人的把戏的论题在一些强有力的主观论断和思想见解中得到了重大发展。比如，米洛兹在《被囚的心灵》一书中，说明了知识分子通过把教条供奉为新神学来进行自我欺骗，乔治•奥威尔的《1984》则明确把矛头直接指向了斯大林和苏联，而雷蒙•阿隆的《知识分子的鸦片》则是对作为恐怖之证明的“历史必然性”的各种论点的一次毁灭性破坏。在该书的最后一章，阿隆以“意识形态时代的终结?”作为标题，直接宣布了“意识形态的终结”。该问题随之也变成了由文化自由协会发起的1955年9月在米兰召开的一次题为“自由的未来”国际会议的主题，并得到了诸多与会者的一致赞同。随之，又一场论战在知识分子之间展开了，那就是关于意识形态是否终结的论战。

论战的一方认为意识形态已经终结，主要代表有爱德华·希尔斯、李普赛特、雷蒙·阿隆、丹尼尔·贝尔等。

爱德华•希尔斯在他的《意识形态的终结?》中认为，在这一时代，

① [美]丹尼尔•贝尔:《意识形态的终结》,张国清译,江苏人民出版社2001年版,第472页。

西方社会的“那些最成功地管理自己内部事务的国家”，比如英国、美国、西德以及斯堪的纳维亚诸国，在解决其国内政治问题时，已经不再考虑左与右、社会主义与放任主义等意识形态的因素，而是根据问题性质的需要实事求是地解决问题。在这些国家里，同国家社会主义和法西斯主义一样，马克思主义已经失去了对知识分子的吸引力，人们不再感到需要一个明确的无所不包的信仰体系，“我们不仅认识到极权主义和极端主义狂热的本质缺点，而且认识到意识形态定向方式的错误。”[①]在1968年的希尔斯为《国际社会科学博览》写的一篇讨论意识形态的文章中指出，他和其他的意识形态终结论的支持者从未说过：“理想、道德标准、一般的或综合的社会观点和政策，在人类社会已无关紧要，或者已不再讲的通。”在此后不久的《知识分子与权力》一书中，希尔斯再次重申，“‘意识形态终结’论倡导者并不主张，也没有暗示，人类已经到达和超过意识形态不再可能存在的发展条件或发展阶段。意识形态的潜势似乎是人类素质的一个永恒部分。”[②]不难看出，希尔思的“终结论”指的是西方发达国家中某种意识形态的终结，而不是指全部意识形态的终结。

李普赛特在其1960年发表的《政治人》中认为，最近几年来，在西方世界，由于凯恩斯主义的实行，福利国家的出现以及苏联的一系列事件的发生，使西方社会内部对于社会政治秩序以及政治民主的看法明显趋于一致，这导致了不同意识形态之间的冲突已经明显衰落。“事实上，大家一致认为，发生在不同国家中的国家控制的加强并不会导致民主自由的减少。社会主义者不再拥护社会主义；他们像保守主义者一样担心一个拥有无上权力的政府的危险。划分左、右派的意识形态问题已转变为主张多一些或少一些国家所有制和计划经济的问题。”[③]李普赛特说，西方政治生活中的这种变化说明现存社会秩序是令人满意的，没有人想

① C.I.Waxman ,The End of Ideology Debate.New York:Funk &Wagnalls,1968:60。

② 转引自[美]李普赛特:《政治人——政治的社会基础》,张绍宗译,上海人民出版社1997年版,第493页。

③ [美]李普赛特:《政治人——政治的社会基础》,张绍宗译,上海人民出版社1997年版,第391页。

着再去推翻它而建立一种不同的社会。“西方政治生活中的这种变化反映这样一个事实，工业革命带来的基本政治问题已经解决：工人已在产业和政治上实现公民身份；保守主义者已经接受福利国家的思想；民主左翼已经认识到，整个国家权力的增加对自由带来威胁，而不是对经济问题的解决。西方民主社会革命的这个成就本身，对于那些必然有意识形态或乌托邦思想推动他们参与政治活动的知识分子来说，是国内政治的终结。”[①]可见，意识形态已经不再是主宰国家政治行为的主要力量，它正在趋于终结。不过，李普赛特同时又认为，西方民主社会左、右两派的分歧不再有深远意义这一事实，并不意味着不存在党派争论的余地，只不过这种民主式的斗争将没有意识形态色彩而已。后来李普赛特又对此观点做了些许修正，他说：“从对阿隆、希尔思、贝尔和我的著作的引述，可以清楚看到，我们在讨论意识形态‘终结’或‘衰落’时，无论我们，还是我们提到的其他大多数论到这个问题的人，从来没有说过一统制政治概念体系的终结，乌托邦思想的终结，阶级冲突的终结，以及它们与不同阶级或其他政治利益集团之代表所拥护的政治立场的相互关系的终结。相反，我们当时指的是这样一种判断：一统制革命信条与工人阶级反体制斗争运动的狂热感情联系——以及由此而产生的工人运动反对者与反革命信条的联系——正在衰落；这里所说的工人阶级反体制斗争，用C•赖特•米尔斯的话说，是指‘来自维多利亚时代马克思主义的遗产’，在先进工业社会或‘后工业社会’不会再出现，但在不发达国家将继续存在，因为这些国家的社会结构和变革进程，类似于欧洲产业革命时的情况。”[②]与希尔思一样，李普赛特的“意识形态的终结”也是限于西方发达国家中，在非西方不发达国家中，这些意识形态仍然存在。不过，李普赛特没有意识到他的“意识形态的终结”与“阶级冲突”的同时存在是相互矛盾的，因为只要有阶级冲突的存在，意识形态就不可

① [美]李普赛特：《政治人——政治的社会基础》，张绍宗译，上海人民出版社1997年版，第392—393页。

② [美]李普赛特：《政治人——政治的社会基础》，张绍宗译，上海人民出版社1997年版，第491页。

能终结。像李普赛特所说的那样的没有意识形态的民主式的阶级斗争，只能是神话。

阿隆的"意识形态终结论"是建基于其"工业社会"之上的。他认为，我们时代文明的主要特征是工业社会，工业化是现代社会的主要特点。因此，不管是苏联的经济，还是资本主义的经济，其国民经济都是顺着一条线上升的。一切现代经济，不管政体多么不同，主义多么不同，大家都有一些共同之处，特别是经济增长的潜力。社会共同体的理想摇摆于两种形式之间：一种是所有人在无意识中形成的平衡状态；另一种是通过总体计划和消灭剥削者而实现的所有人的幸福状态。因此，人们毫不怀疑在不久的将来工业将消除千百年来长期存在的贫穷，只不过是东西方在手段的选择上有所不同罢了。尽管在现实的实践中，苏联的模式是一场噩梦，美国的模式也是不完善的和庸俗的，但是工业社会仍将是我们时代文明的主要特征。在《工业社会十八讲》中，阿隆说："我的亚洲之行有助于我相信当代的主要思想是工业社会。从亚洲看来，欧洲并没有两个根本不同的世界：苏维埃世界和西方世界。它是一个单一的现实：工业文明。苏联社会和资本主义社会只是同一类的两个品种，或者是同一社会类型（即进步工业社会）的两个形式。"①

因此，尽管"自由主义和社会主义继续唤起信念和激起争论。但是将这些偏好转变为理论却变得越来越困难了。西方现实中包含了各式各样的社会主义制度。人们不再指望集体所有制或是计划化来迅速改变人类的命运……无论是设想物质充裕能实现博爱的乐观主义者，还是想像（象）由于通讯（信）工具和酷刑工具而使暴政已扩展到人的意识中的悲观主义者，他们都没有因为20世纪的历史经历而被驳倒。这两者之间的对话在工厂刚出现时就开始了，现在仍在继续。它并未采取意识形态争论的形式，因为那些相对立的论题都不再与某一阶级或政党相联系

① 转引自丹尼尔·贝尔：《后工业社会的来临——对社会预测的一项探索》，高铦、王宏周、魏章玲译，商务印书馆1984年版，第86页。

了。”[①]可见，在现时代的工业社会中，意识形态已经终结。

正因为阿隆坚持“工业社会”的观点，所以在他的视域中，马克思主义不仅是“贫乏而单调的乌托邦”，马克思的“资本”论是对圣西门的“工业社会”的哲理的歪曲，而且共产主义“是西方启示的拙劣翻版。它留有征服自然、改善大众生活的抱负，但这是以牺牲人类无穷冒险的精髓为代价的：探索的自由、争论的自由、批评以及选举的自由”[②]。故而，在写于1955年的《知识分子的鸦片》中，阿隆将“左派”“革命”以及“无产阶级”均视为神话，将共产党人与亲共人士之间的关系视为“教士”和“信徒”之间的关系，而马克思主义则是一种世俗的宗教而成为“知识分子的鸦片”。特别是50年代中后期在苏联和东欧发生的一系列事件让阿隆颇为得意，认为他的“工业社会论”确切地说是马克思主义的“终结论”，就像灯塔一样照亮了人们前进的道路。对此，阿隆曾经骄傲而自豪地如是说：“意外的成就往往出于偶然，所谓时势造英雄是也。匈牙利发生革命，赫鲁晓夫发表讲话，许多共产党人失望之余，退党如潮，行吟泽畔，追求一门可以替换的主义。我的《工业社会18讲》恰好应景问世，解忧惶，息烦恼，并不能启发什么信仰，或者纵观什么全景，但总可以把我们这个既一致又离析的世界照的（得）清楚一些。事情却大大出于我的意外（料），至今居然还能遇见一些大知识分子，有时候遇见一些学者，告诉我说，这本小册子，在通俗读物的边上，对他们有了大用场，教乖了他们。”[③]而马克思主义作为“最后一种宏大意识形态”也就只能随着苏联的没落而消亡。所以，阿隆说：

“我为什么在1955年就提出主义时代的末日呢？我的判断有两条理由：马列主义与苏联的体制混淆在一起，只能跟随苏联没落而消亡。西方人终将看清主义，看清以主义自号的政党，从而在同一时候破灭幻想。不可能有其他主义达到同等程度的总体性。……我们这个时代足以动员

① [法]雷蒙·阿隆：《知识分子的鸦片》，吕一民、顾杭译，译林出版社2005年版，第314页。

② C.I.Waxman，The End of Ideology Debate.New York：Funk &Wagnalls，1968：42。

③ [法]雷蒙·阿隆：《雷蒙·阿隆回忆录——五十年的政治思考》，刘燕清、孟鞠如、沈雁南译，生活·读书·新知三联书店1992年版，第500页。

群众的主题，几乎都给马克思主义占去了。无产阶级的救世作用，凭仗技术而得到的富裕，资本主义不可救药的矛盾，导向决裂与死亡。社会主义的其他版本，由于缺乏主义的系统性，相形之下，黯然失色，一一沦为修正主义。集体所有呀，计划经济呀，就事论事，本来没有什么了不起，拼在一起，也成不了整体，可让历史的原因弄得神乎其神，那么，为什么人们对这些竟那么样地受到鼓舞呢？一旦马列主义由于苏联主义的失败而受到连累，工业化的西方也不见得就此批评不得。江湖污染，思想污染，财胜人败，商贾思想大作，旧的不平等添上新的不平等，如此等等，已经足够激起青年一代的义愤。然而，这些题目却拼凑不出一门主义，堪与马列主义相匹敌。”①

论战的另一方则是“反意识形态终结论”者，主要代表有米尔斯、拉普洛姆巴拉、阿尔肯、赫吉斯、哈贝尔等，他们认为意识形态并没有终结。

米尔斯在1960年第5期的《新左派评论》上发表了《致新左派的信》，反对“意识形态终结论”。米尔斯承认社会主义意识形态已经终结，但他反对把它理解为所有意识形态的终结。他认为，意识形态与政治相关联，它表示了对政治的参与。而主张“意识形态的终结”既是从政治中后推的企图的表达，又是对现状的默认或对现存秩序辩护的方式的表达。同时意识形态又是一种关于社会历史的定向理论，并且在许多情况下它还表达一些人类理想，对人类提出了更高的要求，以激励人们为实现理想而奋勇前进，因而它不可能终结。“意识形态的终结”只是发达国家中那些知识分子的自我想象，这是一种简单狭隘的观念。“‘意识形态的终结’只是一种自鸣得意的口号，这种口号集中在当代富裕的西方社会中不成熟的中年人之间流传。”②因此，所谓“意识形态的终结”实际上是一种“终结的意识形态”，换言之，米尔斯认为，“意识形态终结论”

① [法]雷蒙·阿隆：《雷蒙·阿隆回忆录——五十年的政治思考》，刘燕清、孟鞠如、沈雁南译，生活·读书·新知三联书店1992年版，第518页。

② C.Wright Mills.Letter to the New Left.In C.I.Waxman ,The End of Ideology Debate.New York:Funk &Wagnalls,1968:127—132。

本身就是一种意识形态。

拉普洛姆巴拉的批评非常重视意识形态概念的意义问题。他认为，“意识形态终结论”的鼓吹者们都是在曼海姆的意义上，即意识形态是与现实不一致的观念来理解意识形态的。实际上，意识形态既“包含一种历史哲学”，又“倾向于规定一套或多或少相一致的价值，同时寻求把一定的行为方式与达到一种未来状态或保持现存状态联系起来”，而阿隆、贝尔这些“终结论”的提出者，他们“所谓的意识形态并不是指任何一套关于社会的价值、信仰、选择、希望和规定，而是一套特殊的东西，我们可以把它同正统马克思主义、‘科学社会主义’、布尔什维主义、毛主义或者任何教条主义的强烈支持阶级冲突和革命的观点相联系”[①]。由于他们把意识形态的范围搞得很狭窄，只是把其性质视为否定的，所以就得出了错误的结论。在拉普洛姆巴拉看来，意识形态可以是也可以不是教条主义的，可以是也可以不是乌托邦的，可以同也可以不同现代科学的合理性相协调，可以重视也可以不重视修辞学的表述，这些问题需要认真分析，而不能先验地做出回答。同时，拉普洛姆巴拉承认西方知识分子对马克思主义的普遍失望是一个事实，但他反对从这一事实出发得出意识形态终结的结论。

赫吉斯的反驳是直接从“知识分子”开始的，因为贝尔和阿隆把意识形态终结看作是和知识分子直接相关的事情。通过对与知识分子相关的意识形态的终结的论据予以批驳后，赫吉斯在反击“终结论”的理论家们把知识分子的范围狭窄化的同时指出：在当代社会中，知识分子仍然在为特殊利益集团服务，他们不仅没有超越意识形态，相反更趋向于意识形态；意识形态作为社会一致的工具不仅没有过时而是相反，大众传播工具的帮助，使意识形态从没有像现在这样变得更有用和更富有影响。由此赫吉斯得出了和“终结论”相反的观点，他说：“意识形态的终结只发生于两个比较狭小的圈子内部：作为官僚、技术统治论者和意识形态统治论者的新知识分子集团，以及幻想破灭、思想枯竭的左派前斗

---

① J.Lapalombara.Decline of Ideology：A Dissent and an Interpretation.In C.I.Waxman，The End of Ideology Debate.New York：Funk &Wagnalls，1968：318—323。

士。”[①]

阿尔肯的批评着重点在于“终结论”的理论基础及其后果。他指出，“终结论”者所说的“终结”指的是马克思主义的终结，其主要论据之一是：意识形态是社会发展的产物，现代西方社会是发达的富裕社会，意识形态产生和存在的社会历史条件已经消失了。据此，阿尔肯认为，这种观点是受存在主义和实用主义的影响形成的，该理论在“变成反意识形态的狂热”的同时，“不可避免地导向无政府主义，并最后导向虚无主义”[②]。针对“终结论”者提出的激进运动已经不存在，所以意识形态终结的观点，哈贝尔认为，激进运动不是不存在了，而是被压抑和控制了；知识分子关于价值、乌托邦、社会批判和政治战略等观念只是发生了变化，并不表示意识形态的终结。同时，哈贝尔还指出，“终结论”者的如下观点恰好表明了“意识形态终结论”本身就是一种意识形态：对现存福利资本主义制度的肯定与赞同；否定社会冲突的普遍存在而相信社会冲突的有限性并能加以解决；相信宪法程序能够保证社会集团的利益得以整合。

对当时“政治”变化的反应，除此论战之外，还有一些理论探索者提出了自己的思想。德国社会学家拉尔夫·达伦多夫，他针对当时的政治发展状况认为，阶级不可能再像第二次世界大战以前那样，按照一个单一的尺度来对社会进行两极化划分。曾经是法兰克福学派成员之一的奥托·基希海默现在继承了弗兰兹·纽曼在哥伦比亚的政治哲学后，也开始强调“以意识形态为归宿的19世纪政党的衰微”这个主题。最引人注目的思想反叛者当是英国政治家约翰·斯特雷奇与美国共产党创始人及第一代领导人路易斯·科莱。他们在20世纪30年代曾经在极力说服思想界接受资本主义必然灭亡和社会主义必然胜利方面产生过重大影响，但是20年后这两个人都变成了混合经济和经济计划的先驱。而对意识形态的终

① D.C.Hodges.The End of “The End of Ideology”。In C.I.Waxman ,The End of Ideology Debate.New York:Funk &Wagnalls,1968:374—388。

② H.D.Aiken.The Revolt Against Ideology.In C.I.Waxman ,The End of Ideology Debate.New York:Funk &Wagnalls,1968:236—258。

结之最强有力的提法则是瑞典的政治评论家赫尔伯特•廷格斯顿，1955年，他在总结斯堪的纳维亚的经验后如此写道：“重大的［意识形态的］争论……已经在各种事例中得到了清算……无论是在保守党中间，还是在自由党内部，古老意义上的自由主义已经死亡；社会民主思想几乎已经丧失了纯粹马克思主义的所有特点……‘社会主义’或‘自由主义’这些实际的词汇正在蜕变为仅仅是一个空洞的称谓而已。”①

鉴于诸如此类的知识分子在理论上对当时政治实践的回应，贝尔认为这是因为生活方式的变化深得人心所致，否则就不会有这些相应的变化。因此，贝尔如此指认道：“在西方，出现在战后的常规见解是，市民政治学可能会取代意识形态政治学；按图索骥般地组织社会的梦想将必败无疑；如不努力认清人类和社会的代价，就无法了解那些似乎必然发生的深刻的社会变化。”②换言之，他之“意识形态的终结”的形成是大势所趋，而认清并接受这一现实乃是了解“必然发生的深刻的社会变化”并随之做出相应回应的明智之举。

第二节 “意识形态的终结”之内涵

1960年，贝尔的《意识形态的终结》一书发表后，批评之语纷至沓来。不过，贝尔认为这些批评均没有说到点子上，因为，他的书尽管书名是“意识形态的终结”，但是，其实际内容所指则包含在副标题——50年代政治观念的衰微中，这当然会招致那些只知道其书名而从未读过其内容的人的误读和批评。也正是因为这一点，贝尔说，他的《意识形态的终结》之所以出名，并不是因为其内容，而是因为其书名，换句话说，是这本书的书名投合了当时正对这一问题展开争论的知识界，从而吸引

① ［美］丹尼尔•贝尔：《意识形态的终结》，张国清译，江苏人民出版社2001年版，第481—482页。

② ［美］丹尼尔•贝尔：《意识形态的终结》，张国清译，江苏人民出版社2001年版，第482页。

了他们的眼球。言下之意，他写作《意识形态的终结》的真正动机并不只是要向世人宣布“意识形态的终结”，而是通过“意识形态的终结”这一主题来表达旧的政治观念的衰微。因此，尽管贝尔是当时关于“意识形态的终结”之争论的主要参与者，并且此后也一直是这一观点的积极捍卫者，但是，其《意识形态的终结》的主题却主要是对西方社会特别20世纪50年代的美国的政治观念的衰微的分析阐述，只是在该书最后的短短结语中才切入他的书名——“意识形态的终结”。

“50年代政治观念的衰微”之所以是“意识形态的终结”的真正内涵，这和贝尔对意识形态概念的界定直接相关。

一、贝尔视域中的意识形态概念

李普赛特曾有言：“大体说来，关于意识形态终结分析是否正确的激烈论战，是围绕‘意识形态’一词的不同含义展开的。”[①]此语可谓是一语中的。正是因为知识分子们对于“意识形态”的理解不同，才会得出不同的结论。贝尔也同样如此。

（一）意识形态是一种“世俗宗教”

贝尔认为，整个思想史就是一部前赴后继的祛魅史。无论意识形态在法国创始人那里原来是什么样子，作为一种由观念转化为行动的方法，黑格尔左派、费尔巴哈和马克思都用最为明确的语言描述了意识形态。他们通过揭去宗教的神秘面纱，使人们从“上帝”和“原罪”中解脱出来，从而恢复了人的潜能。同时也通过揭示历史，理性得到了揭示。但是在通俗的用法中，“意识形态”一词仍然是一个模糊的术语，诸多关于意识形态的用法把许多事物都混合起来而导致了混乱。所以，贝尔认为做出某些区分是必要的。于是，他借用曼海姆的“意识形态的特殊概念”和“意识形态的总体概念”对意识形态做出一个了区分：在前者的意义上，我们可以说，拥有某些价值观念的个体也拥有利益；在后者的意义上，它是关于丰富的现实的一个包罗万象的体系，它是充满激情的一系

① [美]李普赛特：《政治人》，张绍宗译，上海人民出版社1997年版，第492页。

列信念，它试图全面改造生活方式。而作为对一种“事业”的渴望，对深刻的道德感情的满足，此种意识形态不同于“特殊的意识形态”，它不一定是以观念的形式反映利益。当然，贝尔赞同的是后一种意识形态概念，即“意识形态的总体概念”，他说：“我不是把‘意识形态’当作‘信念体系’，而是把它看作在19世纪产生的一组特殊观念和情感。”[①]作为一种特殊观念和情感，此种意识形态具有力量性。因为它具有激情，所以意识形态最重要的、潜在的作用就在于诱发情感。所以当19世纪宗教日益衰弱的时候，意识形态随之产生并高涨起来。不仅如此，意识形态还把被宗教符号化了人的情感融合到一起并把它们引向了政治。在政治之维中，意识形态具有了情感性和煽动性的力量。同时，“由于政治可以用宗教曾经制度化权力的方式制度化权力，政治变成了取得统治权的捷径。（正如对自我所进行的所有其他宗教改造一样）改造世界的现代努力主要或完全是通过政治来进行的。这意味着用来调动能量的所有其他制度方法都必然走向衰落。实际上，教派和教堂早就变成了政党和社会运动。”[②]可见，通过调动追随者的激情并借助于政治，19世纪的意识形态完全可以同宗教分庭抗礼了。故而，贝尔如是说：“在这一意义上，在我们在此使用它的这一意义上，意识形态是一种世俗的宗教。”[③]也是在此视域中，贝尔认为马克思主义是一种信仰，此种信仰预言了从必然王国向自由王国的飞跃。

但是，贝尔说，这些在19世纪正在兴起的意识形态是同正在兴起的知识阶层相关联的，因为这些知识阶层正试图在社会中寻找自己的位置。

（二）意识形态是知识分子的对象

在贝尔的视域中，作为一种世俗宗教的意识形态是知识分子所从事

① [美]丹尼尔·贝尔：《意识形态的终结》，张国清译，江苏人民出版社2001年版，序言第6页。

② [美]丹尼尔·贝尔：《意识形态的终结》，张国清译，江苏人民出版社2001年版，第461页。

③ [美]丹尼尔·贝尔：《意识形态的终结》，张国清译，江苏人民出版社2001年版，第459页。

工作的对象。这个观点来源于曼海姆。曼海姆认为，在处理观念和利益之间的关系时，相对于其他的社会阶层而言，知识分子所持的观点是相对客观的。这是因为，“知识分子是社会中一个‘没有根基的社会阶层’，因此，比其他社会集团受到的束缚要少，他们可以获得多重的视角，从而超越了其他社会集团的狭隘界限。”①在赞同曼海姆这个观点的同时，贝尔说，“关于意识形态的分析准确地说属于关于知识分子的讨论。人们可以说，牧师所应面对的是宗教，而知识分子所应面对的是意识形态。”② 如此地，在曼海姆的观点基础上贝尔把宗教从意识形态之囊中收取出来交由牧师直接看管而给其“另立门户”了，这是另类于马克思主义的一种意识形态理论。在马克思主义那里，宗教当然从属于意识形态。对此，恩格斯在《路德维希·费尔巴哈和德国古典哲学的终结》中专门讨论了宗教作为意识形态的产生过程，认为它是“离开物质生活最远”的意识形态，只不过由于距离物质生活太远而常常让人看起来它好像与物质生活最不相干，从而认为它是独立于生活世界之外的一种“实体”，其实它还是由物质生活决定的，只是较之其他的意识形态而言此种决定的关系更为复杂而导致人们常常意识不到罢了。

在把宗教“另立门户”后，贝尔开始给知识分子在意识形态产生和形成中的作用予以梳理。贝尔认为，无论是弗兰西斯·培根、爱尔维修、霍尔巴赫，还是受这些思想家影响而创立“意识形态”的特拉西，他们的目标都是“提纯”观念，以取得“客观的”真理和“正确的”思想，这只不过是赤裸裸地反对宗教偏见倾向的英国经验论的一个过时的法国变种。而当作为皇帝的拿破仑认识到宗教正统观念对维护国家统治的重要性时，便一改对特拉西之意识形态的同情态度，对作为“观念科学”的意识形态作了消极的解释。

贝尔认为，马克思是现代意识形态概念的创立者，他从“存在决定

① [美]丹尼尔·贝尔:《意识形态的终结》，张国清译，江苏人民出版社2001年版，第457页。

② [美]丹尼尔·贝尔:《意识形态的终结》，张国清译，江苏人民出版社2001年版，第452页。

意识”出发而赋予了“意识形态”这个词语一些截然不同的含义。首先，马克思认为，意识形态同哲学唯心主义密切相关。意识形态认为，观念是自主的，具有独立地揭示真理和意识的权力，显然，对于马克思来说，这是虚假的。其次，马克思认为，意识形态不仅是虚假的意识，而且还掩盖了特殊的利益。各种意识形态尽管都声称是真理，但是却都只是反映了特殊团体的各种需要。最后，马克思认为，意识形态是一股有意义的力量。此种力量在于“揭露”隐藏在虚假观念背后的“客观的”利益，并发现意识形态所发挥的作用。“在这个意义上，‘对意识形态的揭露’多少类似于弗洛伊德体系中的‘合理化’理论。合理化隐藏着潜在的动机。不过这并不意味着它必然是不好的。实际上，要想有效地发挥作用，合理化务必与现实具有‘紧密的符合’。不过，一个不在眼前的或潜在的动机也是存在的，而且分析千方百计地要把这一点揭示出来。”①进而，贝尔对马克思的“观念的社会决定”的理论，尤其是关于“阶级的定义”予以质疑，认为在一个政治和技术相融合的世界里，由于马克思的以财产的分配作为划分社会的依据已经失去了其存在的合法性，所以其阶级概念也就失去了其存在的意义。于是，贝尔将知识分子探索意识形态之历史通通装入“知识社会学”技术领域之袋去了：“在社会科学的发展过程中，由培根、特拉西、马克思和其他人提出的问题——澄清观念在社会变革中的角色——已经变成了为人所知的‘知识社会学’技术领域的一部分。”②

借助于历史的变迁来质疑马克思的理论，是一种常见的批判马克思的方法，贝尔对马克思的意识形态理论特别是“阶级的定义”的质疑也属此类。而把马克思的意识形态理论完全归入曼海姆式之“知识社会学”领域当然更是对马克思的误判。我们知道，马克思的意识形态理论的实质是意识形态批判，其目的是在批判旧世界中发现新世界，它不仅具有

① [美]丹尼尔·贝尔:《意识形态的终结》,张国清译,江苏人民出版社2001年版,第455页。

② [美]丹尼尔·贝尔:《意识形态的终结》,张国清译,江苏人民出版社2001年版,第457页。

否定资本主义解放人类社会的价值立场，而且具有实践性和革命性：“哲学家们只是用不同的方式解释世界，问题在于改变世界”。正是在批判资产阶级形形色色的意识形态理论的过程中，马克思创立了历史唯物主义这门科学，而其意识形态理论就是这门科学的重要组成部分。当然，“知识社会学”源于马克思，或者说马克思的意识形态理论中包含着知识社会学的源头，这是毋庸置疑的。但是，如果将马克思的意识形态理论通通归入知识社会学，这恐怕是一种非法指认。

不仅如此，贝尔还将知识分子从学者中剔除出来。他认为，学者有一个确定的知识领域、一个传统，他会千方百计地在其中找到自己的位置，从而给逐渐积累起来的得到检验的过去的知识增添新的内容。并且学者是极少与他的“自我”纠缠在一起。而知识分子则不然，他总是从他的经验、他个人对世界的理解、他的特权和无能为力出发，并且根据这些东西来判断世界。因此，当知识分子感到某些错误的价值观念在一个商业文明中受到了推崇并对社会造成危害时，他们就会有一股使自己的冲动变成政治冲动的“先天”冲动。所以，“在产生于19世纪的意识形态身后有一股知识分子的力量”①。

（三）意识形态是文化和政治的相互作用

在对意识形态做了如上的两个界定后，贝尔强调意识形态的文化的和象征的性质，他说：“在我试图拓宽范围的这种论点看来，意识形态是文化和政治的相互作用。”因为，“意识形态这个术语处理的是这样一些社会运动，它们千方百计地动员人们为实现这些信仰而奋斗，并且在政治公理和热情的这种结合中，意识形态提供了一个信仰和一系列道德姿态——在马克思主义那里是关于历史将评判一切的观点——借助于它们，目的被用来为不道德的手段作辩护。个人对这些运动的觉悟导致了意识形态在拥护者中间的消解；或者，随着这些运动的成功，意识形态变成

① [美]丹尼尔·贝尔：《意识形态的终结》，张国清译，江苏人民出版社2001年版，第461页。

了一种强制的力量，被统治者用来维持社会的安定。”[①]显然，贝尔对意识形态的这个界定是对当时政治生活感受的表达，因而带有强烈的个人主观色彩。在当时政治事件的影响下，贝尔把自己的经历同他对人性和历史的判断联结在了一起，正因为如此，他产生了对“政治”的恐惧，正是源于这种恐惧，贝尔持有“反意识形态”的观点。

尽管持有反意识形态的观点，但是贝尔说他不是保守的。因为，意识形态是一个历史性概念，需要在具体的语境中才能理解，要看它是如何出现的，是如何被使用的。“［意识形态］这个术语并不适用于在17世纪和18世纪之前的西方文明，正如‘经济’、‘社会’、‘知识分子’之类的术语不适用于‘前现代’时期的西方文明。所有这些术语现在被应用于人们思考其社会的方式。这种变化是文化样式和思想视野的变化之表现，尽管这两个层面之间的关系也是至关重要的。”[②]正是在此视域中，贝尔限制了他的意识形态的范围，认为意识形态一词是“左派”的产物，并在那个特殊的历史语境中获得了有区别的意义。也因此，贝尔将意识形态界定为产生于19世纪的与知识分子密切相关的一种世俗的宗教。

二、“50年代政治观念的衰微”是“意识形态的终结”之内涵

既然意识形态是19世纪在知识分子的推动下形成的一种世俗的宗教，是政治与文化的相互作用；既然这种世俗的宗教是一个“历史术语”，需要在特定的历史语境中才能获得其特定的含义，那么，当“特定的历史语境”发生变化时，此前具有“合法性”的意识形态，必然也会因历史语境的变化而失去其存在的“合法性”，即出现“意识形态的终结”。此种“意识形态的终结”是以“政治观念的衰微”呈现出来的。这种“政治观念的衰微”主要表现在马克思意义上的“阶级”的解体以及激进主义政治运动的消退。

---

① [美]丹尼尔•贝尔:《意识形态的终结》,张国清译,江苏人民出版社2001年版,第506页。

② [美]丹尼尔•贝尔:《意识形态的终结》,张国清译,江苏人民出版社2001年版,第505页。

（一）“阶级”观念的衰微

众所周知，阶级概念是马克思主义最基本的概念之一，但是马克思恩格斯并没有给予阶级一个明确的定义。在《资本论》中，马克思也只是提出了一个问题：“首先要解答的一个问题是：是什么形成阶级？这个问题自然会由另外一个问题的解答而得到解答：是什么使雇佣工人、资本家、土地所有者成为社会三大阶级的成员？”①对这个问题马克思还没有给予展开手稿就中断了，后来恩格斯也并没有进行补写。不过，从马克思在其他许多著作中对阶级及阶级斗争的相关论述来看，还是可以看出他在这一问题上的基本思路的：在《共产党宣言》中，马克思首先指出：“至今一切社会的历史都是阶级斗争的历史”②；在1852年致约瑟夫·魏德迈的信中说：“（1）阶级的存在仅仅同生产发展的一定历史阶段相联系；（2）阶级斗争必然导致无产阶级专政；（3）这个专政不过是达到消灭一切阶级和进入无阶级社会的过渡……”③；在《〈政治经济学批判〉导言》中，马克思这样说：“如果我不知道这些阶级所依据的因素，如雇佣劳动、资本等等，阶级又是一句空话。而这些因素是以交换、分工、价格等等为前提的。”④不过，恩格斯曾明确地论述过经济是阶级形成的唯一原因。在《反杜林论》中恩格斯在批判了杜林的“暴力论”时指出，“暴力仅仅保护剥削，但是并不造成剥削；资本和雇佣劳动的关系才是他受剥削的基础，这种关系是通过纯经济的途径而决不是通过暴力的途径产生的。”⑤资本主义生产方式的产生，其“全部过程都由纯经济的原因来说明，而根本不需要用掠夺、暴力、国家或任何政治干预来说明”⑥。恩格斯对阶级的形成做出明确的结论：“以往的全部历史，除原始状态外，都是阶级斗争的历史：这些互相斗争的社会阶级在任何时

①《马克思恩格斯文集》第7卷，人民出版社2009年版，第1002页。

②《马克思恩格斯文集》第2卷，人民出版社2009年版，第31页。

③《马克思恩格斯文集》第10卷，人民出版社2009年版，第106页。

④《马克思恩格斯全集》第30卷，人民出版社1995年版，第41页。

⑤《马克思恩格斯选集》第3卷，人民出版社2012年版，第532页。

⑥《马克思恩格斯选集》第3卷，人民出版社2012年版，第543页。

候都是生产关系和交换关系的产物，一句话，都是自己时代的经济关系的产物；因而每一时代的社会经济结构形成现实基础。"[①]从这些论述中，我们可以看出，这也正如许多学者已经指出的那样，马克思恩格斯认为阶级是经济关系的产物，是由生产力发展的一定历史阶段以及与之相适应的生产关系与交换关系决定并形成的。

贝尔认为，尽管马克思根据经济关系即财产所有权来划分阶级，但是马克思不仅没有一个明确的阶级概念，而且在其前后的著作中对阶级的用法也不尽一致。后来的社会学家们也各自给予了阶级以不同的含义，这些都导致了今天我们在使用阶级概念时更加混乱。为了澄清这种混乱，也为了使以后在分析不同的社会类型时更加清晰，贝尔给阶级下了这样一个定义："最终说来，阶级并不意味着一个特殊的人群，而是把取得、掌握和转移不同权力及其有关特权的程序制度化的一种体系。"同时，贝尔认为，在现在的美国，阶级的形成有三种方式，它分别建基在三种不同的社会资源之上："以历史的财产形式为基础的财富和权力，它以继承作为取得财产的主要途径；以专门技术为基础的权力和地位，它以教育作为取得技术的必要途径；最后是以政治职位为基础的权力，它以组织机器作为取得权力的途径。"[②]这三种体系是同时存在的，而且相互重叠，又相互渗透。当然，马克思的阶级概念属于第一种形式。同时，贝尔也认为，在西方社会中，主导的制度是财产制度，它由法律体制加以保证和维护，并通过婚姻和家庭制度来转移。但是，在过去25年到50年间，这种财产制度已经在解体。

贝尔认为，资本主义的确如马克思所认为的那样，是一个由雇佣劳动关系以及阶级关系所组成的按照严格的经济路线形成的经济体系，当然，它还是一个社会体系。这个社会体系有赖于"家族制度"。权力通过家庭而得到传递，所有权的履行也部分带着家庭的名义。家庭的社会组织依赖于两个制度：财产制度和"王朝式"婚姻。财产被法律所认可，

①《马克思恩格斯文集》第3卷，人民出版社2009年版，第544页。

②［美］丹尼尔·贝尔：《后工业社会的来临——对社会预测的一项探索》，高铦、王宏周、魏章玲译，商务印书馆1984年版，第399、400页。

并通过国家的强制力而得到加强，它因此也意味着权力；“王朝式”婚姻既保存财产，也通过继承转移财产，家族企业就是因此而得以延续的。此种财产和家庭结构的关系是西方社会最古老的习俗之一。用哲学的术语来说，财产和家庭之间的这种相关制度总是被看作现存社会的一个必要前提。这也正如皮勒尼和熊彼特曾经指出的那样，在西方社会，社会阶级兴衰的故事就是家庭兴衰的故事。也就是说，家庭和财产之间的这种联结乃是马克思意义上的阶级体系形成的基础：“通过这两个制度的结合，一个阶级体系得以保持了下来：人们与同等阶层的人交往，在与他们的收入相应的公立学校接受教育，有着相同的行为规范和准则，阅读相同的图书并带着相似的偏见，生活在相同的环境中——简言之，创造着和分享着一种特定的生活方式。”①家族资本主义成为资产阶级阶级体系的社会黏合剂。

家族资本主义一开始主要盛行在欧洲，美国起初并没有牢固的根基。后殖民时期，在美国的东部沿海地区，特别是波士顿、费城、纽约等大城市，家族企业发展起来，“社会”就是由这些重要家族所组成的。在美国内战之后，迅速的工业化过程，使家庭企业在全国范围内扩展开来。在纺织、酿酒、化工、洗涤用品、报纸、船运等绝大多数在贝尔看来是“中等规模”的企业都是典型的家庭企业，甚至国际银行、一些大商号也是。

但是，到了19世纪末20世纪初的时候，家庭企业开始瓦解。这主要是由于当时美国工业的过度扩张而产生的一系列危机导致的。在危机发生时，银行家通过对货币和信用市场的控制，介入、重组和控制了许多美国的领头企业。通过设置专职经理，银行家实现了财产和家族的彻底分离。通过干预，银行家摧毁了资本主义秩序的社会根基，使“金融资本主义”取代了“家族资本主义”。而后，又由于一系列因素的作用，比如管理者强有力的个人才能、罗斯福新政对投资和金融市场的干预，公司自身利润的巨大增长而不需要通过向金融市场借贷来支持其扩张，公

① [美]丹尼尔·贝尔：《意识形态的终结》，张国清译，江苏人民出版社2001年版，第27—28页。

司的管理者逐步摆脱了金融控制的束缚而取得了自己对公司的独立的支配权。可是，这些新的管理者缺乏一个受传统支持的阶级地位，这就引发了他们对于意识形态的需要，以证明他们的权力与威望。因此，贝尔认为，家族资本主义的瓦解同整个西方社会权力的一系列转变相联系。而且这个关于权力和阶级地位关系的转变是一个历史性的转变。贝尔说，此种转变是在进行的“悄无声息的”“两场革命”：“一个是权力获取模式的变化，单单继承权已经不再是决定一切的因素；另一个是拥有权力的性质本身的变化，技能和政治地位而不是财产，变成了权力得以确立的根据。”这两场革命无疑深刻地影响着社会阶级结构的变化，从政治上看，主要的后果是“统治阶级”已经瓦解。“统治阶级可以被定义为拥有权力的集团，它们既是一个现存的利益集团，又是一个利益的连续体。而今天，既有一个‘上层阶级’，又有一个‘统治集团’。成为‘上层阶级’的一员（即拥有特权并能把它传给指定的人）已经不再意味着一个人是统治集团的成员，因为统治现在是建立在关于财产的传统标准之外的其他标准之上的；现代的统治集团从本质上讲是联合集团，而他们拥有的权力转移方式以及对特殊权力的获取模式的制度化（政治规章或军人晋升）还没有完全制定和确立起来。”[①]质言之，马克思意义上的以财产作为阶级和权力为基础的社会结构已经瓦解了，旧有的统治阶级分解为“上层阶级”和“统治集团”两个统治阶层，但是，无论是哪个统治阶层，原来的财产标准都已经失去了其存在的合法性，取而代之的标准是专业技术、政治职位等。

正是由于家庭资本主义的瓦解，美国社会发生了权力的重大变化，最重要、最明显的一点是政治领域的决定角色的式微。关于这一点，贝尔在《意识形态的终结》的第三章中有较为详细的探讨。贝尔认为，家族资本主义瓦解后，在美国已经不存在一个所谓“权力精英”的统治阶级，权力已经成为“技术性决策”的附属物。“权力的变迁变成了这些‘决定’的‘技术’伴随物，并且一种权力社会学必须鉴别来自各种不同

① [美]丹尼尔•贝尔:《意识形态的终结》,张国清译,江苏人民出版社2001年版,第33页。

决定的各种结果。”[①]对此，贝尔举了三个事例作为证明：（1）作为经济调节器的联邦预算；（2）1950—1955年的“双重经济”；（3）武器技术。贝尔认为，在这些事例中，行使权力的都不是所谓的“权力精英”，而是“技术性决策”的结果。同样，美苏之间的“冷战”也是如此。贝尔说，1946年以来，美国的外交政策并不是国内社会分工或阶级问题的反映，而是建立在对苏联意图的评估的基础之上的。这种评估并不是“权力精英”做出的，而是由美国的学术专家做出的，该评估断定：斯大林主义及其政治强国的苏联是进攻性的、好战的，并且在意识形态上是实施扩张主义的。因此，为了遏制野心，有必要实施遏制政策，包括快速的扩军备战。这个判断为杜鲁门的希腊和土耳其政策奠定了基础，也为马歇尔计划和支持欧洲经济重建的愿望奠定了基础。故而，贝尔说，这些政策不是美国国内错综复杂的权力关系的反映，而是对民族利益和民族生存问题的估算。不仅如此，当围绕着这个判断的第一个决定生成后，许多其他的决定就会接踵而至，于是相关的利益集团就会随之而介入进来。

当然，这些并不是说要否认各个阶级的存在和阶级体系的性质，而是说当代资本主义社会特别是美国社会的阶级结构已变得越来越分化、殊异和复杂，贝尔这样解释道。贝尔认为，美国自从其诞生之时起就是异质性的国家，又加上人种、民族和宗教的种种差异而更加复杂，同时日益增加的社会复杂性，将利益集团不断地分化为各种地区性集团和职业性集团，而政治舞台也为这些不同的利益集团提供了为各自利益进行斗争的场所。因此，贝尔认为，在通常情况下，用“阶级的”这个三棱镜来理解各种不同政治集团的瞬息万变的活动来说当然就太简陋了。

一言以蔽之，贝尔认为，进入20世纪50年代之后，马克思意义上的那种明确、稳定的阶级结构已经不复存在了。在此意义上，马克思的阶级概念当然也失去了存在的意义和价值，取而代之的将是后工业社会中的“知识阶级”。知识和理论的高度集约化正作为发明创造和制定政策的新型原则，日益改造着技术—经济体制（社会结构），同时导致社会本身

① [美]丹尼尔·贝尔：《意识形态的终结》，张国清译，江苏人民出版社2001年版，第65页。

的科层化。

（二）激进主义政治运动的消退

贝尔对美国的政治分析源于他对社会主义思想和运动的接触和关注，这种接触和关注使他认识到社会主义并不能够对美国的政治生活产生重大的影响，那么，这是为什么？对这一问题的追问使贝尔展开了对美国当时的左、右两种政治倾向的分析。

首先，左派。20世纪以来，美国有组织的社会主义运动主要体现在三股力量之中，即：社会党、共产党和工会运动，但它们最终都没能使自己成为除民主党和共和党之外的可供选择的制度化的政治力量。尽管大萧条时期曾经促成了一个声势浩大的工会组织运动，并且在短短的10年时间里，该组织的工人人数从不到300万发展到1500多万，差不多占了美国工薪阶级总人数的30%。然而，无论在劳工运动中还是在政府中，既没有产生任何一个社会主义运动，也没有播下任何一粒连贯的社会主义意识形态的种子。“为什么社会主义运动作为一种有组织的政治力量不能够像英国工党适应英国的政治生活那样适应美国生活的特定状况？”①为什么社会主义在美国不能造成像在欧洲那样的声势？这个问题并不只是贝尔一个人在追问，也早已引起了许多学者以及其他人士的关注。松巴特在20世纪初完成的《为什么美国没有社会主义？》中进行了探索式的回答，他提到了开放的边疆、通过个人努力出人头地的众多机遇以及日益提高的生活水平。佩尔曼在其《劳工运动理论》中则认为是美国工人没有形成阶级意识，而没有形成阶级意识的原因则是频繁的社会流动。在19世纪末20世纪初旅行到美国的凯泽林认为，社会主义之所以不能在美国扎根，一个重要原因是由于美国特定的历史和文化形成的平等主义成了美国社会主义的代理者，19世纪末许多德国的社会主义者一到美国就“改变信仰”就是对此的一个很好证明。还有的学者认为，美国的两党制从根本上说是一种地方性的而非功能性的制度，是妥协而不是强硬

① Daniel Dell，Marxian Socialism in the United States，Prinseton ：Princeton Univercity Press，1967：vii。

的原则，逐渐成为不同利益政治集团进行谈判的焦点。对于这些解释，贝尔认为都是依赖于美国无限的自然资源和物质财富，换言之，这些解释都认为是物质上的富裕消磨了工人的政治热情、信念和意志。借用松巴特的那句感叹之言："在烤牛肉和苹果酱的围攻和拦劫之下，形形色色的社会主义乌托邦都走向了终结。"[①]但是贝尔认为，这些解释只是说对了一半，另一半则存在于美国社会主义运动自身的特点中，或者说，社会主义者究竟是怎样来看这个世界的？对这个问题的一般回答，则涉及了社会特性的相互影响、与其他机构的"往来"程度，以及自身意识形态的性质。

贝尔认为，在最宽泛的意义上，社会是一个分配各种利益和特权、强制执行义务和责任的有机系统。在此架构中，伦理所处理的是分配上的"应该"，隐含着一种关于公平的理论；政治针对的则是分配的具体"方式"，涉及了各组织集团之间为分割特权而进行的权力斗争。因而在现实的社会活动中，伦理和政治之间存在着一种不可避免的紧张。那么如何解决这个"紧张"？对此，贝尔借用了马克斯·韦伯的关于"责任伦理"和"良知伦理"的理论。韦伯认为，政治既可以看作是一种"责任伦理"，也可以看作是一种"良知伦理"。前者是一种实用的观点，它以寻求和谐为目的；后者创造"真正的信仰者"，他们带着纯粹而持久的激情，毫不妥协地坚持着其信仰。韦伯坚持的是"责任伦理"，因为只有它才能维持市民社会的和平。韦伯说："对于我而言，如果人们不是一味地追问谁在道德上是正确的和谁在道德上是错误的，而是去追问，面对现实的冲突，对于涉及的所有人而言，我如何用最低限度的内在风险和外在风险来解决这个冲突呢？那么这个问题似乎不是无法解决的。"[②]基于韦伯的这个观点，贝尔认为，美国的具有政治意识形态倾向的社会主义运动之所以未能成功，就在于它纠结于"责任伦理"和"良知伦理"之

① [美]丹尼尔·贝尔:《意识形态的终结》,张国清译,江苏人民出版社2001年版,第308页。

② [美]丹尼尔·贝尔:《意识形态的终结》,张国清译,江苏人民出版社2001年版,第311页。

间的冲突，或者说，社会主义运动无法解决伦理和政治之间的两难困境。社会主义运动的伦理包含着对资本主义的批判和对乌托邦的承诺，而这种运动的政治又必须在现实社会中进行，于是，它就不可避免地面临着一系列两难的抉择。由于美国的社会主义运动从总体上始终没能解决这一基本的矛盾，也就没能摆脱困境。所以贝尔说：“社会主义运动既要通过自身来阐明其目标，又要通过自身来从整体上抵制资本主义秩序，所以这个运动不能把自身与处于此时此地进行谈判的政治世界中的社会活动的特殊问题联系起来。概括地说，它陷入了一个不幸的问题之中：既生活在这个世界之中但是又拒绝现世生活；在不道德的社会里，它只能充当道德的但非政治的人，而且这一角色还是名不副实的。除了只能对此抱着一种骑墙态度以外，它决不可能解决如下问题：要么像劳工运动那样接受资本主义社会并且寻求从其内部来进行改革，要么像共产主义者那样成为资本主义社会不共戴天的仇敌。一个宗教运动可以分割它的忠信，并且（像路德教那样）做到既生活在这个世界上又拒绝现世生活（毕竟，它不关心此生，而只关心来世）；一个政治运动却不能这样做。”①

以此为基点，贝尔分析了社会主义运动中的社会党、共产党以及工会分别在这个两难困境的表现及其后果。在贝尔看来，就社会党提出过一些旨在提高工人的物质生活的改革建议而言，它是“立足于这个世界”的。但是，就其拒绝接受这种改革若真要取得成效则必须于既有政治体制中发生的现实而言，它又是拒斥、脱离于这个世界的。第一次世界大战爆发后，社会党第一次不得不去面对有关现时代的实际问题，但是当该党内几乎所有的知识分子领导层都对这个问题置之不理，最终没有支持美国参战时，人们便放弃了对美国社会主义的支持。对于共产党来说，贝尔认为，它既不立足于这个世界也不生存于这个世界。其困难在于既要坚持这种姿态，又要改造这个世界，结果就是使自己疏离于这个世界，从而与美国生活格格不入而成为一个异类，最终也决不可能获得发展壮

① [美]丹尼尔·贝尔：《意识形态的终结》，张国清译，江苏人民出版社2001年版，第309—310页。

大的机会。不过工会就不同于社会党和共产党，它是既立足于这个世界又生存于这个世界的，所以就自然有了较好的发展。特别是劳联成功地解决了那个两难困境，不仅在争取工人的工资待遇上取得了令人满意的成就，而且还使得工人的工资能够随着企业利润的增长而增长，从而使工会在一定意义上还成了和资方有着共同利益的同路人。实际上，从这一意义上讲，工人运动特别是劳联的成功，不但不能说表示着马克思主义的社会主义胜利，相反只显示了它的失败。

其次，右派。20世纪中期的美国在许多方面是一个混乱的国家。但是，让人不可理解的是，这种混乱产生于繁荣而不是萧条。面对此种新形势，传统的政治分析真的是有点不知所措，尤其是当美国政治生活中出现了“激进右翼”——麦卡锡主义时[①]，人们更是感到困惑。作为一个政治迫害狂，麦卡锡把道德话语引入了政治领域，主张要连根拔除在他看来正在削弱着美国力量的“共产主义邪恶”。实际上，对于美国来说，共产党的实力并不足以达到麦卡锡主义所造成的那种“紧张”。因为，美国共产党的影响从没有像在法国、意大利那样大，其党员人数从未超过10万人，并且在战后也已经失去了原有的大部分的影响力。就在麦卡锡主义达到巅峰的1952年，共产党人也只是控制着略多于5%的美国劳工成员。当共产党员联合会被逐出了工业组织代表大会，被华莱士拒斥的进步党也归于失败后，共产党在知识分子集团中便很快丧失了势力。纵然这一时期也有苏联“敌对国”的存在，但这仍不足以解释麦卡锡主义的“激进右翼”在美国政治生活中的疯狂。不过，贝尔从支持麦卡锡的右翼分子中找到了解释这种现状的思想线索。

贝尔发现，麦卡锡的支持者主要包括以下几种人：一是曾经的贵族后代，他们叹息往日辉煌的逝去；二是刚刚崛起的“新富豪”，他们需要在心理上确证他们和其祖先一样是靠自己而不是（如事实那样）靠政府的资助才致富的，同时他们也害怕税收会剥夺他们的财富；三是种族集团中正在上升的中产阶级阶层，特别是德国人和爱尔兰人，他们想方设

① “激进的右翼”这一名称来自李普赛特。之所以说它是“激进的”，是因为它反对传统的保守主义，尊重个人权利，还因为它提倡新式美国生活。

法证明自己对美国的忠诚；最后还有一小撮知识分子，其中一些以前是道德败坏的共产主义者，他们跟着麦卡锡主义向一般自由主义发起了攻击。这些人看起来五花八门，全然不同，但却组成了一个奇怪的联盟。那么，该如何解释这种奇怪联盟的结合？贝尔认为，适宜于美国政治的传统方式不足以构成对此的解释。于是，他从理查德·霍夫斯达特和李普塞持那里借来了“身份政治”这一概念（前者主要用它来说明古老贵族阶级的身份焦虑，后者主要用它来解释新富豪的身份恐惧）以解释这一现象。或者换句话说，贝尔认为，麦卡锡主义代表了一种新的“身份政治”的出现。

“身份政治学概念的中心思想是，财富和社会地位不断上升的集团往往与地位政治没落的集团处于同样的忧虑和政治狂热之中。”①根据“身份政治学”，许多观察家注意到，那些失去社会地位的集团比过去更狂热地企图将他们过去所代表的社会的陈旧观念强加于所有的集团。对此，李普赛特论证说：正在崛起的集团，为了使自己站稳脚跟，可能会坚持同样的做法。这种崛起之所以发生在繁荣时期，是因为阶级或经济利益集团的冲突已经丧失了力量。霍夫斯达特则进一步论证道：在美国政治历史上，经济问题只是在萧条时期才占有重要位置，在繁荣时期，便产生了“身份”问题。而20世纪50年代正是美国经济繁荣的时期，“身份政治”的出现可谓是“生逢其时”。于是，麦卡锡主义就树起了一种“爱国的”“道德主义”的旗帜，为上述那些互不相同的“身份”群体以激烈的、极端的政治行为表达其地位焦虑提供了意识形态的幌子。

贝尔认为，麦卡锡主义在美国产生了一个重要后果，那就是把“道德问题”大规模地引入了政治辩论之中，这在美国是一个新现象。当然，这种道德主义的根源是多种多样的。它是一种中产阶级文化，用马克斯·舍勒的概括是比较恰当的，舍勒认为：“道德义愤是一种抑制着的嫉

① [美]丹尼尔•贝尔：《意识形态的终结》，张国清译，江苏人民出版社2001年版，第112页。

妒的伪装表现形式和中产阶级心理的特殊事实。”[①]但是，道德和政治毕竟是两个不同的领域，不可以相互替代。因此，贝尔说道：“作为一个阴谋集团，而不是一个合法的政见不同的集团，共产主义运动仍然是民主社会的威胁。基于‘明显的和当前的危险’的标准，民主社会不得不一再地反对那个阴谋集团，但这些是应该由法律去给予解决的问题。利用共产主义问题作为政治棍棒打击其他党派或集团的倾向，把法律问题转变为道德问题的倾向，只能制造自由社会的紧张。”[②]况且美国政治一直存在着实用主义的妥协，而非一系列你死我活的争斗，人们推崇的是西奥多·罗斯福的“实用主义政治”以及他对不妥协者的蔑视，就像威尔逊描述罗斯福的态度那样，政治“是使自己适应各种人和情况的事，是一种游戏。一个人只有在接受游戏规则和承认对手而不是扮演道德十字军和情况下才能取胜。在政治中，一个人必须以一丝不苟的标准来消灭敌人”[③]。正是由于这样的政治游戏规则主导着美国的政治舞台，所以，当武装成“道德主义”意识形态的麦卡锡向艾森豪威尔挑战时，失败当然是命定的了，因为，共和党不想因支持他挑战一位共和党总统而导致党的分裂。美国政治一直具有务实的传统，贝尔说这是值得称赞的事。据此，贝尔断言，麦卡锡只是一个插曲，人们最终还是喜欢接受“务实政治”。事实也的确如此，麦卡锡主义对美国社会和政治的威胁到50年代末期就逐渐消失了，“道德主义”尽管也一再出现，但从未成为主流，也从未主导过美国政治。就此而言，贝尔对麦卡锡主义的分析及其断言大体是没错的。

鉴于美国社会结构已经发生的这些变化，贝尔认为：很少有一本正经的人士仍然认为要制定“蓝图”并通过“社会工程”就能实现一个社会和谐的乌托邦，也很少有“古典”的自由主义者仍然坚信自由国家是

---

① 转引自[美]丹尼尔•贝尔:《意识形态的终结》,张国清译,江苏人民出版社2001年版,第114页。

② [美]丹尼尔•贝尔:《意识形态的终结》,张国清译,江苏人民出版社2001年版,第125页。

③ [美]丹尼尔•贝尔:《意识形态的终结》,张国清译,江苏人民出版社2001年版,第123页。

“通往奴役之路”。在西方的知识分子中间，对如下政治问题形成了一个笼统的共识：接受福利国家，希望分权、混合经济体系和多元政治体系。由此贝尔说，“从其整个历史中，产生了这样一个简单的事实：对于激进的知识分子来说，旧的意识形态已经丧失了它们的‘真理性’，丧失了它们的说服力。”[①]从这个意义上讲，意识形态的时代已经走向了终结。即使“意识形态”这一术语还有理由存在的话，它也是一个不可救药的贬义词。

所以，在1988年为纪念阿隆而写的跋——《重读意识形态的终结》中，针对来自五个层面的对他之“意识形态终结论”的批评[②]，贝尔如是说：“这些批评都没有对有关结构变化的基本分析提出挑战，那些变化危及到了经典马克思主义的核心：马克思主义关于西方社会的描绘和预言，关于资本主义条件下日益加深的经济危机和两极化的阶级冲突的不可避免性的信念。这些批评都没有涉及这样一个论点：对外政策不是‘国内阶级分裂的反映’，也不是大国之间经济对抗的反映，而是民族与民族之间历史冲突的结果。这些批评都没有注意到经济力量的性质方面的变化。在这些变化中，私有财产作为反对技术技能的一股力量所起的作用已经越来越小，或者说，作为社会的职业基础，“工薪阶级”的兴起取代了“无产阶级”。如布里克指出的那样：“显然，没有一个贝尔的批评家直接对其核心论点提出挑战：社会主义已经不再是与西方工业社会相关的问题。”[③]

但是，贝尔同时又指出，当19世纪旧的意识形态争论走向穷途末路的时候，新的意识形态正从崛起的亚非国家中产生出来。这些意识形态

---

① [美]丹尼尔·贝尔：《意识形态的终结》，张国清译，江苏人民出版社2001年版，第462页。

② 这五个层面的批评是：《意识形态的终结》是对现状的维护；《意识形态的终结》寻求用专家制定的技术治国方略代替社会上的政治争论；《意识形态的终结》寻求用舆论代替道德说话；《意识形态的终结》是冷战的工具；《意识形态的终结》已经被60年代和70年代的那些事件证伪。那些事件证明，激进主义和意识形态在西方社会和第三世界获得了新的高涨。

③ [美]丹尼尔·贝尔：《意识形态的终结》，张国清译，江苏人民出版社2001年版，第485—486页。

就是工业化、现代化、泛阿拉伯主义、有色人种和民族主义的意识形态。不过，这两种意识形态具有明显的差异，它们蕴含着20世纪后50年所面临的一些重大的政治问题和社会问题。19世纪的意识形态是普世性的、人道主义的，并且是由知识分子来倡导的。亚洲和非洲的大众意识形态则是地区性的、工具主义的，并且是由政治领袖创造出来的。旧意识形态的驱动力是为了达到社会平等和最广泛意义上的自由，新意识形态的驱动力则是为了发展经济和民族强盛。因此，意识形态的终结并不是，也不应该是，乌托邦的终结。人们可能比以往任何时候都更加需要乌托邦。当然，通往上帝之城的阶梯再也不可能是“信仰之梯”了，而只能是一把经验之梯：乌托邦必须具体化为：一个人想要往何处去，怎样才能抵达那里，谁将为此有所付出，有所领悟，有所证明，并有所决定。

由此，贝尔对那些只知道其书本题目，从未读过其论点从而对“意识形态的终结”命题产生误解的人们说：“在《意识形态的终结》里，我并没有说所有的意识形态的思考都结束了。我实际上认为，旧的意识形态的枯竭不可避免地导致渴望新的意识形态。”也因此，贝尔说，他的“《意识形态的终结》一书的主题，表示旧的政治热情已经衰竭，而发展成为后工业社会的这些理论，力图探讨科技治国论思想与政治的关系。”①

第三节　后工业社会的特征及其方法论基础

至此，我们可以发现，尽管贝尔指认“意识形态的终结”，并积极参与“意识形态的终结”之探讨和辩论，但他却是“醉翁之意不在酒”，也就是说，贝尔主要是想通过“意识形态的终结”之名来表达其“后工业社会的来临”之实。只有在这个语境中，我们才能理解贝尔所说的那句话：“我的著作受到了那个特殊背景的启发，但是还存着一些其他的来源

① [美]丹尼尔·贝尔:《后工业社会的来临——对社会预测的一项探索》,高铦、王宏周、魏章玲译,商务印书馆1984年版,第43页。

和意图。”[①]那么，后工业社会究竟是一种怎样的社会？它的来临为何导致意识形态走向终结？本节将对这些问题展开讨论。

一、后工业社会的基本特征

1945年，第一颗原子弹爆炸成功使科学的巨大威力得到凸显。1946年，第一台数字电子计算机电子数字积分计算机在马里兰州阿伯丁的政府试验基地完成，随之，计算机技术迅速地被掌握，并且推广到许多的应用领域。同时，新的技术和新的应用也在1945—1950年中开始形成。国民生产总值的概念就是在1945年时被首次使用的。于是，二战结束以后，人们对时间和社会变化产生了新的认识。由此，贝尔说：“1945年到1950年是后工业社会象征性的‘出生时代’。”[②]

贝尔认为，在工业社会中，构成其基础的是利用能源（蒸汽、电、石油和天然气）驱动的机器。那么，如何说明后工业社会的来临呢？贝尔认为，主要有五个组成部分：

第一，经济方面：从产品生产经济转变为服务性经济。

澳大利亚经济学家C.克拉克最早提出了这一观点。在《经济进步的条件》一书中，克拉克把经济划分为初级产业（消耗自然资源的产业）、第二产业（制造业）和第三产业（服务业）等部门。每个部门的生产率水平是经济进步的标尺。任一部门的生产率的提高都会导致劳动力由一个部门转向另一个部门。于是，经济进步便被界定为部门间不同生产率的函数，而服务就成为一个剩余范畴。贝尔认为克拉克在这个意义上来定义后工业社会的服务业是不恰当的。这也是通常人们对服务业的一种误解。在工业社会中，各种服务性行业不断增长，是因为必须对生产提供辅助性劳动，例如运输和销售。但是，在后工业社会中，强调的是一种不同类型的服务业。因为，现代社会服务业的发展主要是“服务于

① [美]丹尼尔•贝尔：《意识形态的终结》，张国清译，江苏人民出版社2001年版，第473页。

② [美]丹尼尔•贝尔：《后工业社会的来临——对社会预测的一项探索》，高铦、王宏周、魏章玲译，商务印书馆1984年版，第383页。

人”，主要是保健和教育。教育提高人的技能，保健减少疾病并使人更适应工作，因此这二者是当今社会提高生产率的主要措施，这种职业类别的增长对于后工业社会具有决定性的意义。因为这表示一个新的知识界——在大学、研究机构、各种专业以及管理部门——不断扩张的类别。由此贝尔说克拉克关于服务业的观点是“狭隘的‘经济主义’”[①]。

第二，职业方面：专业与技术人员阶级处于主导地位。

贝尔认为，确定后工业社会定义的第二种方法是根据职业分布的变化，即不仅要看人们在什么地方工作，而且还要看他们做什么工作。“在很大程度上，职业是划分社会阶级与阶层的最重要的决定性因素。”[②]在工业社会中，半熟练工人是劳动力中的最大部分。随着服务性经济的发展，自然出现了劳动力向白领职业转移的倾向。1956年，美国首次出现白领工人超过蓝领工人的状况。1970年，白领工人与蓝领工人的比例超过了五比四。更惊人的变化是专业和技术人员的增加，其增长率是平均增长率的两倍。而构成后工业社会的关键集团——科学家和工程师——的增长率更是劳动人口增长率的三倍。

第三，中轴原理：理论知识处于中心地位，是社会变革与制定政策的源泉。

贝尔认为，知识本身对于任何社会的运转而言都是必不可少的，但是，后工业社会所不同的是知识本身性质的变化。在他看来，后工业社会是围绕着知识组织起来的，其目的在于进行社会管理和指导革新与变革，这反过来又产生新的社会关系与新的结构，这些都是必须从政治上加以管理的。因此，“对于组织决策和指导变革具有决定性意义的是理论知识处于中心地位——那就是：理论与经验相比占首位，而且在知识编纂成抽象符号的系统以后，可以同任何规律体系一样用来说明许多不同

---

① 参见[美]丹尼尔·贝尔：《技术轴心时代》(上)，王建民译，《当代世界社会主义问题》2003年第2期。

② [美]丹尼尔·贝尔：《后工业社会的来临——对社会预测的一项探索》，高铦、王宏周、魏章玲译，商务印书馆1984年版，第23页。

领域内的经验。”[①]理论知识之所以变得如此重要，是由于人们对革新的性质在认识上发生了变化。

第四，未来的方向：控制技术发展，对技术进行鉴定。

贝尔认为，随着新的技术性预测模式的出现，后工业社会有可能达到社会变化的一个新方面，那就是对技术的发展进行规划和控制。之所以如此，贝尔认为，是因为，如果社会更多地依赖技术和新发明，就会给社会制度带来一种危险的“不确定的性质”。但是，没有新的技术，经济增长又无法保持。因此，新的预测方法和“探测技术”的发展，就有可能在经济史上开辟一个崭新的阶段，即有意识地、有计划地推动技术变革，从而减少对经济前途的“不确定性质”。同时，技术发展所带来的有害的副作用也使这一发展趋向不仅成为可能而且是必须。

第五，制定决策：创造新的“智能技术”。

贝尔认为，智能技术就是用规则系统（解决问题的规则）来代替直观判断，这些规则系统可以体现在自动化装置里，或者在计算机程序里，或者在基于某些统计资料或数学公式的一套指令里。那些用于处理“条理化复杂性”问题的统计技术和逻辑技术，都是形成一套决策规则的手段。1940年以来，此种智能技术已经出现明显的鼎盛时期，它们都是用于处理那些条理化的复杂性问题，比如信息论、控制论、决策论、博弈论、效用论和随机过程，等等。由此又产生了一些特殊的技术，比如，线性规划、统计决策论、马科夫链式应用法、蒙特·卡洛随机化过程、极小极大解，等等。新的智能技术的特点是，它能确定理性的行动并识别实现这种行动的手段，其目的就是使这个巨大的社会“井然有序”。

在1999年出版的《后工业社会》的特别纪念版的序言中，贝尔通过自1973年《后工业社会的来临》初版以来，“后工业社会”之术语、措辞、观念和概念在公众和学界的流行来说明后工业社会的被认可。同时，用自1973年以来的25年间的社会发展变化以证实他之“后工业社会的来临”的社会现实：（1）从制造业到服务业：25年前7700万劳动力中有

① [美]丹尼尔·贝尔：《后工业社会的来临——对社会预测的一项探索》，高铦、王宏周、魏章玲译，商务印书馆1984年版，第26页。

2020万从事制造业，占劳动力的26%；而今天，1.26亿美国劳动力中，只有1880万从事制造业，占劳动力的15%。（2）职业上：专业化和技术性工作的超常增长和熟练及半熟练工人的相对衰减。1996年，1.26亿劳动力中，专业人员和经理是3650万，3760万是技师、营销人员和行政管理助理，总人数占劳动力的近60%，熟练和半熟练工人占劳动力的25%。（3）资产和教育：教育成为社会流动的基础。完成高中教育和大学教育的比例，1960年分别为41%和7.7%，而1996年则分别上升至81%和近24%。（4）技术和智能技术：在工业社会中，技术意味着机械，后工业社会中，"高科技"竞赛中占主导地位的是运用规则系统、程序、模式和模拟的"智能技术"。（5）基础设施：海底电缆、宽带网、数字电视、光导纤维系统、传真、电子邮箱、因特网、万维网等通讯（信）系统已经取代码头、铁路、高速公路、卡车、空港等交通形式，成为人们交往与贸易的主要方式等等。①

由此，我们可以看出，贝尔的"后工业社会来临"突出的是科学技术对于社会结构及其变化的主导性地位和作用，就像贝尔自己所说的，后工业社会的"核心特征是理论知识的编汇和科学对技术的新关系"。因此贝尔说，后工业社会的意义在于：（1）它强调科学的作用与认识的价值为社会基本结构之必需；（2）它使决策更具有技术性，这就使科学家和经济学家更加直接地参与政治活动；（3）它使现有的脑力劳动科层化倾向不断加深，从而造成传统意义上的知识的目的和价值发生一系列变化；（4）它产生和发展了技术知识分子，从而提出了技术知识分子与文科知识分子的关系这样一个重大问题。②

基于此，贝尔申明，《意识形态的终结》一书的主题是技术性决策在社会上的作用。而技术性决策可以看成是意识形态的对立物：前者是计算性的、工具性的；后者是感性的、表现性的。因此，技术性决策的出

① [美]丹尼尔·贝尔：《技术轴心时代》（上），王建民译，《当代世界社会主义问题》2003年第2期。

② [美]丹尼尔·贝尔：《后工业社会的来临——对社会预测的一项探索》，高铦、王宏周、魏章玲译，商务印书馆1984年版，第54页。

场必然意味着意识形态的退场，即“后工业社会的来临”必然促使意识形态走向终结。

正是在“后工业社会的来临”中，贝尔向马克思发出了质疑之声。

二、马克思的“图示”与后工业社会

贝尔对马克思的质疑，是从马克思关于资本主义发展的图景开始的。贝尔将马克思关于社会发展的思想切割为“两种图示”，并在《后工业社会的来临》中给予了阐发。

第一种图示，贝尔认为是马克思在《资本论》第1卷第33章“资本主义积累的历史趋势”中勾画的，这是一种关于社会发展的基本图示：

新社会的结构，即生产的社会化组织，在旧社会的母胎中已得到充分发育；这种新结构反映了生产的社会化性质同“资本的垄断”所产生的“生产方式的桎梏”之间越来越大的矛盾；社会分化为两个阶级：一个数量日益缩小的资本大王以及一个稳步增长的工人阶级；新社会的性质同旧社会的资本主义形式到了不能相容的地步，最后“外壳就炸毁了”，社会主义世界来临了。[①]

贝尔认为，这种图示是马克思设想的一种“纯粹资本主义”模式，因为马克思将这种“纯粹形式”的设想作为其分析中的基本之点，而且马克思对此也有明确的说明：“这样一个一般的剩余价值率，——象（像）一切经济规律一样，要当作一种趋势来看，——是我们为了理论上的简便而假定的；但是实际上，它也确实是资本主义生产方式的前提，尽管它由于实际的阻力会多少受到阻碍，……在理论上假定，资本主义生产方式的规律是以纯粹的形式展开的。实际上始终只存在着近似的情况。”[②] 正是从这种“设想”出发，马克思最后得出了如上所述的“经济启示录的强烈感情展现”。不仅如此，马克思在《资本论》序言里还认

① [美]丹尼尔·贝尔：《后工业社会的来临——对社会预测的一项探索》，高铦、王宏周、魏章玲译，商务印书馆1984年版，第65页。

② 转引自[美]丹尼尔·贝尔：《后工业社会的来临——对社会预测的一项探索》，高铦、王宏周、魏章玲译，商务印书馆1984年版，第67—68页。

为，此种结果将以铁一般的必然性发生作用，认为最早发生这种情况的英国的命运预示着其他所有国家的命运。

但是，社会的实际发展并非如此。马克思主义运动却只是在落后国家而并不是在先进资本主义国家获得成功，更为要紧的是，先进资本主义社会的社会结构的运转方式也并不是按马克思所“设想”的那样去发展的，也并没有证据证明资本主义一定会由于制度内部的经济矛盾而崩溃。对此，贝尔引用了保罗·斯威齐的一句话来证明当时人们对马克思的“设想”的质疑：“在真正的意义上，可以说：马克思的整个理论体系是对资本主义无限扩张的可能性的否定以及对社会主义革命必然性的肯定。但是他的作品中没有地方能找到资本主义生产特殊的经济崩溃的理论。”[①]所以，贝尔说，马克思的这种图示只是从他的“纯粹资本主义”的模式中得来的，并不是一种经验性描述，换言之，马克思的这种图示之所以会在现实发展中遭遇“失败”，是因为它不是来源于经验，而只是一种理论上的“设想”。

当马克思写《资本论》第3卷的时候，大规模投资银行体系的发展以及股份公司的出现已经开始改变资本主义社会的社会结构，马克思也以格外敏锐的目光观察这一现象，特别是在《资本论》第3卷所表达的几节中也已经准确地看到了已经来临的事物的形态。贝尔说，这就是第二种图示的基础。这一图示预示了资本主义社会三大重要的结构变化：第一，随着新的银行制度的出现，资本积累不再依靠企业家个人的节俭、储蓄来自我筹措资金了，而是依靠全社会的储蓄。第二，股份公司的出现使所有权同管理权发生分离而产生了一个新类型的职业，马克思称之为社会的“指挥劳动”。第三，银行制度和信用制度的扩大以及股份公司的发展必然意味着办公室人员和白领工作的扩大。但是，令贝尔遗憾的是，马克思并没有沿着他之所谓的“第二种图示”的方向预测社会，而是认为，信用的体制化不仅不是资本主义制度稳定的根源，反而会加速危机，而经理的产生意味着的则是利润的社会性，至于白领工人，尽管

① 转引自[美]丹尼尔·贝尔：《后工业社会的来临——对社会预测的一项探索》，高铦、王宏周、魏章玲译，商务印书馆1984年版，第73页。

马克思预见到其数量会扩大，但是他感到资本主义的发展会导致白领工人的无产阶级化，因为事务所内部的分工和公共教育的发展会使他们贬值。[①]之所以这些新的结构倾向在马克思那里打了折扣，贝尔认为是因为马克思含蓄地认为第一种图示是有决定作用的。

那么，究竟社会发展是沿着哪种图示发展的呢？贝尔认为，实际上，资本主义是按照马克思的第二种图示，而不是按照第一种图示发展的。"两者的区别在于：马克思在第1卷里提出的是一个资本主义的'纯'理论，是脱离了当前复杂现实的、简单化的模式；而在第3卷里，他论述的则是实际经验的发展趋向。"[②]贝尔之所以持此观点，是因为，他认为，在马克思的生产方式的两个组成部分，即生产的社会关系（财产）以及生产力或生产技术（机器）中，马克思认为社会关系在资本主义的发展过程中是最重要的，它导致高度两极分化的阶级斗争。但是在现实的资本主义发展中，这种两极分化并没有发生，并且发生的重要的事实是他所强调的技术和工业化。

正是因为如此，西方关于社会发展的理论，如沃纳·松巴特、马克斯·韦伯、埃米尔·德勒、约瑟夫·熊彼特、雷蒙·阿隆等，几乎都是同马克思的不同图示的对话。在这些理论中，形成和马克思思想的最重要的挑战的则是"官僚科层制"理论和"工业社会"理论。在韦伯看来，西方社会的万能钥匙是合理化。由于合理化发展的必然性，行政管理必然加强，于是社会体制的全盘官僚科层化就是必然趋势，无论是资本主义社会还是社会主义社会，均如此。因此，在韦伯看来，资本主义和社会主义不是两个矛盾的制度，而是同一类型，即官僚科层体制的两面。这样，未来就不是属于马克思所言的工人阶级而是属于官僚科层体制。二战后，随着社会生产关系性质的变化以及科技带来的生产率的快速提高和技术的大发展，生产力被提到了中心地位，工业社会的概念被重新提出，作为有别于资本主义与社会主义之间的另一种可能性。韦伯是在

---

① 参见[美]丹尼尔·贝尔：《后工业社会的来临》，高铦，等译，商务印书馆1984年版，第69—72页。

② [美]丹尼尔·贝尔：《后工业社会的来临》，高铦，等译，商务印书馆1984年版，第51页。

权威的问题上，用“官僚科层化”的概念将社会主义和资本主义“融为一体”，而“工业社会”的概念则是在社会发展的问题上把社会主义和共产主义归为一类。尽管今天有共产党国家，但是没有一个已经取代或接替任何资本主义社会。由于这些共产党政权都是在经济落后的国家取得的，所以它们首要的任务是发展生产力，实质上行使的还是资本主义（或曰工业社会）的功能，而且往往靠强制的资本积累方式。所以，从这个意义上讲，共产主义就不是历史上的“另一个”阶段，而只是若干个工业化不同方式之一。这些政权所产生的是“工业”社会，只不过是通过特殊的政治机制而不是通过市场机制而已。而且，所有的工业社会理论家（甚至马克思）都认为，社会的轨迹是工业企业，社会的轴心是按机器生产组织劳动力而产生的社会阶层。因而，“一切工业社会有一些共同特点：技术在各处是一样的；技术和工程知识（以及提供这些知识的教育）是一样的；职业和技术的分类大体上是一样的……经营管理主要是一种技术。”[①]质言之，工业社会是技术和知识至上的社会，经济化是其最基本的特征。在此意义上，意识形态就不再与工业社会相关了。

由此贝尔认为，马克思关于1750—1970年的西方资本主义的分析仍然是最尖锐的，但是1970年以后的资本主义就不再如此了。因此，马克思只对了一半，他宁愿另一半是对的。那么，何以如此？贝尔说，问题出在他的社会学方面。马克思主义社会学理论的独特魅力或许在于它既是静态的又是动态的，即社会结构理论（静态的）和社会演变理论（动态的）。困难在于，如果你关注一定时期内生产的变化，马克思的两个方面，即社会关系和技术是相互纠缠的；如果你关注从奴隶制到封建制，从封建制到资本主义的变化，两方面的关系并不是清晰和一贯的。因此，当“历史被宣布为阶级斗争的历史。但它却日益成为民族冲突的历史：在市场和利润驱动的世界上，地缘经济对抗地缘政治（国家常常对国际经济力量做出防御性的反应）”。但是，如果将马克思的生产方式的两个方面“剥离”，即把社会关系与技术看作逻辑上的独立变量，就会看到另

①［美］丹尼尔·贝尔：《后工业社会的来临——对社会预测的一项探索》，高铦、王宏周、魏章玲译，商务印书馆1984年版，第87页。

一幅图景："沿着社会关系'轴心'，可以通观以财产为基础的奴隶制、封建制和资本主义社会；沿着技术'轴心'，可以通观前工业、工业和后工业社会。这两个序列间的关系怎样，取决于你如何'旋转'这个轴心。这样，以社会关系为轴心，美国和苏联分别是资本主义社会和国家—集体主义社会；以技术为轴心，则美国和苏联都是工业社会。"①

于是，以马克思的图示为起点，贝尔提出他的后工业社会的概念性图示，也即他分析后工业社会的方法论。

三、后工业社会的方法论基础

上文已经指出，贝尔的《意识形态的终结》一书的主旨并不仅仅是宣布"意识形态的终结"，而是要表达"50年代政治观念的衰微"，即"后工业社会的来临"。也因此，当《意识形态的终结》一书遭遇到许多批评时，贝尔认为这些批评都是对他的思想的"误读"。对于这些"误读"，贝尔是这样分析的，他说："我认为，一个思想原因是由于我不愿意为"这个"单一的问题提出公式，或者说不愿意为一些复杂的问题提出一个单一的答案。现代社会包含着许多不同的思潮（部分是因为文化和社会结构的分离，部分是因为许多交叉的社会形式的'并存'，诸如财产以及作为权力基础的技术技能），而我的目标一直是回避单一的概念术语（如资本主义）并对相关的复杂问题作出分析性区分。这些分析性区分几乎贯穿于本书关于结构变化的每一次讨论中。因此，那些喜欢争论的批评家们可以轻而易举地捡起这些区分的这一方面或那一方面，把它当作批评的对象。"②

贝尔的这段分析实质上是在告诉我们，之所以对他的思想造成"误读"，是因为那些"误读"者并没有弄懂他的贯穿于书中的方法论，或者说，他的这种"对相关的复杂问题作出分析性区分"的方法是"非常规

① [美]丹尼尔·贝尔：《技术轴心时代》（上），王建民译，《当代世界社会主义问题》2003年第2期。

② [美]丹尼尔·贝尔：《意识形态的终结》，张国清译，江苏人民出版社2001年版，第486页。

的”，那些批判家们没有抓住这个重要的特点而随便揪住其中的一部分妄下断语，所以就产生了那些“误读”。换言之，方法论是其思想形成的本质基点，不理解他的方法论，也就不理解他的思想。

贝尔说，他的方法论是一种“非常规”的方法论。所谓“非常规”，就是有别于“常规”。贝尔所说的“常规”的方法，就是指“整体论”的方法，即现代社会学中两家主要的规范理论——马克思主义和功能主义。他认为，虽然这两家理论在许多地方不同，但是它们都属于“整体论”，即认为社会是统一结构，要了解任何社会行为都必须将它同整体联系起来看。对马克思主义者来说，经济与文化只是“整体”的一部分，必须通过商品生产和交换的过程加以认识。对帕森斯一类功能派社会学家来说，社会通过共同价值系统调节并控制社会中不同的行为，以达到统一协调。但是，贝尔并不认可这种整体论。在《资本主义文化矛盾》的“主题绪言”中，贝尔对马克思的整体论表示怀疑，并指出：历史并非辩证体，社会主义也没有取代资本主义，那些自称是社会主义的国家几乎都产生于前资本主义或农业社会，而不属于发达工业世界；社会不是统一的，而是分裂的，其不同领域各有不同的模式，按照不同的节奏变比，并且由不同的甚至相反的轴心原则加以调节。在《第二次世界大战以来的社会科学》一文中，贝尔在对帕森斯力图建立一门关于社会制度和社会行动的综合社会形态学的努力表示敬意的同时，也明确表示对他之整体思维模式的怀疑，并认为帕森斯的工作“可以说已经失败了”。基于此，贝尔提出了不同于马克思主义和功能主义的一种“非常规”的方法论，他说：“与社会统一观相反，我认为较有益的方法是把现代社会（我此刻不管它与以往社会的继承联系）看作是由三个特殊领域组成，每个领域都服从于不同的轴心原则。我把整个社会分解成经济—技术体系，政治与文化。它们之间并不相互一致，变化节奏亦不相同。它们各有自己的独特模式，并依此形成大相径庭的行为方式。正是这种领域间的冲突决定了社会的各种矛盾。”[①]贝尔的方法论是一种分析的概念性图示，

① [美]丹尼尔·贝尔:《资本主义文化矛盾》,赵一凡、蒲隆、任晓晋译,生活·读书·新知三联书店1989年版,第56页。

他把它作为分析一切社会的根据和方法。[①]

技术—经济体系的任务关系到生产的组织和产品、服务的分配。它构成了社会的职业和科层系统，并涉及技术的工具化运用，前者构成其轴心结构，后者构成其轴心原则。在现代社会里，技术—经济体系的轴心原则是功能理性，它持续地推动成本的降低和产出的提高，而节俭则是它的调节方式。科层体制是技术—经济体系在现代社会中的轴心结构，这种体制的产生是分工专业化和功能切割的结果，也是工作协同统一的需要。技术—经济体系不仅有自己的测量尺度即实际效用，而且还有一条简单的变革原则，即不断更新产品或生产流程。这一体系本身是个物化的世界，其中只见角色，不见人，换言之。个性对于组织图表所指定的角色来说是次要的，组织图表所突出的是科层关系和功能作用，其中，权威经过职位传递，而不是经过人遗传，社会互动只在角色之间进行，人因而变成了物件或“东西”。

政治作为社会公正和权力的竞技场，它掌管暴力的合法使用，调节冲突，以便维持社会传统或宪法所体现的公正观念。其轴心原则是合法性，平等的思想则暗含其中，即认为所有人在政治问题上都有发言权。其轴心结构是代表选举制或参与制。该体系的管理方式带有技术官僚倾向，而且随着技术性问题的增多，技术官僚趋势将日益明显。但由于政治行动的基本目的是调和冲突和不相容的利益要求，或寻求覆盖性条令及宪法允许的权威立场，因而政治决策主要依靠的是讨价还价的谈判协商或法律仲裁，而非技术官僚的理性判断。

所谓文化，贝尔指的是象征形式的领域、意义的领域。它通过艺术、宗教仪式等，以想象的方法诠释世界的意义，尤其是那些从生存困境中产生的、人人都无法回避的所谓“不可理喻性问题”，如悲剧与死亡。因此，寻求对人类生存意义的解释和表达构成了文化的轴心原则，而宗教、

① 贝尔对三个领域的提法有所不同：在《意识形态的终结》《后工业社会的来临》以及《蜿蜒之路》中，这三个领域分别是社会结构、政治和文化，而在《资本主义文化矛盾》中则是技术—经济体系、政治和文化。不过，从贝尔的具体论述来看，社会结构和技术—经济体系基本相通，可以互换。

艺术等的权威体系则形成了文化的轴心结构。在现代社会中，文化领域的轴心原则体现为不断表现并再造“自我”，以达到自我实现和自我满足，文化产品的评价尺度不再根据对标准的共同认识，而是生产和消费它们的每一个“自我”的主观的判断，而意义和作品的生产和再生产机制则构成了现代文化的轴心结构。

“由此，我们可以看到，社会变革有着不同的‘节奏’，三个领域之间也不存在简单的决定性关系。”①技术—经济体系的变革是直线型的，而在文化中始终有一种回跃，即不断转回到人类生存痛苦的老问题上去。政治的变革则又是选择性的，人们会选择适应他们时代的政治模式。贝尔认为，按照这种方式来划分社会是有益的，因为每一个方面都有一个中轴原理起支配作用。社会结构的中轴原理是经济化，现代政治的中轴原理是参与管理，而文化的中轴原理则是实现自我并加强自我的愿望。贝尔指出，他并不像马克思那样，认为社会结构的变化决定着政治和文化的相应变化，而是认为社会结构的变化从三个方面向社会的其余部分提出了问题。比如后工业社会中，社会结构发生的重要变化，就是科学的日益科层化和脑力劳动的分门别类日益专门化，这使得知识中技术部分的重要性大大增加。社会结构的此种变化就对政治制度提出了“管理”问题，于是新社会的大师们，如科学家、工程师和技术官员们，要么与政治家进行竞争，要么就成为他们的盟友。因此，社会结构与政治秩序之间的关系也就成为后工业社会中主要的权力问题。同时，理论知识在生活中主导地位的日益突出不可避免地与文化发展的趋势相冲突，这种文化要求加强自我，并且越来越反对受道德规范束缚和反对制度化。

而且，贝尔指出，中轴原理的思想并非他首创，在此之前的许多社会科学大师们都含蓄地运用过。比如，在《美国的民主》一书中，托克维尔将“平等”作为其中轴原理；“合理化过程”则是韦伯理解西方世界从传统社会转变为现代社会的中轴原理；对于马克思来说，商品生产是

---

① [美]丹尼尔·贝尔:《资本主义文化矛盾》,赵一凡、蒲隆、任晓晋译,生活·读书·新知三联书店出版社1989年版,第58页。

资本主义的中轴原理，而公司企业则是它的中轴结构；至于阿隆，机械技术则是工业社会的中轴原理，而工厂是它的中轴结构。当然，贝尔说，和那些社会大家不同的是，他的中轴原理和中轴结构的思想力图说明的不是因果关系，而是趋中性，即在寻找社会如何结合在一起这个问题的答案时，它设法在概念性图示的范围内说明其他结构环绕在周围的那种组织结构，或者是在一切逻辑中作为首要逻辑的动能原理，因而有非常重要的价值。在《后工业社会的来临》中，贝尔概括了此种方法论的重要价值，他说：“概念性图式和中轴原理之所以有价值，是它允许人们用多方面的立足点来设法了解社会变化，但它并不摒弃在特定计划内理解关键结构或中轴原理的‘首要逻辑’的价值。因此，封建主义、资本主义和社会主义这些名词，都是马克思主义结构内以财产关系为中轴的概念关系。前工业社会、工业社会和后工业社会这些名词是以生产和使用的各种知识为中轴的概念顺序。以中轴为基础，我们可以突出相同点和不同点。因此，以财产为中轴，美国和苏联之间就存在着一种矛盾的关系，一个是资本主义社会，一个是（中央集权的）社会主义社会。以生产和技术为中轴，苏联和美国就都是工业社会，因此又多少是一致的。在这方面，当人们观察苏联和美国时，就不需要完全依赖趋于一致的原则或固有冲突的原则，而可以具体说明以此进行区分的，旋转着的中轴。这样，人们在解释社会变化时，就可以避免片面决定论，如经济决定论，或者是技术决定论，然而又能够在一个既定的概念内挑出一个首要的逻辑。人们摒弃了因果决定论，但又强调了它们的意义（或者狄尔泰的含义，是“意思”）。人们也能够在解释社会方面创造一个‘互补性’原理。”①

正是由于贝尔的方法论是建立在“剥离”马克思的生产方式的两个要素基础之上的，所以当苏联人攻击他是反马克思社会主义者时，贝尔说：“对此我不能接受。象（像）其他有远见的理论观察一样，马克思关于社会的许多分析被吸收到社会科学中。毋宁说，我是一个后马克思主

① [美]丹尼尔•贝尔:《后工业社会的来临——对社会预测的一项探索》,高铦、王宏周、魏章玲译,商务印书馆1984年版,第16—17页。

义者。”①

四、“意识形态终结论”的实质是“历史终结论”

帕森斯曾经这样界定过知识分子，他说，知识分子“是这样一种人，尽管作为社会一员他理所当然地扮演了复杂的社会角色，但在他被期待（一个他自己也正式分担的期待）的主要角色资格上，在确定其投身时他把文化关注置于社会关注之上。由此，他的首要角色和位置，作为对其行动的有价值的结果的贡献，才是富有意义的。在这方面，他与一个组织的管理者，同样也与一个走下坡路的专制君主，一个企业主，一个‘有家累的人’，更不用说一个女人，鲜明地区别开来。”②作为社会学家、学者、教授，同时又是记者、编辑和社会活动家，贝尔无疑是一个具有文化关怀的知识分子。他对现实社会的深切关怀，已经深深融贯于他的学术思想之中。贝尔的理论，敏锐地洞察到了科学技术对于经济和社会发展的重大作用，大胆地预测了20世纪后半期社会形态的发展走向，特别是预见到发展经济和增强民族实力将成为新的意识形态主题，清楚地看到某些社会主义民主国家仍然存在倒向资本主义的可能性，这些对于世界各国的决策者而言，在很大程度上具有一定的导向作用。这也是他的后工业社会理论的重大意义所在。另一方面，贝尔的独树一帜的社会学方法，即将社会分为经济、政治、文化三大领域，每一领域都有自己的轴心原则和结构的中轴原理，开辟了社会学研究的一个新的视角，是社会学领域研究的一个重要贡献。

但是，作为一种社会学理论，贝尔只是在呈现当代资本主义发展的经验现实中预测了未来发展的走向，而并没有继续追问这种发展的原因之所在，换言之，贝尔只是描述了资本逻辑中的现代科学技术的重大作用，以及在此作用中形成的未来世界，即后工业社会的图景，而并没有

① [美]丹尼尔·贝尔：《技术轴心时代》（上），王建民译，《当代世界社会主义问题》2003年第2期。

② [美]塔尔科特·帕森斯：《“知识分子”：一个社会角色的范畴》，载《“文化：中国与世界”》编委会编：《文化：中国与世界》第3辑，生活·读书·新知三联书店1987年版，第356页。

对这种图景加以说明，就把它当成一种前工业社会、工业社会到后工业社会的发展的本然逻辑。比如，贝尔只是证明了现代社会越来越依赖那些拥有知识的人们的活动，却没有说明知识和权力的关系。又如，他用工业无产阶级的萎缩质疑马克思的阶级概念，但是他并没有去探究工业无产阶级萎缩现象背后的真相。贝尔诸如此类的用经验事实的现象来解释历史，不但不能让历史出场，反而遮蔽了历史。我们知道，从社会历史的发展变化来质疑马克思的理论，是一种常见的批判理路，因为马克思明确地指出自己的理论是与当下现实状况直接关联的实践性科学。因此，以经验历史来断言其理论的过时性是马克思思想经常遭遇到的挑战。贝尔对马克思阶级概念的质疑也属此类。实际上，科技成为经济社会发展的巨大推动力，是在资本原则的座架之上的，它体现和巩固着资本生产的现实需要。尽管现代资本主义社会的阶级矛盾有了缓和，职业结构有了变化，但是以资本主义生产关系为基础的阶级关系并没有发生变化，它仍然是现实社会关系的主体，并且雇佣劳动和资本之间的关系也因资本原则的全球化而全球化了。在此过程中，国家资本主义尽管改变了资本的现实形态，但是并没有改变资本的原则，相反却使资本原则更加稳定和完善。马克思在分析资本的运动时指出资本的本质就是不断地增值自身，其途径是不断榨取工人的剩余价值。在现代社会中，资本不断增值自身的本质没有变，其途径却主要地变为不断榨取技术的剩余价值。这样，资本的内在冲动与技术的内在冲动就天然地结合在一起了。因而，科技成为第一生产力也是为了资本增值的需要，而科技发挥作用的隐秘性更强，适用范围更广。于是，生产关系中的实质性的对立关系就被这种抽象的科技之进步观念所遮蔽，曾经以直接的方式呈现在人们面前的革命的阶级意识以及阶级利益的对抗关系也在这种遮蔽中被经济的繁荣之潮所淹没，马克思理论之革命性也被这诸多当代的现象所逐渐弱化。但是，这并不构成马克思思想过时的本质根据，相反，它以一种否定性的方式提供了资本原则自我推进的反思动力。因此，当代历史之变迁彰显的并不是资本的永恒，而是资本的未完成。

马克思在《1844年经济学哲学手稿》中，是这样批判国民经济学家的，他说：“国民经济学从私有财产的事实出发。它没有给我们说明这个事实。它把私有财产在现实中所经历的物质过程，放进一般的、抽象的公式，然后把这些公式当作规律。它不理解这些规律，就是说，它没有指明这些规律是怎样从私有财产的本质中生产出来的。”因此，当国民经济学家“想说明什么的时候，总是置身于一种虚构的原始状态”。于是，他就把私有财产，把劳动、资本、工资、土地的互相分离，工资、资本利润、地租的互相分离以及分工、竞争、交换价值概念等等当作前提。也于是，“他就把他应该说明的东西假定为一种具有历史形式的事实。”[①]这样，资本主义在国民经济学家的种种设定中而成为一种永恒。贝尔也像国民经济学家一样，是在自己的抽象设定中展开他的后工业社会理论的。因此，他就只是从工业社会、科学技术作为第一生产力的重大作用等资本主义发展的经验事实出发，而没有去说明这些事实。也就是说，贝尔的后工业社会理论演绎的出发点是他设定的“工业社会”，但他忘记了工业社会本身也是历史的产物，即资本的肇始人间而形成的。正因为如此，贝尔看不到后工业社会仍然是资本主义发展和完成中的一个阶段，即后资本主义，或者晚期资本主义。所以“历史”在贝尔的设定逻辑中，走向了它的终结之点——后工业社会。鉴于此，我们说，贝尔的“意识形态终结论”（后工业社会理论）的实质是一种“历史终结论”。

在贝尔的这种“历史终结论”中，由于其抽象的方法论基础，使技术—经济、政治和文化并不成为一个有机体，而是三个相对独立的领域，每个领域都服从于各自不同的轴心原则；社会变革有着不同的“节奏”，三个领域之间也不存在简单的决定关系。所以当遭遇到“资本主义的文化矛盾”时，贝尔无能为力，只能求助于他苦心设想的“新宗教”。因为在贝尔看来，唯有个人经历了“新教堂”的洗礼，资本主义社会方能恢复它赖以生存发展的道德正当性和文化连续性，否则当代西方人必将重蹈古代文明之由苦行到奢华，由强悍团结到纷争内乱的覆灭之路。可是，贝尔的这种“新宗教”真的能剔除现代主义的双重羁绊从而消弭掉“经济”和“文化”之间的断裂吗？对此，我们或许只有同情他的缅古怀旧、

①《马克思恩格斯文集》第1卷，人民出版社2009年版，第155—156页。

体谅他的殚精竭虑了。因为,"新宗教"的救世方案早已不在"历史"的视野之中了。

第四节 后工业社会中科学技术与意识形态的关系

第三次科技革命给人类带来重大而深远的影响。对于这次科技革命在经济社会发展中凸显出的重大作用,许多社会学家、经济学家和哲学家都进行了深入研究。在这些研究中,出现了"唯科学主义"的思想倾向。

一、"唯科学主义"及其表现形式

"'唯科学主义'又称'科学技术统治论',主张科学技术对人类社会发展的'单向决定性'、'唯一决定性'、'孤立决定性',认为科学技术是决定人类社会一切问题的'独立的变数'。"[①]这种思想倾向有两种表现形式:

一是用唯科学主义来批判资本主义。霍克海默认为,科学技术对于工业生产和社会发展的确具有很大推动作用,但是科学技术也由于自身的局限性而陷入危机。这突出地表现在科学开始具有意识形态的异化功能和统治功能。在《批判理论》一书中,霍克海默说:"不仅形而上学,而且还有它所批评的科学,皆为意识形态的东西;后者之所以也复如是,是因为它保留着一种阻碍它发现社会危机真正原因的形式。说它是意识形态的,并不是说它的参与者们不关心纯粹真理。任何一种掩盖社会真实本质的人类行为方式,即便是建立在相互争执的基础上,皆为意识形态的东西。认为信仰、科学理论、法规、文化体制这些哲学的、道德的、宗教的活动皆具有意识形态功能的说法,并不是攻击那些发明这些行当的个人,而仅仅陈述了这些实实在在社会中所起的客观作用。"[②]马尔库

①《余源培文集》,上海人民出版社2003年版,第138页。

②[德]马克斯·霍克海默:《批判理论》,李小兵等译,重庆出版社1989年版,第5页。

塞认为，科学技术的发展，不仅改变了人的物质生存条件，而且也从根本上改变了社会结构和运行结构，技术体系本身已经转变成一种带有极权主义特征的操控性的统治力量。这种统治类型就是技术理性统治，它使技术从人的解放的力量转变成为人的解放的桎梏：“政治意图已经渗透进处于不断进步中的技术，技术的逻各斯被转变成依然存在的奴役状态的逻各斯。技术的解放力量——使事物工具化——转而成为解放的桎梏，即使人也工具化。”[①]因此，技术理性本身已经变成了一种直接的统治，它具有辩护和统治的功能，从而充当了统治阶级的意识形态。“技术理性这个概念本身可能就是意识形态的。不仅技术的应用，而且技术本身，就是（对自然和人的）统治——有计划的、科学的、可靠的、慎重的控制。”[②]

二是为资本主义辩护。此种倾向著名的代表人物，除了贝尔外，就是哈贝马斯。针对马尔库塞将科学技术指认为统治人和奴役人的意识形态的观点，哈贝马斯专门写了《作为“意识形态”的技术和科学》，以同马尔库塞所做的“技术的解放力量转而成了解放的桎梏”的观点进行辩论。一方面，哈贝马斯承认科学技术是意识形态。他认为，在晚期资本主义社会中，科学技术已成为准独立变数，社会发展被看成是依赖于科技发展的客观必然性逻辑，技术统治的意识本身成了一种隐性的意识形态，“这种意识形态的独特成就就是，它能使社会的自我理解（das Selbstvers taendins der Gesellchaft）同交往活动的坐标系以及同以符号为中介的相互作用的概念相分离，并且能够被科学的模式代替。”[③]这种意识形态比旧式的意识形态隐秘性更强，范围更广：“当今的那种占主导地位的，并把科学变成偶像，因而变得更加脆弱的隐形意识形态，比之旧式的意识形态更加难以抗拒，范围更为广泛，因为它在掩盖实践问题的同时，

① [美]赫伯特·马尔库塞:《单向度的人——发达工业社会意识形态研究》,刘继译,上海译文出版社2006年版,第147页。

② [美]赫伯特·马尔库塞:《现代文明与人的困境——马尔库塞文集》,李小兵等译,三联书店上海分店1989年版,第106页。

③ [德]哈贝马斯:《作为“意识形态”的技术和科学》,李黎、郭官义译,学林出版社1999年版,第63页。

不仅为既定阶级的局部统治利益作辩解，并且站在另一个阶级一边，压制局部的解放的需求，而且损害人类要求解放的利益本身。”[①]但是，另一方面，哈贝马斯又认为，这种意识形态是技术统治的意识形态，具有合法性。因为，这种作为统治的合法性基础的新的意识形态，它为统治进行辩护或论证的标准是非政治的，即这个社会的统治的合法性是“从下”，即“从社会劳动的根基上”获得的。换言之，它是依靠科技进步的成果，依靠对个人需求的补偿所取得的广大居民对制度的忠诚获得的，而不是“从上”，通过一个阶级对另一个阶级的政治统治获得的。正是在这个意义上，哈贝马斯说：“技术统治的意识同以往的一切意识形态相比较，‘意识形态性较少’，因为它没有那种看不见的迷惑人的力量，而那种迷惑人的力量使人得到的利益只能是假的。”[②]鉴于此，哈贝马斯进一步指出，科学与技术，今天不仅成了第一位的生产力，而且也成了统治的合法性的基础。

直观地看来，这两种表现形式是直接对立的，但仔细分析就会发现，它们的实质是共同的，即都是脱离社会有机体而孤立、抽象地对待科学技术。马克思主义者也历来都重视科学技术作为生产力的重大作用，不过他们并不是孤立、抽象地看待生产力，而是运用辩证法认识社会及其发展的必然结果。

人类社会自进入文明时代以来，科学技术就日益呈现出对经济和社会发展的重大推动作用，特别是资本文明到来以后，这种作用更为明显。在《共产党宣言》中，马克思指出：“资产阶级在它的不到一百年的阶级统治中所创造的生产力，比过去一切世代创造的全部生产力还要多，还要大。”之所以如此，是因为在资本主义社会里，“自然力的征服，机器的采用，化学在工业和农业中的应用，轮船的行使，铁路的通行，电报的使用，整个整个大陆的开垦，河川的通航，仿佛用法术从地下呼唤出

① [德]哈贝马斯:《作为“意识形态”的技术和科学》,李黎、郭官义译,学林出版社1999年版,第69页。

② [德]哈贝马斯:《作为“意识形态”的技术和科学》,李黎、郭官义译,学林出版社1999年版,第69页。

来的大量的人口。”[①]因此，经历了第一、第二次科技革命的马克思已经敏锐地觉察出科学技术是生产力了，并提出“生产力中也包括科学”[②]的观点。在《政治经济学批判（1861—1863年手稿）》的“机器。自然力和科学的应用”中，马克思引用了非常丰富的工艺史资料，证明了大生产第一次使风、蒸汽、电等自然力大规模地隶属于直接生产过程，而这种自然力的应用，是同自然科学分不开的；同时马克思还指出，如果生产过程变成科学的应用，那么，科学反过来就变成生产过程的因素或职能。在《资本论》中，马克思又对科学技术转变为直接生产力的原理做了深入的分析，他指出：“劳动生产力是由多种情况决定的，其中包括：工人的平均熟练程度，科学的发展水平和它在工艺上应用的程度，生产过程的社会结合，生产资料的规模和效能，以及自然条件。”[③]而这里的条件和科学技术基本上都有关系。并且马克思明确指出：“劳动生产力是随着科学和技术的不断进步而不断发展的。”[④]由此，恩格斯说，马克思“把科学首先看成是一个伟大的历史杠杆，看成是按最明显的字面意义而言的革命力量”[⑤]。

列宁同样也强调科学技术的重大作用。十月革命后，针对当时俄国“不发达”“不完全”的社会主义，在《苏维埃政权的当前任务》一文的学习提纲中，列宁用一个公式表达了向外国学习先进科学技术来发展俄国的愿望：“乐于吸取外国的好东西：苏维埃的政权+普鲁士的铁路秩序+美国的技术和托拉斯组织+美国的国民教育等等等等++=总和=社会主义。”[⑥]并且，根据俄国当时的科学技术发展，认为“共产主义就是苏维埃政权加全国电气化”[⑦]，并把实现全国电气化的宏伟计划看作是“第二个党纲”。邓小平也同样如此。在1978年3月召开的全国科学大会上，

①《马克思恩格斯文集》第2卷，人民出版社2009年版，第36页

②《马克思恩格斯全集》第31卷，人民出版社1998年版，第94页

③《马克思恩格斯文集》第5卷，人民出版社2009年版，第53页

④《马克思恩格斯全集》第5卷，人民出版社2009年版，第698页

⑤《马克思恩格斯全集》第25卷，人民出版社2001年版，第592页

⑥《列宁专题文集》（论社会主义），人民出版社2009年版，第381—382页。

⑦《列宁专题文集》（论社会主义），人民出版社2009年版，第179页。

他明确指出，“科学技术是生产力，这是马克思主义历来的观点。”并指出，四个现代化中，关键是科学技术现代化。没有现代科学技术，就不可能建设现代农业、现代工业和现代国防；没有科学技术的高速发展，就不可能有国民经济的高速度发展。因为，“历史上的生产资料，都是同一定的科学技术相结合的；同样，历史上的劳动力，也都是掌握了一定的科学技术知识的劳动力……人是生产力中最活跃的因素。这里讲的人，是指有一定的科学知识、生产经验和劳动技能来使用生产工具、实现物质生产资料的人。”[①]在1988年，邓小平提出“科学技术是第一生产力”的观点。

以上马克思主义和唯科学主义对待科学技术作为第一生产力的态度，彰显出一个非常重要的问题，那就是：在后工业社会中，科学技术和意识形态之间究竟有着怎样的关系？这是一个生活在后工业社会中的人们必须要面对和回答的问题。

二、正确看待科学技术和意识形态的关系

唯物史观认为，社会是个有机体。生产力虽然是人类社会发展的最终本原，但是它的发展要受到生产关系和上层建筑的制约。如果不能正确处理好它们之间的关系，不仅不能促进经济和社会向前发展，反而会出现相反的结果。关于这一点。我们有过深刻的教训。众所周知，新中国是在“一穷二白”的基础上建立起来的。为了使国家快速富强，从1956年开始，国家对中国社会主义建设道路进行了探索。中共八大对国情的估计基本是正确的，但是八大上形成的方针、路线和政策并没有在实践中真正地实施。后来制定了“鼓足干劲，力争上游，多快好省地建设社会主义”的总路线。这条总路线提出，十五年内要在主要的工业产品方面赶上和超过英国；五年使钢产量超过英国，十五年赶上美国。以致后来提出“跑步进入共产主义”的口号。为何会出现这样的结果？最主要的原因是严重忽视了客观经济规律，没有把经济建设放在发展生产力的基础之上，而把生产力当作为从属于上层建筑和生产关系的因素，

①《邓小平文选》第2卷，人民出版社1994年版，第88页。

从而致使经济和社会发展严重受挫。

而且，虽然科学技术是第一生产力，但这既不意味着在生产力之外还有另外一个独立的要素，也不意味着科学技术是推动社会发展的唯一独立的变数。科学技术本身并不是生产关系，更不是上层建筑或意识形态，不同的社会制度对科学技术的功能、性质、发展起着强有力的制约作用。比如，在资本逻辑下，伴随着科学发展和经济繁荣的常常是人性的堕落、精神的缺失以及道德的沦丧。对此，马克思早有揭示，他说：“随着人类愈益控制自然，个人却似乎愈益成为别人的奴隶或自身的卑劣行为的奴隶。甚至科学的纯洁光辉仿佛也只能在愚昧无知的黑暗背景上闪耀。我们的一切发现和进步，似乎结果是使物质力量成为有智慧的生命，而人的生命则化为愚钝的物质力量。”[①]正因为如此，十一届三中全会后，针对我国的社会主义现代化建设现状，一方面邓小平强调指出，必须实行改革开放，以引进外国一切有利于我国生产力发展的先进科学技术；另一方面又强调指出，我国的现代化建设必须坚持四项基本原则，必须物质文明和精神文明“两手抓”，且“两手都要硬”；在实施科学技术是第一生产力的同时，也要重视经济和政治体制的改革，以使经济和社会协调发展。

因此，在后工业社会中，作为社会有机体的重要因素，科学技术和意识形态不能互相代替。一方面，我们要充分重视科学技术作为第一生产力的重大作用，但是不可以将其绝对化，就像“唯科学主义”那样；另一方面，不能忽视意识形态的功能，但是要把握其限度。从而让二者在社会有机体中，既各尽其能，又各司其职。

①《马克思恩格斯文集》第2卷，人民出版社2009年版，第580页。

第三章
弗朗西斯·福山的“历史终结论”批判

1989年，苏联东欧社会主义国家危机四伏。弗朗西斯·福山在美国新保守主义期刊《国家利益》上发表了题为《历史的终结?》一文，认为自由民主制度也许是人类意识形态发展的终点和人类最后一种统治形式，并因此构成“历史的终结”。美国另一位历史学家罗伯特·海尔布隆纳在影响广泛的《纽约客》上发表文章宣称：“资本主义与社会主义两种体制的竞争，在其正式开始后不到75年的时间已经结束，资本主义获得了最终的胜利。”[①]同一时期，美国的前国务卿兹比格涅夫·布热津斯基发表《大失败——二十世纪共产主义的兴亡》一书，在书中他断言，共产主义将不可逆转地在历史上衰亡。1992年苏联解体后，福山出版了《历史的终结及最后之人》，系统论证了“历史终结论”。此后一个时期，“历史终结论”在西方甚嚣尘上，其矛头直指马克思主义和社会主义。

进入21世纪，历史的发展似乎并没有沿着“历史终结论”的提出者们所预定的方向发展，但是“历史终结论”却依然盛行。比如，2001年的“9·11”事件，尽管给了以美国为首的西方自由民主制度重重的一击，但是福山并不以为然，他仍坚信“历史的终结”：“尽管有‘9·11’以来的诸多事件，我仍然认为‘历史的终结’假说是成立的。以美国和其他发达民主国家为代表的现代性仍将是全球政治的支配力量，体现西方自由与平等原则的制度仍会继续在全世界推广。”[②]而2008年美国金融危机

---

① Robert Heilbroler, “Reflections: The Triumph of Capitalism”, The New Yorker, Jan. 23, 1989。

② 弗朗西斯·福山:《历史又重新开启了吗?》,载陈家刚编:《危机与未来:福山中国演讲录》,中央编译出版社2012年版,第124页。

的爆发与此后“中国模式”的成功，又一次给了西方自由民主制度沉重的一击。但是福山对此还是不以为然，仍然坚持他的“历史终结论”：“难道我的‘历史终结论’是错的，或者没有错，也需要进行重大的修改？我坚信，这一假说从根本上说依然是成立的。”因为，“当观察历史大趋势时，重要的是不被短期现象所迷惑。政治体制具有持久生命力的标志是长期的持续性，不是任何给定十年的表现。”况且，“所谓的‘中国模式’可能成为唯一与自由民主竞争的体制，那是一种将不完全的市场经济、高水平的专家治国和技术能力与威权体制混合的模式。但是，如果要下注，说50年以后是美欧变得更像中国，还是中国变得更像美欧，我毫不犹豫选择后者。”[①]

那么，事实真的如福山所言的那样，历史将止步于资本主义自由民主制度而不再前行了吗？本章将对这一问题展开讨论，以期揭开福山式的“历史终结论”之真面目。

第一节　“历史终结论”的现实根据

“历史终结论”是在苏东局势岌岌可危的时候抛出的，在苏联解体后，持此观点的人又纷纷著书对此说加以完善，从而形成了影响全球的所谓的“历史终结”热。纵览该说不难看出，他们宣判“历史终结”的根据就是东欧剧变的经验事实。在《历史的终结及最后之人》中福山指出，共产主义世界的“大面积塌方”说明了，“尽管共产主义政权在世界上还仍然支撑着，但它已经不再产生一种充满活力并且具有号召力的思想”，“他们过去对自由民主制度形成的意识形态威胁现在已经结束了”[②]。“当今世界上，我们却难以想象出一个从根本上比我们这个世界

①弗朗西斯·福山：《“历史终结论”依然成立》，雷少华译，《海外智库观点要览》2014年第2期。

②［美］弗朗西斯·福山：《历史的终结及最后之人》，黄胜强、许铭原译，中国社会科学出版社2003年版，第41页。

更好的世界，或一种不以民主主义和资本主义为基础的未来。”[①]由此，福山认为自由民主制度作为一个政体，由于它“战胜其他与之相竞争的各种意识形态，如世袭的君主制、法西斯主义以及近代的共产主义”，所以“是‘人类意识形态发展的终点’和‘人类最后一种统治形式’，并因此构成‘历史的终结’”[②]。换言之，福山认为，东欧剧变（特别是苏联解体）证明了：第一，自由民主之资本主义是最好的意识形态；第二，共产主义（马克思主义）终结了，故而历史也“终结”了。

那么，福山宣判历史终结的现实根据是否成立？对此分析后答案自见分晓。

一、自由民主之资本主义是最好的意识形态吗?

在《历史的终结及最后之人》的“代序”中，福山说了这样一段话：“在此之前的种种政体（即世袭的君主制、法西斯主义以及近代的共产主义，引者注）具有严重的缺陷及不合理的特征从而导致其衰落，而自由民主制度却正如人们所证明的那样不存在这种根本性的内在矛盾。这并不是说当今美国、法国瑞士等国家的稳定的民主制度已不存在不公正或严重的社会问题，但这些问题则是因构建现代民主制度的两大基石——自由和平等的原理——尚未得到完全实现所造成的，并非原理本身的缺陷。或许当代有些国家能够实现稳定的自由民主制度，而且有些国家可能会倒退回其他更原始的统治方式，如神权政治或军人独裁，但我们却找不出比自由民主理念更好的意识形态。”[③]无疑，福山认为，自由民主制度是迄今为止最好的意识形态，因为它已经被证明不存在如其他的意识形态那样的“根本性的内在矛盾”，因此这是一种正确并人道的政治制度，世界正朝着这种制度的方向发展。于是，福山昭告天下，“构成历史

① [美]弗朗西斯·福山:《历史的终结及最后之人》,黄胜强、许铭原译,中国社会科学出版社2003年版,第53页。

② [美]弗朗西斯·福山:《历史的终结及最后之人》,黄胜强、许铭原译,中国社会科学出版社2003年版,代序第1页。

③ [美]弗朗西斯·福山:《历史的终结及最后之人》,黄胜强、许铭原译,中国社会科学出版社2003年版,代序第1页。

的最基本的原则和制度可能不再进步了，原因在于所有真正的大问题都已经得到了解决。”[①]事实真的如此吗？

其实，当福山“历史终结”的“宣判”刚一说出，就遭到了来自世界各方思想大师的猛烈抨击。比如，面对福山的嚣张狂言，解构主义大师德里达坐不住了，愤起直言，一口气列举了“用一份十句话的电报来命名‘新世界秩序’的这些祸害”，将其扔向福山以证明其言的非法性。这“十句话”分别是：失业；对无家可归的公民参与国家的民主生活的权利的大量剥夺；在欧共体诸国之间，在欧共体国家与东欧各国之间，在欧洲和美国之间，以及在欧洲、美国和日本之间发生的无情的经济战争；在自由市场的概念、规范和现实方面控制矛盾的无能；外债和其他相关机制的恶化使人类的大多数处于饥饿或绝望的境地；军火工业和贸易被列入西方民主国家科学研究、经济和劳动社会化的常规调整范围；核武器的扩展；由一种古老的幻觉和观念，一种共同体、民族-国家、主权、边界、本土和血缘的原始概念的幻觉所驱使的种族间的战争在加剧；黑手党和贩毒集团日益蔓延，它们已经构成了世界范围内的势力；国家机构受到种种限制，国际法的实施仍主要受特定的民族-国家的操纵。[②]不仅如此，德里达还反复重申，当今资本主义世界确确实实并非像福山所说的那样美好，而是“已经破败不堪”，已经“病的（得）很厉害，一天不如一天”了，而且，“这种衰败正在扩展，正在自行生长……这种衰败并不是发展的一个阶段，不是又一场危机，一场成长的危机，因为成长是病态的。”[③]

如果说德里达所言的那些事实还是20世纪90年代及以前的话，那么，在东欧剧变后20多年的发展中，当今自由民主资本主义的发展如何呢？鉴于福山断言“世界上所有最发达的国家也是最成功的民主国家”，

①［美］弗朗西斯·福山：《历史的终结及最后之人》，黄胜强、许铭原译，中国社会科学出版社2003年版，代序第3页。

②［法］雅克·德里达：《马克思的幽灵：债务国家、哀悼活动和新国际》，何一译，中国人民大学出版社2008年版，第78—81页。

③［法］雅克·德里达：《马克思的幽灵：债务国家、哀悼活动和新国际》，何一译，中国人民大学出版社2008年版，第76页。

所以，我们就来看看当今世界上最发达的头号资本主义国家——美国，看看今天的美国人民究竟享受着怎样的自由民主生活。

2008年，美国印第安纳州巴特勒大学政治学教授戴维·S.梅森出版了《美国世纪的终结》一书，该书表达了这样一个观点：美国的过度扩张导致其经济、政治和社会都陷入了危机和动荡之中，它正在失去从第二次世界大战以来就开始拥有的社会、经济和国际优势，即“美国世纪的终结”。梅森指出，在“9·11”之前，美国已经处在了经济和金融的动荡不安中。里根任期的减税和老布什任期的增加开支（主要用于军费）共同酿成了80年代的苦酒，美国债务猛升，从约占GDP的三分之一蹿到三分之二。在克林顿任期内，债务略有减少，但到小布什政府上台后，又开始飙升。“9·11”之后，美国先后发动阿富汗战争和伊拉克战争，同时还进行了一场没有尽头的“反恐战争”，国防开支大增，创下政府赤字的最高纪录，使国家债务更加膨胀。梅森认为，正是这庞大的政府赤字带来了一系列巨大的危机。首先是经济衰退，随之而来的是军事、外交和政治的衰退。经济衰退直接导致了美国人的实际收入下降，贫困人口增多，贫富分化现象加剧，达到了六十年来的最高水平。《纽约时报》的安娜·伯纳谢克评述道：“不平等一直是美国经济的一部分，但是贫富差距近来已经扩大到了令人担忧的地步。如今，40%以上的总收入由人口中最富有的10%占有，这是至少六十五年来所占的国家财富的最大份额。”①而且，这种贫富差距越来越大，20世纪50年代，美国大公司的CEO们的薪资大约是一个中等熟练工人工资的五十倍，到了1990年CEO的平均薪资已达到中等熟练工人工资的一百倍左右，到2000年，更是达到了五百倍以上。这个比率远远高于其他国家。“在日本，一个CEO的收入大约是一般雇员收入的十倍，这个比值在德国大概是11比1，在英国大概是25比1，在美国则是531比1。”②此种贫困和不平等引出了其他严

①转引自[美]戴维·S·梅森:《美国世纪的终结》,倪乐雄、孙运峰译,上海辞书出版社2009年版,第33页。

②转引自[美]戴维·S·梅森:《美国世纪的终结》,倪乐雄、孙运峰译,上海辞书出版社2009年版,第35页。

重的社会问题，包括不健全的卫生保健、猖獗的犯罪和崩溃的公共教育。比如暴力犯罪，梅森说，美国是工业国家中最暴力的国家。根据联邦调查局（FBI）的报告，2004年美国有1367009起暴力犯罪案件，其中16000起以上是杀人案件，也就是说，这一年每23秒就有一起暴力犯罪，每33秒就有一起凶杀案。而让梅森焦虑的是，美国对此现象好像已经习以为常，认为这是现代城市生活无法避免的后遗症。美国的民主更是在这种不平等中遭受破坏：“收入的不平等、财富的不平等和机会的不平等正变得比其他许多国家越来越尖锐。而种族的和民族之间的鸿沟还持续存在。美国的民主理想可能正停滞不前，甚至在某些领域还有所倒退。”[①]在这方面最明显的表现就是金钱在其选举中的重要作用。在1987—1988年度的选举周期中，参、众两院的候选人筹集到3.65亿美元“硬”钱（指直接捐献给候选人的钱），这在当时看来是巨资，但2003—2004年度选举周期中，“硬”钱总计将近15亿美元。必须筹集巨资去竞选国家政治职务，选举产生的当然是一个并非高度代表美国人民的国会。早在20世纪80年代，参议员丹尼尔·帕特里克·莫伊尼汉就承认，“今天，至少一半的参议员是百万富翁”，“我们已经成为财阀统治……参议员本应代表国家的利益，现在却成了某个阶层利益的代表。”[②]参、众两院约一半的议员是律师，几乎没有蓝领工人或普通的工薪阶层。国会也不代表少数族裔和妇女的利益。总之，民主在美国正在走下坡路，作为民主基本原则的自由、平等和民主的三个方面都发生了重大变化：“公民对政治越来越不感兴趣，越来越缺乏政治认知，对政治领导人和政治制度越来越缺乏信任和信心，越来越不愿去参与民主政治过程，甚至连低成本的大街上的投票都不愿去。人民主权正让位给职业官僚和说客。宪法和权利法案中神圣记载的自由的基本原则，包括人身保护令制度以及新闻自由，正在一场看不到头的不宣而战的战争中，被以国家安全的名

①转引自［美］戴维·S·梅森：《美国世纪的终结》，倪乐雄、孙运峰译，上海辞书出版社2009年版，第79页。

②转引自［美］戴维·S·梅森：《美国世纪的终结》，倪乐雄、孙运峰译，上海辞书出版社2009年版，第80页。

义遭受践踏。美国在世界历史上比任何国家都更快取得的平等的目标，在过去二十年已经被颠覆。穷人、文盲和少数族裔要么在实际上，要么在法律上，被剥夺了平等的权利。”[①]还有其他方面的危机，在此不再赘述。

所以，在该书的序言中，梅森这样写道：“在过去的十年里，在几乎所有可以想到的地方——政治、经济、社会和国际性组织等等，美国似乎已失去了地位。更糟糕的是，美国的举止似乎失去了价值观和原则的支撑，傲慢自大、好斗成性、利己主义、实利主义和崇尚暴力正在颠覆人权、平等、分享、共有、慈善和协作。与过去不同的是：所有这一切都是在美国国内破败凋零、国际舞台上形象和口碑很差时，几乎迅速地蜂拥而来的。这是一个病入膏肓的政治体制，几乎没有人民的代表，在金钱世界随波逐流，丧失了解决社会弊端的行政功能，事实上，这个变态的政治体制常常把事情弄得更糟糕。”[②]由此，他认为，现在无论在世界何地，美国都已不再拥有对其现代民主和经济发展的景仰者，取而代之的只有更多的恐惧和怨恨。

同一时期，美国波士顿大学历史学和国际关系学教授安德鲁·J.巴塞维奇的专著《美国的极限：实力的终结与深度危机》也出版了。巴塞维奇在该书中表达了和梅森相同的观点。他认为，今天的美国面临深刻的三重危机：经济处于严重混乱，仅靠海外扩张已经无法扭转局面；政府已变成“精英政治”，民主只是徒具其表；军事上陷入永无休止的战争之中，已经成为人民的灾难。同时，巴塞维奇还认为，这些危机都是美国自己酿成的，但是美国政府对此不以为然。面对美国的衰败及其不自量力，巴塞维奇教授悲伤中满是无奈，他引用了尼布尔的一句话来抨击当今的美国：“人类历史最可怜的一个方面是，每种文明都以最虚伪的形式表现自己，把片面和普遍的价值观混合成最具说服力的说法，在致命

① 转引自[美]戴维·S·梅森：《美国世纪的终结》，倪乐雄、孙运峰译，上海辞书出版社2009年版，第93页。

② [美]戴维·S·梅森：《美国世纪的终结》，倪乐雄、孙运峰译，上海辞书出版社2009年版，“序言”第2页。

的衰落开始时，还把苟延残喘说成是永垂不朽。”①

而美国之所以沦为此种困境，两位教授都认为是美国自身的原因造成的。梅森说：“这次美国遭遇的麻烦非常严重，它们是长期的、体制性的，其内外交困形势之严峻已不可逆转，美国的权力和影响力衰退，不可能仅凭政治领导的变更而起死回生。在不久的将来，美国的危机可能会加速恶化。‘9·11’恐怖袭击、布什政府的强硬做派和伊拉克僵局，只是提前引爆了美国危机。”②应该说，梅森的分析是较为恰当的。正是美国引以为豪的自由民主体制导致了美国遭遇“非常严重”的“麻烦”。这种所谓的自由就是富足，富足就是扩张。③这是资本的本性使然。因为贪欲是资本文明的本性，追求所谓的进步是其必然，因而资本主义必然要永不停息地追求剩余、增值和积累。对资本的此种本性，马克思早已明确地指出来了：“资本害怕没有利润或利润太少，就像自然界害怕真空一样。一旦有适当的利润，资本就胆大起来。如果有10%的利润，它就保证到处被使用；有20%的利润，它就活跃起来；有50%的利润，它就铤而走险；有100%的利润，它就敢践踏一切人间法律；有300%的利润，它就敢犯任何罪行，甚至冒绞首的危险。”④正是资本的此种本性决定了资本文明的扩张主义性质，就像《共产党宣言》中所说的：“生产的不断变革，一切社会状况不停的动荡，永远的不安定和变动，这就是资产阶级时代不同于过去一切时代的地方。”⑤因而，像梅森为应付“美国世纪”的终结所寄予的那些希望：希望“美国公民和政府在许多方面进行调整”，希望“美国变得更谦逊、更低调”，“美国公民改变价值观念”，也希望“美国出现一批明智的领导人”，以此来拖住美国不让它下沉等，注定只能是失望了。

正因为美国自由民主的资本主义制度存在诸多问题，尤其是从2008

① [美]安德鲁·J·巴塞维奇：《美国的极限》，曹化银译，中信出版社2009年版，第12页。

② [美]戴维·S·梅森：《美国世纪的终结》，倪乐雄、孙运峰译，上海辞书出版社2009年版，第7页。

③ [美]安德鲁·J·巴塞维奇：《美国的极限》，曹化银译，中信出版社2009年版，第24页。

④《马克思恩格斯文集》第5卷，人民出版社2009年版，第871页。

⑤《马克思恩格斯文集》第2卷，人民出版社2009年版，第34页。

年下半年由美国的次贷危机迅速引发波及全球的金融危机和经济危机使全球经济遭受重创后，美国资本主义模式就遭到了西方学界及新闻媒体的广泛批评。一些学界人士在反省资本主义后，由原来的极力拥护资本主义转而抨击资本主义，日本经济学家中谷岩就是其中的一位。他说："我看到在现实世界中，资本主义社会出现泡沫崩溃、贫富差距扩大等现象，社会失去稳定，而这种倾向最近更加强烈。"正是这些促使他开始反思资本主义。在反思后他向日本媒体公开宣布"对自己过去主张的错误而抱悔恨之念"[①]。同样，资本主义也遭到了世界各国人民的反对。法国于2009年2月成立"反资本主义新党"，致力于反资本主义的活动，在民众中燃起了很大热情，法国民众对该党领导人的支持率高达47%。在德国柏林，发生了游行人群打着写有"反资本主义""资本主义是战争和危机"等标语的横幅的示威游行。在加拿大的温哥华，示威者喊出"要求走社会主义道路的口号"[②]。在前苏东国家，更是如此。全俄社会舆论调查中心公布的数据显示，在苏联解体后的第一年，即1992年，赞同资本主义的人占32%，反对者占34%；而在2009年的一次调查中，50%的人反对资本主义制度，对"资本主义"这一名词，至少有69%的俄罗斯人持有反感态度，大多数60岁以上的人仍然赞成苏联社会主义。英国广播公司（BBC）在柏林墙倒塌20周年之际组织了一次大规模民意测验，在27个国家29000人的被调查者中，对资本主义制度表示不满的占一半以上，认为资本主义存在致命的弱点、需要代之以新经济制度的占23%，认为资本主义还在正常运行的仅占11%。[③]

也因为如此，当西方许多学者发现了以美国为资本文明的最高发展所导致的末路前景后，他们开始为资本主义寻找未来，以探寻一种"新资本主义"和"资本主义新时代"。2009年3月，英国《金融时报》组织

---

① 吴易风:《当前金融危机和经济危机背景下西方经济思潮的新动向》,中国经济出版社2010年版,第70页。

② 吴易风:《当前金融危机和经济危机背景下西方经济思潮的新动向》,中国经济出版社2010年版,第76页。

③ 吴易风:《当前金融危机和经济危机背景下西方经济思潮的新动向》,中国经济出版社2010年版,第75页。

了一批学者和评论家讨论了“资本主义的未来”。许多西方学者在其他场合也讨论了资本主义模式问题。一时间，诸多未来的资本主义模式，比如“亚洲资本主义模式”“北欧资本主义模式”等相继出炉，场面蔚为壮观。2008年1月，比尔·盖茨以微软董事长身份在达沃斯论坛发表关于“新资本主义”的演讲，提出了他之“创新型资本主义”的展望：“我们需要一个新的制度体系来让利己的动力发挥作用，从而使每个人都能从中受益。……这个制度体系需要比我们现在的更能够吸引创新者和企业参与。这个新制度有两个使命：一是赚钱赢利，二是让那些无法充分享受市场经济益处的人群生活得到改善。”他认为，在这种资本主义下，“与单纯的利己行为相比，利己与利他相结合能够惠及更多的人。”同时，“政府、企业和非营利组织可以进行合作，……最终改善全球不平等现象。”①不言而喻，诸多类似于盖茨的“新资本主义”的展望只不过表达了善良人类的一种愿望罢了，在资本文明之展开的世界中，道德、仁慈、温情等感性的温暖终将不敌于理性的冰冷。就如“吸血鬼”，不断地吸取鲜血是它之生命的本质，当饥饿感袭来时，难道它会抗拒对鲜血的渴望吗？资本同样如此。

可见，作为新自由主义之国家制度，其“自由只是个代名词”②。

其实，关于自由民主的政治制度马克思恩格斯早就阐述过，他们认为，民主作为一种国家制度，是建立在一定的经济基础之上的上层建筑，它归根结底服务于经济基础。在阶级社会中，民主具有阶级性，因而，它总是服务于统治阶级，是统治阶级实现其阶级利益的政治形式。“国家内部的一切斗争——民主政体、贵族政体和君主政体相互之间的斗争，争取选举权的斗争等等，不过是一些虚幻的形式——普遍的东西一般说来是一种虚幻的共同体的形式——，在这些形式下进行着各个不同阶级间的真正的斗争。”③对于资本主义民主，马克思恩格斯是肯定其对于封

① 吴易风：《当前金融危机和经济危机背景下西方经济思潮的新动向》，中国经济出版社2010年版，第71—72页。

② [美]大卫·哈维：《新自由主义简史》，王钦译，上海译文出版社2010年版，第6页。

③《马克思恩格斯文集》第1卷，人民出版社2009年版，第536页。

建专制的巨大历史进步的，但是，对其局限性他们同样具有十分清醒的认识。因此，马克思恩格斯对资本主义民主的虚假性进行了激烈的批判。他们认为，作为国家制度，资本主义民主是与资本主义私有制密切相连的，它是资本最好的政治外壳和护身符，披着此种护身符的民主其实维护的是资产阶级的利益。比如，资本主义的宪法，“宪法的每一条本身都包含有自己的对立面，包含有自己的上院和下院：在一般词句中标榜自由，在附带条件中废除自由。”[①]再如博爱，“博爱只有在资产阶级利益还和无产阶级利益结合在一起的时候才继续存在。”[②]一旦统治阶级的利益受到威胁，他们就会把“自由、平等、博爱”这句格言“代以毫不含糊的‘步兵，骑兵，炮兵’!”[③]自由也同样如此。可见，“资产阶级口头上标榜自己是民主阶级，而实际上并不如此，它承认原则的正确性，但是从来不在实践中实现这种原则。”[④]

而要实现真正的自由民主，就必须实现真正的主权在民，就像马克思所说的那样：“自由就在于把国家由一个高踞社会之上的机关变成完全服从这个社会的机关。”[⑤]为此，马克思恩格斯提出建立一个“以每一个个人的全面而自由的发展为基本原则的社会形式”[⑥]的“自由人的联合体”，即共产主义社会来取代资产阶级社会。在这个“自由人的联合体”社会中，“每个人的自由发展是一切人的自由发展的条件”[⑦]，只有在此社会中，真正的自由民主才会实现。

可见，福山所言的自由民主之资本主义意识形态是最好的意识形态、历史将终结于此的断言只是一厢情愿式的自说自话。

---

①《马克思恩格斯文集》第2卷，人民出版社2009年版，第484页。

②《马克思恩格斯全集》第5卷，人民出版社1958年版，第154页。

③《马克思恩格斯文集》第2卷，人民出版社2009年版，第509页。

④《马克思恩格斯全集》第10卷，人民出版社1998年版，第692页。

⑤《马克思恩格斯文集》第3卷，人民出版社2009年版，第444页。

⑥《马克思恩格斯文集》第5卷，人民出版社2009年版，第683页。

⑦《马克思恩格斯文集》第2卷，人民出版社2009年版，第53页。

二、苏联的解体就是马克思主义(共产主义)的终结吗?

福山宣判“历史的终结”的直接根据就是苏联解体和东欧剧变，特别是苏联的解体。如果说《国家利益》上福山发表的《历史的终结?》一文中提出的“历史的终结”还只是一种猜测的话，那么苏联的解体则似乎“验证”了这种猜测，因此，此后的专著《历史的终结及最后之人》无疑就成了“历史终结”的“宣言”。在这里显见的是，福山有一个连带判断，即苏联社会主义就是马克思主义之共产主义；苏联解体了，因而马克思主义之共产主义也就终结了。然而我们的看法正好相反，苏联的兴亡恰恰证明了：不坚持马克思主义的社会主义必然走向终结。

（一）社会主义之苏联是马克思主义的原理同俄国实践相结合的结果

我们知道，马克思一生有两大发现：一是唯物史观；二是剩余价值规律。正是这两大发现，使无产阶级革命之“现实”的展开不仅可能，而且必然，从而真正的历史才在实现人类的解放之途中正式“出场”。马克思主义也在无产阶级革命之“历史”出场时成为科学，而《资本论》则由于是唯物史观和剩余价值规律的有机结合而被称为“工人阶级的圣经”。马克思的“两大发现”使社会主义从空想走向了科学，而革命性和科学性相统一的马克思主义从其诞生之日起就成为世界各国工人阶级争取自身解放运动的世界观和方法论。还是列宁说得好：（马克思主义理论）“对世界各国社会主义者所具有的不可遏止的吸引力，就在于它把严格的和高度的科学性（它是社会科学的最新成就）同革命性结合起来，并且不仅仅是因为学说的创始人兼有学者和革命家的品质而偶然地结合起来，而是把二者内在地和不可分割地结合在这个理论本身中。”①

同样，我们也知道，马克思主义诞生在欧洲发达资本主义社会，马克思主义关于未来社会的设想当然也是立足于欧洲发达资本主义社会(确切地说是西欧)。马克思主义认为，未来共产主义社会孕育生成于资本主义的母腹中，是资本主义充分发展的结果，是在占有资本主义发展

①《列宁选集》第1卷，人民出版社2012年版，第83页。

的全部积极成果的同时而对资本文明的积极扬弃。因此，马克思恩格斯最初预测无产阶级革命是世界历史意义上的革命，即“同时胜利”：“共产主义革命将不是仅仅一个国家的革命，而是将在一切文明国家里，至少在英国、美国、法国、德国同时发生的革命。”[①]因为，“无产阶级只有在世界历史意义上才能存在”，因而“共产主义——它的事业——只有作为‘世界历史性的’存在才有可能实现”[②]。晚年时期的马克思把目光从西方发达资本主义国家转向东方经济文化相对落后的国家，以期在东方寻找共产主义革命发生的世界历史的可能性。

为了能对当代俄国的经济发展做出准确的判断，马克思特地挤出时间学习俄语，并在许多年内研究了和这个问题有关的官方发表的和其他方面发表的资料，这一研究充分体现了马克思对历史环境的高度重视。历史环境理论体现了马克思唯物史观的核心，它要求理论和实践必须紧密结合，具体地分析具体情况。因为，“极为相似的事变发生在不同的环境中就引起了完全不同的结果”[③]，所以马克思特别反对将他的理论不加分析地教条化并贴上标签到处乱用。也是这个原因，当19世纪70年代末法国的马克思主义教条化和宗派化现象出现后，马克思对那些所谓的“马克思主义者”愤怒地说：“我只知道我不是马克思主义者。”[④]在给俄国《祖国纪事》杂志编辑部的信中，马克思对民粹派的批评表达的也是这个思想：“他一定要把我关于西欧资本主义起源的历史概述彻底变成一般发展道路的历史哲学理论，一切民族，不管它们所处的历史环境如何，都注定要走这条道路，——以便最后都达到在保证社会劳动生产力极高度发展的同时又保证每个生产者个人最全面的发展的这样一种经济形态。但是我要请他原谅。（他这样做，会给我过多的荣誉，同时也会给我过多的侮辱。）”[⑤]

所以，当查苏利奇代表后来加入“劳动解放社”的同志们给马克思

①《马克思恩格斯文集》第1卷，人民出版社2009年版，第687页。

②《马克思恩格斯文集》第1卷，人民出版社2009年版，第539页。

③《马克思恩格斯文集》第3卷，人民出版社2009年版，第466页。

④《马克思恩格斯文集》第10卷，人民出版社2009年版，第590页。

⑤《马克思恩格斯文集》第3卷，人民出版社2009年版，第466页。

写信，请求马克思谈谈他对俄国历史发展的前景，特别是他对俄国农村公社命运的看法时，马克思对此非常慎重，他给查苏利奇的四稿复信就说明了这一点。就在这四稿复信中，马克思的历史环境理论得到了充分阐发。马克思明确指出：第一，他关于资本主义生产的起源的分析是以西欧为基点的，因而《资本论》中关于经济运动的"历史必然性"明确地限于西欧各国，并不适宜于俄国。第二，尽管俄国"农村公社"已不同于早期的原始公社，但是其构成形式只可以有两种选择：或者是它所包含的私有制因素战胜集体因素，或者是后者战胜前者。先验地说，两种结局都是可能的，但是，对于其中任何一种，显然都必须有完全不同的历史环境。一切都取决于它所处的历史环境。第三，俄国"农村公社"作为俄国社会新生的支点，由于和控制着世界市场的西方生产同时存在，因而就使俄国可以不通过资本主义制度的卡夫丁峡谷，而把资本主义制度所创造的一切积极的成果用到公社中来。①

列宁正是运用了马克思主义这一思想，并将之与俄国当时具体的实际相结合而领导俄国人民于第一次世界大战期间取得了十月革命的伟大胜利，在世界上建立了第一个社会主义国家，使马克思主义世界历史意义上的无产阶级革命之多国"同时胜利"，因历史环境的变化而转变为在帝国主义链条最薄弱环节的"一国胜利"。列宁主义的诞生既是马克思主义的胜利，又是对马克思主义的完善和发展。但是，由于马克思关于未来共产主义的设想是建立在资本主义充分发展基础之上的，他并没有给在经济文化相对落后的国家建立社会主义提供任何理论上的说明，因此，苏维埃社会主义建设面临着严峻的考验。

尽管马克思主义理论中没有关于社会主义建设的直观说明，但是马克思关于资本主义运动及其未来共产主义的发展所要求的诸多条件的阐述已经给社会主义建设提供了非常重要的启示，特别是以下两个重要理论。

第一，"三形态"理论。在《政治经济学批判》的"货币章"中，马克思在分析一般商品货币关系时，考察了个人与社会关系的历史演进，

①《马克思恩格斯文集》第3卷，人民出版社2009年版，第570—582页。

提出了社会发展的“三形态”理论。马克思指出：“人的依赖关系（起初完全是自然发生的），是最初的社会形式，在这种形式下，人的生产能力只是在狭小的范围内和孤立的地点上发展着。以物的依赖性为基础的人的独立性，是第二大形式，在这种形式下，才形成普遍的社会物质变换、全面的关系、多方面的需要以及全面的能力的体系。建立在个人全面发展和他们共同的、社会的生产能力成为从属于他们的社会财富这一基础上的自由个性，是第三个阶段。第二个阶段为第三个阶段创造条件。”①

第二，“过渡时期”理论。马克思认为，建立在资本主义基础上的共产主义社会并不是一夜之间突然完成的，而是在两者之间有一个从资本主义向共产主义的过渡时期，这一理论在《哥达纲领批判》中得到了阐发。马克思指出，由于共产主义社会“不是在它自身基础上已经发展了的，恰好相反，是刚刚从资本主义社会中产生出来的，因此它在各方面，在经济、道德和精神方面都还带着它脱胎出来的那个旧社会的痕迹。”因此，“在资本主义社会和共产主义社会之间，有一个从前者变为后者的革命转变时期。同这个时期相适应的也有一个政治上的过渡时期，这个时期的国家只能是无产阶级的革命专政。”②

马克思的这两大重要理论表明：（1）共产主义社会的实现和发展需要资本文明的历史展开和完成作为其现实的物质基础；（2）在特定的历史环境下，可以超越资本主义充分发展的“卡夫丁峡谷”建立社会主义社会，但是，不可能跳过商品经济的充分发展阶段（市场经济）直接进入共产主义的产品经济阶段。因为，“市场经济作为第二大社会形态的基础，既是第一大社会形态瓦解的原因，也是第三大社会形态得以实现的根本前提。”③

列宁正是在深入研究和吸收马克思这些理论的基础上，并结合当时俄国的具体实际展开社会主义建设的，从“战时共产主义政策”到“新经济政策”的转变，主张利用“国家资本主义”沟通市场来发展社会主

①《马克思恩格斯全集》第30卷，人民出版社1995年版，第107—108页。

②《马克思恩格斯文集》第3卷，人民出版社2009年版，第434、445页。

③ 余源培：《马克思主义经济哲学及其当代意义》，复旦大学出版社2010年版，第97页。

义，就是这一结合的结晶。列宁认为，承认资本主义在俄国经济发展中的历史作用的进步性，与完全承认资本主义的消极面和黑暗面是完全一致的。因此，早在布尔什维克取得政权以前，列宁就对国家资本主义做过“高度的”评价。在1917年9月所写的《大难临头，出路何在？》中，列宁指出，国家垄断资本主义是社会主义的最充分的物质准备，是社会主义的前阶，是历史阶梯上的一级，在这一级和叫做社会主义的那一级之间，没有任何中间级。[①]在1918年5月所写的《论“左派”幼稚性和小资产阶级性》中，列宁再次指出，对于苏维埃政权而言，其物质、经济和生产都没有达到社会主义的“前阶”，而不通过这个尚未达到的“前阶”，就不能走进社会主义的大门。所以，列宁对那些持有“国家资本主义”是对苏维埃政权的威胁的论断的“左派共产主义者”予以抨击的同时，指出这不仅是一个极大的经济错误，而且也证明他们完全是小资产阶级思想的俘虏。[②]不过，列宁也说“国家资本主义把很多很多人都弄糊涂了”。这“很多很多人”之所以被“弄糊涂”，是因为他们把列宁的“共产主义制度下的国家资本主义”等同于“资本主义制度下的国家资本主义”，因为“旧本本”里从没有过共产主义制度下的“国家资本主义”。因此，列宁的“国家资本主义”遭到了这“很多很多人”的极力反对。对此，列宁坚定地说：“没有一本书写到过共产主义制度下的国家资本主义。连马克思也没有想到要就这个问题写下片言只语，他没有留下任何明确的可供引用的文字和无可反驳的指示就去世了。因此现在我们必须自己找出路。”[③]为此，他提出了一个大胆的公式：“乐于吸取外国的好东西：苏维埃的政权+普鲁士的铁路秩序+美国的技术和托拉斯组织+美国的国民教育等等等等++=总和=社会主义。”[④]因此，当国内战争结束，和平问题提上议事日程的时候，列宁指出，“战时共产主义政策”的历史使命已经完成，取而代之的是和平时期的社会主义建设。但是，俄国复杂

①《列宁专题文集》（论资本主义），人民出版社2009年版，第234—235页。

②《列宁专题文集》（论社会主义），人民出版社2009年版，第127—126页。

③《列宁专题文集》（论社会主义），人民出版社2009年版，第324页。

④《列宁专题文集》（论社会主义），人民出版社2009年版，第381页。

的经济形势，特别是小农生产者占人口的绝大多数，决定了实行社会主义革命必须实行一系列特殊的过渡办法。在1921年3月的俄共（布）第十次代表大会上，列宁提出了满足小农的“两个东西”：第一，需要有一定的流转自由；第二，需要弄到商品和产品。[①]换言之，就是倒退到资本主义，实行贸易自由，发展商品经济。新经济政策由此拉开序幕。该政策的目的就是要利用“国家资本主义”的方法来建设社会主义，这是跨越资本主义“卡夫丁峡谷”的国家进行社会主义建设的尝试性实践，具有发生学的意义。毋庸置疑，列宁的新经济政策是在坚持马克思主义的前提下对马克思主义的一次重大发展。

列宁去世后，苏联人民在斯大林的领导下，坚持马克思主义为指导，在几乎没有外援的情况下，依靠自身的力量仅仅用了十几年的时间就建立了现代的工业和国防力量，其国民生产总值的增长率是美国的两倍，1937年工业总产值跃居欧洲第一位、世界第二位，基本实现了国家工业化，取得了社会主义建设的伟大胜利。第二次世界大战爆发后，在斯大林的领导下，苏联人民不仅取得了卫国战争的辉煌战果，而且联合反法西斯力量建立了世界反法西斯战线，取得了世界反法西斯战争的巨大胜利。尽管人们对斯大林时代的许多做法有许多异议，但是对这些成就我们不能置若罔闻。历史虚无主义正是马克思主义所极力反对的。

可见，没有马克思主义的指导，就没有苏维埃政权的诞生，就没有苏联社会主义建设巨大成就的取得。

（二）忽视及至放弃马克思主义在意识形态领域的指导地位是苏联解体的重要原因

尽管斯大林时代，苏联取得了社会主义建设的巨大成就，但是一个不争的事实是：在斯大林的领导下，苏联的模式僵化了。这一僵化模式使苏联社会主义缺少活力，给苏联社会主义建设造成很大影响。1936年，斯大林就宣布苏联的社会主义制度已经使生产关系与生产力状况完全适合，这使社会主义丧失了多次改革和发展的机遇。同时，该模式认为社

①《列宁专题文集》（论社会主义），人民出版社2009年版，第204—205页。

会主义经济只能是集中统一计划指导下的产品经济，把计划经济看成社会主义的固有特征，而把商品、市场和价值规律都当作资本主义祸害加以消灭。并且这个模式实行的是严重失调的经济结构、粗放与赶超型的发展战略。优先发展重工业，忽视轻工业和农业的发展；重速度，轻效益；重数量，轻质量；重生产，轻消费。结果导致产品档次低、质量差、品种少，不能满足人民群众日益增长的物质和文化需要。不仅如此，该模式大搞个人崇拜，推行文化专制主义，肃反扩大化，使政治上缺乏社会主义民主和法治。[①]到第二次世界大战后及至50年代初期，斯大林模式的弊端与矛盾越发凸显，改革势在必行。1953年斯大林的去世给苏联的改革提供了契机与可能。赫鲁晓夫首先向苏联体制发起冲击，此后的勃列日涅夫、安德罗波夫和契尔年科均实行了改革的尝试，但都未能改变苏联的局势和现状。最终，戈尔巴乔夫的所谓“改革新思维”推动苏联走向了解体。

恩格斯的“历史合力论”告诉我们：“历史是这样创造的：最终的结果总是从许多单个的意志的相互冲突中产生出来的，而其中的每一个意志，又是由于许多特殊的生活条件，才成为它所成为的那样。这样就有无数相互交错的力量，有无数个力的平行四边形，由此就产生出一个合力，即历史结果，而这个结果又可以看做一个作为整体的、不自觉地和不自主地起着作用的力量的产物。”[②]毋庸置疑，苏联的解体就是“历史合力”综合造成的结果。归纳起来，苏联解体的原因大体如下：第一，指导思想发生偏差，逐渐偏离马克思主义。首先是斯大林长期教条主义造成思想僵化；而后的改革（赫鲁晓夫对斯大林的全盘否定，戈尔巴乔夫的“新思维”）都没能坚持社会主义方向，放松了对西方国家的和平演变的警惕性。第二，体制过时。战争条件下形成并巩固起来的计划经济体制逐渐走向僵化，不能适应社会主义建设和发展的需要，不能适应新科技革命的需要，不能满足人民群众日益增长的物质和文化需要。第三，经济结构失调。备战型、争霸型、粗放型的经济结构，僵化的体制

---

① 参见余源培：《余源培文集》，上海人民出版社2003年版，第354—355页。

② 《马克思恩格斯文集》第10卷，人民出版社2009年版，第592页。

束缚了社会主义优越性的发挥，限制了综合国力的提高。第四，改革操作严重失误。在国情认识上，对苏联社会主义发展阶段的定位过高；在政治体制上，放弃党的领导和马克思主义的指导；在执政党建设上，严重脱离人民群众，放任官僚主义、特权和腐败蔓延；在改革的总布局上，错误地推动“休克疗法”的“私有化”路线。①

当我们对这诸多原因细分缕析后会发现，苏共意识形态建设上的放松和失误无疑显得格外“凸出”，正是这种放松和失误，一方面使苏联共产党自觉或不自觉地放弃马克思主义在意识形态领域的指导地位，从而另一方面又自觉或不自觉地投降于西方的“自由民主”制度。当然，这种“放弃”与“投降”并不是发生在一个时间点上的行为，即1991年12月25日那一刻的“交权”与“接权”，而是发生于一个时空中的交互行为，即“冷战”时期东西方意识形态战场上的博弈。在这一意识形态的博弈中，苏共政要在社会主义建设中逐渐淡化并放弃了马克思主义意识形态，而西方敌对势力则趁此将自由民主思想“偷渡”并渗透进放松警惕的苏联社会中，最后，当引领苏共及其人民的马克思主义被西方的自由民主一点一点地“蚕食”殆尽之时，那也就是苏联的解体到来之日。

关于这一点，在苏联的诸多专家及其政要的“反省”中均有体现。大卫·科兹在《“来自上层的革命”：苏联的解体》中认为，是“来自上层的革命”导致了苏联的解体，也就是说，在由戈尔巴乔夫改革产生的新的政治条件下，大部分位居国家要职的苏联党-国精英，以及其他重要的官方组织，由拥戴社会主义转向了拥戴资本主义，从而导致了国家的解体。②

原苏共中央政治局委员、书记处书记利加乔夫在谈到苏联解体的原因时表达了同样的看法，他说：第一，导致苏联剧变、苏共垮台、国家解体的主要都是主观原因；第二，苏共主要领导人的政治蜕变，是导致苏共垮台的最主要原因；第三，苏共在组织干部和意识形态领域存在许

① 秦绍德主编：《引领我们前进的伟大旗帜》，上海教育出版社2010年版，第20页。

② [美]大卫·科兹、弗雷德·威尔：《来自上层的革命：苏联体制的终结》，曹荣湘，等译，中国人民大学出版社2008年版，中文版序言第3页。

多问题，领导人很少注意意识形态工作。[①] 2000年，利加乔夫访问中国。在谈到中国改革的成功经验时，他认为马克思主义武装起来的政党起了最重要的作用，利加乔夫说：“中国社会主义建设的成功缘于四个因素，第一，也是最重要的因素，即中国共产党的领导作用。第二，民族政策和民族团结，它是改革成功的前提。第三，保持政治和社会稳定、珍惜过去取得的实验和成果。第四，和平对外政策，这是改革成功的条件。”他说：“中国经济和社会发展的实践，验证着列宁的遗训：不走社会主义道路就无法前行。”[②]

苏共淡化乃至放弃马克思主义在自斯大林及其之后的苏共领导人中均有呈现。斯大林的僵化、教条、独裁的统治本身就是对经典马克思主义的“排斥”，特别是30年代的“大清洗”，给苏联人民造成的心理上的影响是无法估量的。而赫鲁晓夫在苏共二十大上的“背叛”行为给苏联造成的破坏和影响绝不亚于斯大林的“大清洗”，因为他全盘否定斯大林的历史虚无主义做法，直接摧毁了苏联人民对马克思主义和社会主义的信心。这从戈尔巴乔夫改革的设计师雅可夫列夫对当时感受的描述中即可看出，在其著作《一杯苦酒》的第一版（1994年）中，他形容了在现场听了赫鲁晓夫秘密报告后的感受是“脚下的土地突然消失了”[③]。不消说，这是当时苏联人民普遍的感受。此后，抽象的资产阶级人道主义便弥漫了苏联的上空。到戈尔巴乔夫的所谓“改革新思维”登台亮相后，其倡导的“公开性”和“民主化”其实就已经将苏联的大门直接打开，拥抱西方的“自由民主”了。我们来看看当时美国驻苏大使马特洛克对1988年苏共第十九次全国代表大会的会议文件的描述就一目了然了。收到这份文件时，马特洛克正在赫尔辛基准备向在那里出访的里根总统汇报情况，他说：

---

①［俄］叶·库·利加乔夫：《苏联：必然倾倒的大厦》，钱乃成译，《当代世界》2001年第8期。

②［俄］叶·库·利加乔夫：《警示》，钱乃成，等译，当代世界出版社2001年版，代前言第5—6页。

③ 参见曹长胜、张捷、樊建新主编：《苏联演变进程中的意识形态研究》，人民出版社2004年版，第42页。

这时我收到了从莫斯科发来的关于大会议题的俄文文本，并返回旅馆去翻阅，相信这不是什么机密文件，可以带出去，不受什么限制。我当时以为这里面不会有什么令人意外的新东西，大致浏览一下，就足够简述时引用了。其内容很可能是罗列一些早已在中央委员会会议上以及在戈尔巴乔夫的讲话中讨论过的改革方案而已。

可等我翻开一看才发现情况不是这样，新内容比比皆是，我兴奋不已。我从未在一份共产党官方文件中看到对诸如保护公民权利、权力分散、私法独立、在证明有罪之前先作无罪假设等原则给予如此广泛的重视。

有些“议题”似乎是从美国宪法中翻译过来的。除了“社会主义”这个词以外，文件与《共产党宣言》、甚至与《资本论》几乎没有一点联系。有关“社会主义”的那些苏联惯用提法也不见了。从某种程度而言，“议题”所谈论的更接近于欧洲的社会民主。①

苏共政要都如此地淡化甚至放弃马克思主义，又何谈在意识形态建设中去巩固马克思主义呢？1966年，勃列日涅夫曾在苏共中央政治局专门召开讨论国内意识形态问题的会议上如是说：“我们至今没有一本关于我们党的历史的真正的马克思主义的教科书。”②为此，苏联国家安全委员会根据自己掌握的资料，不无忧虑地说：“对大学生来说，尽管有着各自不同的特点，但是与党格格不入的状况却是共同的。党对他们来说已不是最光明、最先进的东西的化身。”③如此“宽松”的意识形态环境无疑给西方的敌对势力提供了“和平演变”的最佳契机。

然而，与苏共对待意识形态态度完全相反，美国历届总统都特别强调意识形态对于国家利益的重要性。艾森豪威尔特别强调：应当慷慨支持美国新闻署和自由欧洲电台，因为，在宣传上花1美元，（其功效）等

① [美]小杰克·F·马特洛克：《苏联解体亲历记》(上)，吴乃华、魏宗雷、胡仕胜，等译，世界知识出版社1996年版，第137—138页。

② 中联部六局：《从勃列日涅夫时期意识形态方面的问题看苏联解体的原因》，《党建研究》2000年第9期。

③ 沈志华编：《苏联历史档案选编》第31卷，社会科学文献出版社2002年版，第149页。

于在国防上花5美元。[①]尼克松更是直言不讳地说：“我们与苏联的竞争是军事、经济和政治性的，但美苏之争的根源在于意识形态。苏联想要传播共产主义……，而美国则想要阻止共产主义……。如果我们在思想意识战中败北，则我们所有的武器、条约、贸易、外援和文化关系都将毫无用处。”[②]里根同样指出，对于两种不同社会制度来说，最终的决定性因素不是核弹和火箭，而是意识和思想的较量，要通过帮助这些国家培植民主的基础机构，即成立工会、组织政党、开办大学的制度，开展同苏联在思想和价值观念上的“和平竞争”，最终把“马克思列宁主义抛进历史的垃圾堆”[③]。鉴于此，自冷战之始美国就动用了一切手段和工具，尽其所能地展开对苏联意识形态领域的“狂轰滥炸”。

其实，对于苏联的解体原因，福山非常清楚。在《历史的终结及最后之人》中，福山认为，强权国家“最有可能被摧毁的致命弱点，是其政治制度不具有合法性，即意识形态层面上的危机”[④]。他说：

为了了解苏联这个国家的致命弱点，就应该把经济问题放在一个更大的危机中来理解。这个更大的危机就是整个制度的合法性危机。经济上的失败只是苏联体制一系列失败中的一个，那些失败导致了信仰体系的加速崩溃并使社会基础结构的脆弱点暴露无遗。极权主义最根本的失败是它在控制思想方面的失败。[⑤]

在《美国处在十字路口——民主、权力与新保守主义的遗产》中，福山再次指出：

苏联垮台这样的巨大事件有多重原因，一些是与苏联制度的本质有

① 曹长胜、张捷、樊建新主编:《苏联演变进程中的意识形态研究》,人民出版社2004年版,第405页。

② [美]里查德·尼克松:《1999:不战而胜》,朱佳穗、华棣、刘亚伟译,长征出版社1988年版,第86页。

③ 李振城主编:《无硝烟的战争——“和平演变”与对策》,天津社会科学院出版社1991年版,第21页。

④ [美]弗朗西斯·福山:《历史的终结及最后之人》,黄胜强、许铭原译,中国社会科学出版社2003年版,第18页。

⑤ [美]弗朗西斯·福山:《历史的终结及最后之人》,黄胜强、许铭原译,中国社会科学出版社2003年版,第35页。

关的深层次原因（例如，占统治地位的意识形态），其他一些是意外的和偶然的原因（安德罗波夫的过早去世和米哈伊尔·戈尔巴乔夫的崛起）。[①]

福山认为，苏联的解体是与"占统治地位的意识形态"等"与苏联制度的本质相关的深层次原因"造成的，"是它在控制思想方面的失败"，换言之，是苏共的政治路线逐渐偏离及至放弃马克思列宁主义而致使生活世界被西方"殖民化"而导致了苏联的解体。可见，苏联的解体并不是马克思主义的终结，也不是社会主义的终结，恰恰相反，它证明了没有马克思主义指导下的社会主义必然终结。

当然，苏联解体也留给了我们深刻的教训：（1）搞清楚"什么是社会主义、怎样建设社会主义"是建设和巩固社会主义制度的关键。（2）在全球化的现代世界中，社会主义要发展，必须实行改革开放。（3）社会主义制度并不就是建设社会主义的具体实践。

因此，我们认为，坚持社会主义也不等于坚持社会主义的某种模式；某种社会主义模式的失败，也不等于社会主义的失败。

第二节 "历史终结论"的理论来源

1989年，福山"历史的终结"一语既出，即刻引起全球轰动。为之赞扬的欢呼之声蜂拥而至，对此质疑的抨击之潮同样也此起彼伏。欢呼声着实扬了福山之"文"气，对此他当然是得意满满而不必多言，对于那些批评则是必须要站出来予以回应的。福山认为，许多人一开始就对他所使用的"历史"一词产生了误解，并由此"误解"而指责他之"历史终结论"是错误的。对此，福山在《历史的终结及最后之人》的"代序"中专门请出黑格尔和马克思，将黑格尔和马克思也说成是"历史终结论"者，以利于自己的"历史终结论"。其实这是福山对黑格尔和马克

① [美]弗朗西斯·福山：《美国处在十字路口——民主、权力与新保守主义的遗产》，周琪译，中国社会科学出版社2008年版，第53页。

思历史概念的严重误读。福山此举不仅不能证明其理论的合理与合法，相反却暴露出其欲盖弥彰的意识形态动机。

一、福山的历史概念

福山说，他的“历史”是受黑格尔和马克思的“历史”的启发的：

对历史的这种领悟与伟大的德国哲学家黑格尔有着密切的联系。卡尔·马克思借用黑格尔“历史”这个概念，用我们使用的“原始”与“先进”、“传统”与“现代”等字眼来论述不同的人类社会形态，把“历史”改变成一种日常文化氛围的组成部分。对于这两位思想家而言，他们都认为人类社会是从建立在奴隶制和仅能维持生命的农业基础上的简单部落，先后经历各种神权政体、君主专制和封建贵族统治，上升至现代自由民主制度和技术先导的资本主义。这一演变过程尽管并不是一条笔直的轨迹，而且一次历史进步的结果甚至并不能回答人类是否更加幸福、境况是否更好这个问题，但它不仅具有相当的规律性，而且还可以从理论上来加以论证。①

福山的“历史”真的是受黑格尔和马克思的“历史”的启发而形成的吗？我们简单地勾勒一下黑格尔和马克思的历史概念后便知分晓。

毋庸置疑，黑格尔是第一位将哲学与历史全面结合的哲学家，第一次真正打通了生命与思想，在他那里，“历史”是丰富而厚重的，并不是如许多人所认为的那样，是纯粹意识的演绎史。他之哲学“是被把握在思想中的它的时代”②就是“历史”之含义的表达，所以，阿伦特说，在黑格尔之前，“哲学能在哲学家生活之外实现”③是不可想象的。尽管黑格尔的“历史”是以“精神”的样式呈现出来的，但是，这种“精神”并不是干瘪僵死的，而是鲜活时空在辩证法中的交汇。因此，“我们假如把一般历史翻开来，我们便看到了一幅巨大的图画，充满了变化和行动，

---

① [美]弗朗西斯·福山：《历史的终结及最后之人》，黄胜强、许铭原译，中国社会科学出版社2003年版，代序第2页。

② [德]黑格尔：《法哲学原理》，范扬、张企泰译，商务印书馆1961年版，序言第12页。

③ [德]汉娜·阿伦特：《马克思与西方政治思想传统》，孙传钊译，江苏人民出版社2007年版，第205页。

以及在永无宁静的推移交替中的形形色色的民族、国家和个人。”[①]此种“历史”在其《逻辑学》和《精神现象学》中以“意识”的发展和完成的形式得以展开。正是源于这种“历史”性，恩格斯说，尽管黑格尔“拖着一根庸人的辫子”，但由于“黑格尔的体系只是一种就方法和内容来说唯心主义地倒置过来的唯物主义”，所以“他（虽然是不自觉地）给我们指出了一条……真正地切实地认识世界的道路”[②]。因此，“历史”地看来，“正是黑格尔第一次在现代形而上学的范围内，把理解社会现实作为一项真正的哲学课题标举出来。”[③]

马克思正是沿着黑格尔的“历史”打通了走向历史唯物主义的道路的。但是，由于黑格尔的“历史”是以“意识”的形式展开和完成的，因此，此种“历史”之“现实”被其思辨的外表完全遮蔽了。不过，这一点还是被对“现实”非常敏感的马克思发现了，这一发现是在对黑格尔的法哲学进行批判中完成的。在这一批判性研究中，马克思得出了这样一个结果：“法的关系正像国家的形式一样，既不能从它们本身来理解，也不能从所谓人类精神的一般发展来理解，相反，它们根源于物质的生活关系，这种物质的生活关系的总和，黑格尔按照18世纪的英国人和法国人的先例，概括为‘市民社会’，而对市民社会的解剖应该到政治经济学中去寻求。”[④]随之，在解剖市民社会之途中，马克思开启了政治经济学批判以及在此基础上的意识形态批判，进而发现了“现实的个人”，而真正的“历史”就在“现实的个人”之活动中款款出场了：“意识在任何时候都只能是被意识到了存在，而人们的存在就是他们的现实生活过程。”[⑤]于是，黑格尔的“历史”之思辨的、抽象的、逻辑的外观在“现实的个人”的活动中就都消失不见了，马克思拯救了“历史”。对于马克思的“历史”和黑格尔的“历史”的关系，福山竟然用了不怀好意的“借用”一词，这是“借用”二字可以了得的吗？

---

① [德]黑格尔：《历史哲学》，王造时译，上海书店出版社2003年版，第72页。

②《马克思恩格斯文集》第4卷，人民出版社2009年版，第272、280、273页。

③ 吴晓明：《社会现实的发现：黑格尔与马克思》，《马克思主义与现实》2008年第2期。

④《马克思恩格斯文集》第2卷，人民出版社2009年版，第591页。

⑤《马克思恩格斯文集》第1卷，人民出版社2009年版，第525页。

而福山的“历史”则是剥离物质活动后的抽象的人性变化史。尽管他也承认经济现代化作为物质条件在历史发展中的作用，但是，他认为促进历史发展的并不是经济，而是来自非经济，即人性中的“为获得认可而斗争”，这才是历史发展的真正动力。所以，他认为，“如果我们不讨论人性，‘历史’显然也无法讨论”，而且，在福山的掌控下，“历史”更是一个为重大历史事件而存在的一个抽象：“历史不是给定的，不仅仅是一个过去所发生的事件的流水账，而是一项辨别事件重要性抽象化的意识工作。”当然，福山所为是直接指向其“历史终结论”的：“如果我们必须触及历史的终结这个问题，我们似乎必须把对历史的讨论放下来，转而讨论人性问题。”①

如此看来，福山的“历史”何以能够与黑格尔和马克思的“历史”相提并论？不过，有一点福山倒是说对了，他之“对历史的这种领悟”的确“与伟大的德国哲学家黑格尔有着密切的联系”，那就是黑格尔的抽象和思辨在他那里得以完好地传承下来，这是福山对思辨唯心主义的一大“贡献”。正是这一“贡献”彰显出福山“历史”的空洞和抽象。

二、福山对“历史的终结”之辩护

不仅如此，福山还说，黑格尔和马克思与他一样，都认为历史有终结。黑格尔和马克思都曾相信，人类社会的发展是有终点的，会在人类实现一种能够满足它最深切、最根本的愿望的社会形态后不再继续发展。这两位思想家因此断言，会有“历史的终结”阶段。黑格尔将“终结”定位于一种自由的国家形态，而马克思则把它确定为共产主义社会。②

的确，在黑格尔那里，有“历史的终结”一说，但是，黑格尔的“终结”是如福山所理解的“人类社会是从建立在奴隶制和仅能维持生命的农业基础上的简单部落，先后经历各种各年神权政体、君主专制和封

---

① [美]弗朗西斯·福山：《历史的终结及最后之人》，黄胜强，等译，中国社会科学出版社2003年版，第159页。

② [美]弗朗西斯·福山：《历史的终结及最后之人》，黄胜强，等译，中国社会科学出版社2003年版，“代序”第3页。

建贵族统治，上升至现代自由民主制度和技术先导的资本主义，最后将‘终结’定位于一种自由的国家形态”吗？这是对黑格尔的严重误读。

在《历史哲学》中，黑格尔只有一处明确地提到了“历史的终结”：“世界历史从‘东方’到‘西方’，因为欧洲绝对地是历史的终点，亚洲是起点。”[①]黑格尔的此处之意，并非是指历史对东方或西方而言的自成一统的起点和终点，就像一条时间的线段，东方是起点，而西方则是终点。这里并非是指具体的时间或空间，而是指两种生活方式、存在方式的规定，也就是说，西方本身就是以终点的方式而存在的，即是以绝对精神自我回归这种方式来生活的，而东方人则只是以起点的、近乎自然界的方式在生活着。所以，黑格尔说，“世界的历史有一个东方”中的“‘东方’这个名词本身是一个相对的东西，因为地球虽然是圆的，历史并不围绕着它转动。”[②]

但是，黑格尔又指出，历史是有一个决定的“东方”，那就是亚细亚。“那个外界的物质的太阳便在这里升起，而在西方沉没那个自觉的太阳也是在这里升起，散播一种更为高贵的光明。世界历史就是使未经管束的天然的意志服从普遍的原则，并且达到主观的自由的训练。”[③]由此，黑格尔将从东方、希腊、罗马到日耳曼的四个世界分别对应于专制政体、民主政体、贵族政体和君主政体四种政制形式。“东方从古到今知道只有‘一个’是自由的；希腊和罗马世界知道‘有些’是自由的；日耳曼世界知道‘全体’是自由的。所以我们从历史上看到的第一种形式是专制政体，第二种是民主政体和贵族政体，第三种是君主政体。”同时，黑格尔还将这四种政制形式分别对应于历史的四个时期，即“历史的幼年时期”“历史的青年时代”“历史的壮年时代”“历史的老年时代”[④]。而《历史哲学》对诸民族的考察也是到普鲁士便终止了。将如此种种的根据予以推论，似乎可得出黑格尔的“历史终结于普鲁士”的所谓“历史终结

① [德]黑格尔：《历史哲学》，王造时译，上海书店出版社2003年版，第106页。

② [德]黑格尔：《历史哲学》，王造时译，上海书店出版社2003年版，第106页。

③ 参见[德]黑格尔：《历史哲学》，王造时译，上海书店出版社2003年版，第106页。

④ 参见[德]黑格尔：《历史哲学》，王造时译，上海书店出版社2003年版，第106—111页。

论”，就像福山也认为的那样：黑格尔其实支持君主制，……他是主张自由的哲学家，他认为历史的全部过程于所有政治和社会制度都实现自由之日而走到终点。[①]

实际上，黑格尔心目中的理想国家是一个以个人、伦理共同体和绝对精神三方和谐共处，三方各自保持自身的自由，同时又最终能促进绝对精神的完满实现的一种结构，不言而喻，这是一种迄今从未存在过的君主制理想。关于这一点，我们只要读一读他的《法哲学原理》，便可知晓。而当时的普鲁士还是一个公共法权一直基于“封建体系”之上的国家，就此，黑格尔怎会以此作为“历史的终结”？并且，“黑格尔在《法哲学原理》一书内曾经再次谈到过年轻时的思想：君主制、贵族制和民主制哪种政治形式是‘最优越的’，这是一个完全多余的问题，对于理念来说三者都可以说是不相干的，只能以历史方式谈论这些形式。”[②]同时黑格尔还指出：“至少在主观自由所处的偶性方面，一种法制一般是不会停滞不动的，它总是改变自己。这里总是在革命化，这种情形总是不断在进行。”[③]这反过来证明，黑格尔看重的并不是关于政制的那些抽象的规定，而是它背后所体现的某种更大的力量。也因此黑格尔在《精神现象学》的“序言”中如此地指出：“我们这个时代是一个新时期的降生和过渡的时代。人的精神已经跟他旧日的生活与观念世界决裂，正使旧日的一切葬入过去而着手进行他的自我改造。事实上，精神从来没有停止不动，它永远是在前进运动着。但是，犹如在母亲长期怀胎之后，第一次呼吸才把过去仅仅是逐渐增长的那种渐变性打断——一个质的飞跃——从而生出一个小孩来那样，成长着的精神也是慢慢地静悄悄地向着它新的形态发展，一块一块地拆除了它旧有的世界结构。只有通过个别的征象才预示着旧世界行将倒塌。现存世界里充满了的那种粗率和无聊，以及对某种未知的东西的那种模模糊糊若有所感，在都预示着有什

① [美]弗朗西斯·福山：《历史的终结及最后之人》，黄胜强、许铭原译，中国社会科学出版社2003年版，第70页。

② 薛华：《黑格尔对历史终点的理解》，中国社会科学出版社1983年版，第8页。

③ 转引自薛华：《黑格尔对历史终点的理解》，中国社会科学出版社1983年版，第9页。

么别的东西正在到来。可是这种逐渐的、并未改变整个面貌的颓毁败坏突然为日出所中断，升起的太阳就如闪电般一下子建立起了新世界的面相。但这个新世界也正如一个初生儿那样还不是一个完全的现实。这一点十分紧要。”①

可见，福山所说的“黑格尔将‘终结’定位于一种自由的国家形态”的说法是对黑格尔的误读。其实，福山此处所引入的黑格尔并非本真的黑格尔，而是被科耶夫中介过的黑格尔，即科耶夫式黑格尔。关于这一点，稍后我们会予以论述。

那么，福山对马克思的指认，即认为马克思把“历史的终结”“确定为共产主义社会”是否是正确的呢？我们认为，这同样是一种严重的误读。

马克思认为，“至今一切社会的历史都是阶级斗争的历史”②。在阶级对抗中，历史合规律地由低级阶段向高级阶段不断地向前发展。大体说来，亚细亚的、古代的、封建的和现代资产阶级的生产方式可以看作是经济的社会形态演进的几个时代。在阶级对抗的社会里，由于自发分工导致的异化渗透于生活世界之中，人成为“残缺”的人，将人从异化的生活世界中解放出来使之成为具有“自由个性”的人是历史辩证法的必然。而资本文明的到来为这一历史发展提供了客观条件。“自由人的联合体”会在无产阶级的感性意识的实现中诞生。因而，“资产阶级的生产关系是社会生产过程的最后一个对抗形式”，随着无产阶级革命在世界历史意义上的完成，资本主义社会会被“自由人的联合体”——共产主义社会取代。至此，“人类社会的史前时期就以这种社会形态而告终”③。

不言自明的是，马克思认为资本主义及其以前的历史只是人类社会的史前时期，只有从人类的真正解放而进入“自由王国”时起，真正的人类历史才刚刚开始。换言之，共产主义社会的到来，意味着的不是历史的终结，而是历史的刚刚开始。如果说共产主义社会是历史的终结的

① [德]黑格尔:《精神现象学》上卷，贺麟、王玖兴译，商务印书馆1979年版，第7页。

②《马克思恩格斯文集》第2卷，人民出版社2009年版，第31页。

③《马克思恩格斯文集》第2卷，人民出版社2009年版，第592页。

话，那也是人类的非历史，即对抗性历史的终结，而真正的人类史，即人类自觉创造历史的新的时期才刚刚开始，从这时起，“人在一定意义上才最终地脱离了动物界，从动物的生存条件进入真正人的生存条件。人们周围的、至今统治着人们的生活条件，现在受人们的支配和控制，人们第一次成为自然界的自觉的和真正的主人，因为他们已经成为自身的社会结合的主人了。人们自己的社会行动的规律，这些一直作为异己的、支配着人们的自然规律而同人们相对立的规律，那时就将被人们熟练地运用，因而将听从人们的支配。人们自身的社会结合一直是作为自然界和历史强加于他们的东西而同他们相对立的，现在则变成他们自己的自由行动了。至今一直统治着历史的客观的异己的力量，现在处于人们自己的控制之下了。只是从这时起，人们才完全自觉地自己创造自己的历史。”①这正如卢卡奇所言：“马克思把真正实现了的社会主义、共产主义称为人类的史前史的结束”，他不仅“客观地、精确地描述了导向共产主义的社会——历史的趋向”，而且“他在这个阶段上并没有发现一种人类历史最终达到的顶峰，相反，仅仅是人类真正的、实际的历史的开端。从劳动（由此人类客观的和主观的存在基础）的形成到共产主义，我们还只是经历了这一过程的史前史、真正人类历史的史前史。”②

之所以如此，这是历史发展的辩证法使然。辩证法是黑格尔的重要遗产。但是，在黑格尔那里，辩证法被神秘化了。马克思接过黑格尔的辩证法，将其颠倒过来，剥离神秘的外壳，发掘合理的内核，从而拯救了“历史”。正是在此意义上，马克思公开承认他是黑格尔的学生。辩证法的本质特征决定了历史不可能终结：“辩证法在对现存事物的肯定的理解中同时包含对现存事物的否定的理解，即对现存事物的必然灭亡的理解；辩证法对每一种既成的形式都是从不断的运动中，因而也是从它的暂时性方面去理解；辩证法不崇拜任何东西，按其本质来说，它是批判

---

①《马克思恩格斯文集》第9卷，人民出版社2009年版，第300页。

②［匈］卢卡奇：《社会存在本体论导论》，沈耕、毛怡红译，华夏出版社1989年版，第37页。

的和革命的。"[①]所以，恩格斯如是说，历史"永远不会在人类的一种完美的理想状态中最终结束；完美的社会、完美的'国家'是只有在幻想中才能存在的东西；相反，一切依次更替的历史状态都只是人类社会由低级到高级的无穷发展进程中的暂时阶段。每一个阶段都是必然的，因此，对它发生的那个时代和那些条件说来，都有它存在的理由；但是对它自己内部逐渐发展起来的新的、更高的条件来说，它就变成过时的和没有存在的理由了；它不得不让位于更高的阶段，而这个更高的阶段也要走向衰落和灭亡。"[②]

可见，福山所言的马克思把"历史的终结""确定为共产主义社会"的说法显然是没有根据的谬论。

如此看来，福山本想借助于黑格尔和马克思以证明其理论根基的稳固，但结果却恰恰相反，因为其错误的理论前提是不可能导出正确的结论来的。福山的如此做法，一方面证明了其理论自身的缺陷，另一方面彰显了其某种意识形态的动机。关于这一点，在福山关于历史发展的"动力机制"的理论中更为清楚。

第三节 "历史终结论"的立论根据

继1989年福山抛出的"意识形态的终结"并进而有可能构成"历史的终结"这一轰动全球之论后，随之而来的苏联解体之"福音"无疑是对此一预测的"验证"。接下来提上福山议事日程的必然是为其"历史终结论"的立论根据予以论证以证明该理论的合法性。于是，在苏联解体不足一年，福山的大作《历史的终结及最后之人》就迅速草就并火速出炉了。在该作中，福山通过对历史发展的"历史机制"的分析和阐述为其"历史终结论"寻找立论根据。

对于福山而言，如若给其"历史终结论"锁定立论根据，首要任务

①《马克思恩格斯文集》第5卷，人民出版社2009年版，第22页。

②《马克思恩格斯文集》第4卷，人民出版社2009年版，第270页。

当然要先确定历史发展是否有方向性的问题，否则，他无法确定历史是否有终结。换言之，承认历史发展具有方向性是其“历史终结论”的逻辑前提。显然，福山关于“历史终结论”的立论根据的探讨，必先从讨论“人类是否存在着一种‘世界普遍史’这一问题”开始。对此，福山当然是持肯定态度的。

福山认为，20世纪尽管是一个被悲观主义笼罩的世纪，但是，该世纪最后25年所发生的重大变化似乎驱散了这种悲观主义的迷雾，强权政治“大面积塌方”的“福音”让自由民主在全球的各个地方和各种文化中又得到了广泛传播。由此看来，在人类历史的长河中出现过的各种制度，从君主和贵族制到宗教、神权政治，再到20世纪的法西斯和极权主义专政，只有自由民主这种制度才维系到20世纪的终点。进而福山联想到，如果苏联和中国在今后30年中全部和部分实行民主制度，那么，世界上生活在民主制度下的人口比例就会迅速增长。故而福山说，诸种现象进一步证明，在所有社会的发展模式中，只有一个基本程序在发挥着作用，这就是以自由民主制度为方向的人类普遍史。[①]换言之，福山认为，人类存在着“世界普遍史”，且是以自由民主制度为方向的。

在确定人类存在着“世界普遍史”后，接下来就是对这种“世界普遍史”合法性的论证，即历史发展的历史机制予以论证，或者换句话说，究竟是什么因素促使历史朝着自由民主制度的方向前进，并且终结于自由民主制度的？对此，福山是从两个方面加以论证的，一是涉及经济学，二是涉及“获得认可的斗争”这个用语。[②]

一、现代自然科学的历史机制促成历史朝向自由的经济资本主义

既然历史是有方向性的，那么肯定会有一种不变的、统一的机制或

①［美］弗朗西斯·福山：《历史的终结及最后之人》，黄胜强、许铭原译，中国社会科学出版社2003年版，第55页。

②［美］弗朗西斯·福山：《历史的终结及最后之人》，黄胜强、许铭原译，中国社会科学出版社2003年版，代序第3页。

一系列历史的第一原因来引导历史朝着一个唯一的方向发展，并把早期的记忆一直保存到现在，福山如此断言道。那么，作为理解造成历史具有方向性的“历史机制”的第一步是什么呢？福山认为，是科学。正是通过科学获得的自然累积的知识，成为历史方向性的关键。“因为倘若我们仔细观察所有人类社会行为，唯一被明确公认为累积的并且有方向性的历史就是现代自然科学的发展史；而像绘画、诗歌、音乐或建筑这类活动则还不完全予以肯定。”[①]科学对自然的认识，既不是循环的，也不是没有规律的。科学的这种特点可以使科学知识经过很长时间的积累并且对人类社会基本特征的形成产生了一种连贯的作用。科学方法的发现从根本上把历史划成有先后次序的并且不循环的各个阶段，而自然科学一旦被发现，它的不断进步和不断被发展为解释后来历史发展的许多方面提供了一个有方向性的“历史机制”。

那么，自然科学是如何影响历史并使历史趋于同质的呢？福山说主要有两种方法：第一，军备竞赛。福山认为，战争的可能性是社会理性化和在不同文化之间建立统一的社会结构的伟大力量。任何希望其政治自主的国家都被迫采用其敌人和竞争对手的技术。更有甚者，军事强国的威胁还会要求它对其社会制度进行结构改造，尽可能地适应技术的生产和开发。[②]因此，科学使历史具有方向性的最初原因主要是国际体系中的战争和冲突。掌握技术的国家可以利用技术获得决定性的军事优势，并且由于在国家的国际体系中始终存在着战争威胁，任何看重国家独立的国家都不会无视国防现代化的重要性，同时随着技术进步速度的加快，技术进步国家的相对军事优势也会不断扩大。而且，战争也以一种非常敏锐的方法体现出社会现代化的必要性，同时战争也是最能检验现代化成功与否的标准。因此，许多国家都不得不由于军事威胁而进行国防现代化，美苏争霸当然就是最近的实例。因此，当现代自然科学不以人的

① [美]弗朗西斯·福山：《历史的终结及最后之人》，黄胜强、许铭原译，中国社会科学出版社2003年版，第83页。

② [美]弗朗西斯·福山：《历史的终结及最后之人》，黄胜强、许铭原译，中国社会科学出版社2003年版，第85页。

意志为转移地向我们走来时，绝大多数国家只要想维持民族主权就别无选择地接受现代化中的技术理性主义。第二，经济发展。福山认为，现代自然科学确立了一个统一的经济生产可能性范围，技术使财富无限地累积，并因此满足了人类不断膨胀的欲望。科学技术导致的经济增长为所有社会带来了某种统一的社会变革，无论它们过去的社会结构如何。这个过程使所有人类都必然走向一条不可逆转的同质化道路，即所有正在进行经济现代化建设的国家肯定会越来越相似：它们都会在中央集权的国家的基础上实现民族统一，推动现代化，用从功能和效率上讲具有经济合理性的社会组织形式来取代部落、教派或家族式等传统社会组织形式，并对本国公民实行全民教育。

在福山看来，作为现代自然科学发展的结果而产生的历史是朝着一个唯一的、一贯的方向发展的，这是毋庸置疑的，那么，现代自然科学究竟促使历史朝向何种方向发展呢？对此，福山认为，作为经济学对历史发展的诠释，现代自然科学的逻辑性使历史发展的方向最终走向资本主义，而不是如马克思主义所言的走向社会主义。之所以持此观点，福山说这是因为，“资本主义已经被证明在成熟的工业经济条件下，在开发和使用技术以及适应全球劳动分工迅速变化的条件方面比中央计划制度更有效率”[①]。换言之，中央计划经济的失败说到底与技术创新问题有关。现代经济的技术创新需要自由的环境，需要新技术与生产过程的有效结合，需要经营自主权的充分发挥，这些都是中央计划经济不能做到的。因此，虽然中央计划经济能紧跟资本主义进入煤、铁和重工业时代，但是它们远远跟不上信息时代的要求，也就是说，面对现代经济的复杂性，中央集权化的官僚制度无论技术有多先进都无能为力。就此而言，“我们也许可以说，马列主义作为一个经济体系，高度复杂和充满活力的后工业经济世界就是它们的滑铁卢。”[②]鉴于此，福山坚定地说，“我们这

① [美]弗朗西斯·福山:《历史的终结及最后之人》,黄胜强、许铭原译,中国社会科学出版社2003年版,第105页。

② [美]弗朗西斯·福山:《历史的终结及最后之人》,黄胜强、许铭原译,中国社会科学出版社2003年版,第107页。

个'历史发展机制'的逻辑并未严格限定该自由的程度。尽管如此，以技术推动的经济现代化的发展，通过高度的经济竞争与市场决定价格的机制迫使发达国家接受普遍的资本主义文化的自由。实践证明，在实现完全的经济现代化的目标时，只此一条而别无其他道路可走。"[①]

当然，福山指出的中央计划经济的效率低下，不适应信息时代工业化发展的要求，这是对的。中国的改革也是旨在改变这种状况。但是，福山将中央计划经济直接等同于社会主义，市场经济直接等同于资本主义，并由此认为社会主义不敌于资本主义而使历史终结于资本主义，这显然是对马克思主义的误解而做出的意识形态断言。邓小平指出，计划经济不等于社会主义，资本主义也有计划；市场经济不等于资本主义，社会主义也有市场。计划和市场都是经济手段。因此，计划多一点还是市场多一点，不是社会主义和资本主义的本质区别。判断姓"资"还是姓"社"的标准，应该主要看是否有利于发展社会主义社会的生产力，是否有利于增强社会主义国家的综合国力，是否有利于提高人民的生活水平。[②]实际上，当社会主义模式僵化后，它已经离马克思主义渐行渐远了。正是在此意义上，邓小平说："社会主义究竟是个什么样子，苏联搞了很多年，也并没有完全搞清楚。可能列宁的思路比较好，搞了个新经济政策，但是后来苏联的模式僵化了。"[③]关于这一点，福山其实非常清楚，否则，他何以会说"苏联将权力下放给其加盟共和国，而中国尽管继续保持中央集权，但国家对社会相当一部分已不再加以控制。这两个国家都已不再坚持教条的马列主义意识形态"[④]呢？既然知道那种社会主义是教条主义的马克思列宁主义意识形态的产物，还是把此种社会主义直接等同于马克思主义，此种做法除了证明其意识形态动机外，难道还能证明其他的什么吗？

---

① [美]弗朗西斯·福山:《历史的终结及最后之人》,黄胜强、许铭原译,中国社会科学出版社2003年版,第111页。

②《邓小平文选》第3卷,人民出版社1993年版,第372—373页。

③《邓小平文选》第3卷,人民出版社1993年版,第139页。

④ [美]弗朗西斯·福山:《历史的终结及最后之人》,黄胜强、许铭原译,中国社会科学出版社2003年版,第46页。

福山证明了不断发展的自然科学正在把人类社会引向经济自由的资本主义后，那么现代自然科学的“历史发展机制”能带来自由民主制度吗？这是福山接下来要解决的问题。对于这一问题，福山从欧洲、亚洲、非洲以及美洲的经验事实予以考察后发现，“经济发展和民主之间的关系远不是偶然的，但隐藏在选择民主这一决策之后的动机从根本上讲则与经济无关。它们有另外一个源泉，虽然工业化可以推动它，但不会与其产生必然的联系。”①也就是说，经济发展与自由民主之间是有不容置疑的关系，但这种关系并不是本质性的，只要放眼世界就能看到这一点。质言之，福山感觉到，单单从经济发展来论证其“历史的终结”理论似乎并不具有很强的说服力，因为，“我们的有方向性的历史所需要的‘历史发展机制’同样也会既能带来一个自由主义的未来，也会引出一个官僚专制的未来。”②所以，必须“另辟蹊径”，以重新考察极权主义的当前危机和世界范围的民主革命，来论证其“历史终结论”的合法性。

二、“为获得认可而斗争”的历史机制使历史朝向自由民主的政治资本主义

“对历史的所有经济学解释把我们带到了自由民主乐土的门口，但它却没有把我们一直送进乐土里面去。经济现代化进程也许带来某些像部落或农业社会向城市、受教育以及中产阶级社会转变这种大范围的社会变革，并以某种方式为民主制度创造所需的物质条件。但是这一进程不能解释民主制度本身，因为如果研究这一进程的内涵，我们会发现经济学几乎从来不会选择民主制度。”③福山如此指认道。既然经济世界中难以解释民主制度本身，那就只能到非经济世界中去寻找了，用福山的话说，到非唯物史观中去寻找了。为此，福山的做法是回归黑格尔。

① [美]弗朗西斯·福山:《历史的终结及最后之人》,黄胜强、许铭原译,中国社会科学出版社2003年版,第126页。

② [美]弗朗西斯·福山:《历史的终结及最后之人》,黄胜强、许铭原译,中国社会科学出版社2003年版,第143页。

③ [美]弗朗西斯·福山:《历史的终结及最后之人》,黄胜强、许铭原译,中国社会科学出版社2003年版,第153页。

（一）回归黑格尔

为了能够回归黑格尔，福山真是煞费苦心，竭尽心力。他层层推进，又逐个否定。功夫不负有心人，他终于找到了一种把他“从现在的死胡同中引导出来”，即从“想判断的社会本身所设定的标准和期望中解脱出来”的方法，那就是“跨历史的”方法，即从人的跨历史概念出发来判断现行自由民主制度是否合法。为何要选择此种方法？福山说，因为没有一个永久的、跨历史的标准，即如果不讨论人性，“历史”显然也无法讨论，更不用说讨论“世界普遍史”了。纵览各位史家，不论是外交历史学家还是社会历史学家，都无法回避重大事件或非重大事件的选择，并且因此必须参照一种存在于历史“之外”（有时在专业历史学家本身能力范围之外）某个地方的标准。这就是一部历史的真谛，抽象程度更高的世界普遍史更是如此。故而福山给出定论：如果我们必须触及历史的终结这个问题，我们似乎必须把对历史的讨论放下来，转而讨论人性问题。我们无法仅仅局限于用当代世界向我们展示的实证来讨论自由民主制度的远景——它对生活在其社会制度中的人所具有的吸引力，以及它对长期生活在自由民主制度中的人的持久影响力，而是必须直接地、明确地提出一个跨历史标准的人性，用以判定每个社会制度或社会体系的好与坏。①

在人的生活世界中解释不了的事情，只能求助于生活世界之外的某个抽象的精神，这是唯心史观惯用的伎俩。“德意志意识形态”阴魂未散，它的梦魇纠缠着福山的头脑，借福山之话语再次登台，欲于新千年来临之际在世界舞台上再“风光”一把。

那么，福山所言的可以解释自由民主政治制度的“跨历史标准的人性”是什么呢？他说，是黑格尔的“为获得认可而斗争”的精神。也因此，当福山发现用经济学不能合理地解释民主时，他便郑重地指出，回归黑格尔不仅十分重要，而且意义特殊。原因有二：一是黑格尔对自由

① ［美］弗朗西斯·福山：《历史的终结及最后之人》，黄胜强、许铭原译，中国社会科学出版社2003年版，第159页。

主义的理解比霍布斯和洛克的理解层次更高；二是他把历史看作是一种“获得认可的斗争”，这种方法对观察当代世界非常有用，而且非常有启发性。“‘为获得认可而斗争’是一种和政治哲学有同样长历史的概念，意指一种与政治生活本身相关联的现象。如果目前我们对这个词汇很陌生，只是因为我们的思想已经在过去400年中成功地经济化了。然而，不论在苏联、东欧、南非、亚洲、拉丁美洲，还是在美国本国，‘为获得认可而斗争’在我们周围无处不在并成为当代争取自由权利运动的基础。”①

也因此，福山说，作为一种完全非经济的动力，黑格尔的为获得认可而斗争的“世界普遍史”，“不仅补充完善了我们只勾画出其轮廓的那种‘历史发展机制’，而且还带给我们一种对人的更广义的认识——作为人的人——使我们得以理解历史发展的断层、战争以及平静的经济发展中出现的非理性，这些都是实际的人类历史的特征。”更重要的是，“它为我们提供了一个框架，用来了解人类历史的进程将会永远继续下去还是走到了尽头。”由此，他良言告诫世人，“最好不要相信马克思和受其经济学历史观影响的社会科学体系，而应相信黑格尔。”因为，“黑格尔对历史进程中存在的‘历史发展机制’的理解深度是马克思或所有当代社会科学家所无法比拟的。”②

上面已经指出，福山引入的黑格尔，并不是本真的黑格尔，而是被科耶夫中介过的黑格尔，用福山的话说，是黑格尔-科耶夫。那么，这是为何？原因很简单，在福山看来，科耶夫是20世纪黑格尔最伟大的诠释者（马克思也很荣幸地被福山认为是19世纪黑格尔最伟大的诠释者），而此种诠释恰好为福山的“历史终结论”提供了注解。因此，对之采取“拿来主义”的策略是理所当然的事。

① [美]弗朗西斯·福山:《历史的终结及最后之人》,黄胜强、许铭原译,中国社会科学出版社2003年版,第166页。

② [美]弗朗西斯·福山:《历史的终结及最后之人》,黄胜强、许铭原译,中国社会科学出版社2003年版,第154—155页。

（二）黑格尔与科耶夫

亚历山大·科耶夫，俄裔法国哲学家，新黑格尔主义者。1933年，受雷日科的推荐，科耶夫接替雷日科在法国高等实用学院中的黑格尔课程，专一讲授黑格尔的《精神现象学》，直到1939年第二次世界大战爆发。在那个时代，许多闪亮的名字，比如梅洛-庞蒂、萨特、拉康、雷蒙·阿隆、巴塔耶、列维纳斯等，都聚集在科耶夫的门下。也由此，科耶夫的黑格尔讲座被认为是"戏剧性地决定了本世纪法国知识界的风景线"①。从以下阿隆的描述中足可看出当时科耶夫的魅力："科捷夫是当今《黑格尔现象学》方面的权威大师。那时，我并不常听他的课，但在最后一年开始加入他身边的崇拜者行列。那二十来个学生中还有凯诺，J.拉康，M.梅洛-庞蒂，韦尔和费萨尔。……就座的高级知识分子向以爱提疑问、异议、和批评著称，但听他讲课却能听到入迷。这其中奥妙何在？在于他高超的才华和精湛的论证技艺。最后一年的讲课内容曾被收编成册，我不知道这本书是否完整无缺地再现出讲授者的艺术。这种艺术不是取决于雄辩的口才，而是取决于讲授的主题和讲授者本人。讲授的主题既是世界史又是《现象学》，世界史通过用《现象学》解释变得清楚无误。所有听众都沿着他的思路走，甚至那些不信历史气数的人，那些怀疑艺术后面隐藏着手段的人，也抵挡不住这位魔术师的魅力。在听他讲课的时候，那些历史时期和历史事件一目了然，一听便懂，正足以证明他的方式对头。"②

由此足见当时的科耶夫式黑格尔主义影响颇大。为了理解这一点，简单地勾勒一下科耶夫对黑格尔《精神现象学》的解读是必要的。

熟悉科耶夫思想的人都应该知道，他对《精神现象学》解读的兴趣点始终局限在"自我意识"上，并由此使他对黑格尔哲学形成一个基本判断，即构成黑格尔哲学大厦的基石就在于"自我意识"中的主奴关系

① 孙向晨：《从黑格尔到现代法国哲学——论科耶夫的黑格尔主义》，《学术季刊》1998年第1期。

② [法]雷蒙·阿隆：《雷蒙·阿隆回忆录——五十年的政治思考》，刘燕清、孟鞠如、沈雁南，等译，三联书店出版社1992年版，第119页。

辩证法。于是，他将主奴关系辩证法从黑格尔哲学中剥离出来，用他之“欲望”“死亡”和“承认”三个范畴将之支撑起来，并加以发挥，从而形成了独具特色的科耶夫式黑格尔之历史观。

科耶夫在对黑格尔关于主奴关系的解读中，抓住了黑格尔对人的理解作为其全部理论展开的起点。在科耶夫看来，笛卡尔式之“我思”并不能发现“我”，即“自我意识”，也就是说，“我思”不可能发现人的实在性的起源和所以然。因为，当“我”进行沉思的时候，会完全被所沉思的东西所“吸引”，于是，“我”便“消失”在被认识的客体中了。那么，是什么使“我”之“认识的主体”被发现的呢？是欲望。“被他所沉思的客体‘吸引’的人，只能通过一种欲望‘返回自己’：例如，通过食欲。”人的存在本身，意识到自己的存在，意味着欲望，必须以欲望为前提。因此，“正是在‘他的’欲望中，通过‘他的’欲望，更确切地说，作为‘他的’欲望，人才成为人，并且——向自己和他人——显现为一个自我，本质上不同于和完全对立于非我的自我。（人的）自我是一种欲望——或欲望的自我。”①当然，人的欲望不同于动物的欲望，动物的欲望只是指向自然，而人的欲望是超越于自然而指向一种超越于对象的东西，即指向另一个人的欲望，所以，人的欲望是欲望的欲望。人只能通过满足这样的欲望的活动才能产生。因而，“人的历史是所欲求的欲望的历史”②。可见，在科耶夫看来，是“我欲望，故我在”。

然而，一切欲望都是对一种价值的欲望，科耶夫如是说。只有当人冒着与人的欲望紧密地联系在一起的（动物）生命的危险，人才“被确认”为人。换言之，人只有在冒生命危险，以满足人之为人的欲望，即针对另一个人的欲望时，人才“被确认”为人。而欲求另一个人的欲望，当然就是希望我所是的价值或我所“代表”的价值是另一个人所欲求的价值，也就是说，我希望他“承认”我的价值就像承认他的价值，即我希望他“承认”作为自主的价值的我。不言而喻，科耶夫的人之为人的“欲望”其实就是获得“承认”的欲望。因为，“人的实在性赖以‘被确

① [法]科耶夫：《黑格尔导读》，姜志辉译，译林出版社2005年版，第3—4页。

② [法]科耶夫：《黑格尔导读》，姜志辉译，译林出版社2005年版，第7页。

认’的生命危险，是一种与这样的欲望紧密地联系在一起的危险。”可是，若要获得“承认”，必须要有两个“欲望”之间的对抗和斗争，否则，“承认”何以“出场”？因此，“谈论自我意识的‘起源’，就必须谈论为了得到‘承认’的生死斗争。如果没有这种为了纯荣誉的生死斗争，也就没有在世界上的人。”①这样，在社会中，人的欲望就表现为要求他人的“承认”，在被他人的“承认”中，人才建立起自我的认识，即发现自我。

但是，如果所有的人都以同样的方式来获得“承认”，结果必然导致一个或两个对手同时死亡，那么人的实现和显现就会化为泡影。所以，科耶夫说，为了人的实在性能成为“得到承认”的实在性，这两个对手必须在斗争之后都还活着。那么，这如何可能？显然，这种斗争必须是实力不相当的斗争，即在这种斗争中和通过这种斗争必须是不平等的。也就是说，一个对手必须因害怕另一个对手而放弃冒死亡的危险，以满足他的“承认”之欲望。当然，这样的“承认”，是承认其对手是他的主人，承认自己并且也使人承认他是主人的奴隶。这样，“历史”就在主人和奴隶之间的此消彼长的相互“承认”之“欲望”的斗争中铺展开来。所以，科耶夫说：“如果人不是别的，仅仅是其发展过程，如果人在空间的存在是人在时间中或作为时间的存在，如果被揭示的人的实在性不是别的，就是世界的历史，那么这种历史必定是主人身分（份）和奴隶身分（份）之间相互关系的历史：历史的‘辩证法’是主人和奴隶的‘辩证法’。”②那么，历史也就是主人和奴隶之间相互作用的历史：“世界历史，人与人之间和人与自然之间相互作用的历史，是作战的主人和劳动的奴隶之间相互作用的历史。”③

实际上，当科耶夫把人的欲望的欲望之被“承认”作为最初之人的诞生，并将主奴关系辩证法预设为历史发展的驱动器时，他已经预设了历史的终结以及最后之人到来的必然性，因为，主人和奴隶的相互关系

① [法]科耶夫：《黑格尔导读》，姜志辉译，译林出版社2005年版，第8页。

② [法]科耶夫：《黑格尔导读》，姜志辉译，译林出版社2005年版，第9页。

③ [法]科耶夫：《黑格尔导读》，姜志辉译，译林出版社2005年版，第202页。

最终必然导致他们的“扬弃”，即主人和奴隶之间的相互“承认”：“当主人和奴隶之间的区别和对立消失，当主人不再是主人，因为他不再有奴隶，以及奴隶不再是奴隶，因为他不再拥有主人，并且也不会重新成为主人，因为他将不会拥有奴隶，这个时候，历史停止了。”[①]当然，这种终结并不是时间上的终止，而是人性的欲望得到满足，所以，人用以改造历史的新的创造都已成为多余的了，“在实际上，这意味着：——战争和流血革命的消失。还有哲学的消失因为人本质上不再改造自己，不再有理由改造作为人对世界和自我的认识的（真正）原则。但是，其余的一切能无限地继续存在下去；艺术，爱情，游戏，等等，等等；总之，能使人幸福的一切东西。”[②]正是在此视域中，科耶夫才指认耶拿战争在黑格尔意识中的重大意义，因为，在科耶夫看来，在黑格尔那里，主人和奴隶的历史的完成正是通过耶拿战争的扬弃才得以实现的。当黑格尔听到耶拿战争的隆隆炮声，看到骑着高头大马的拿破仑经过耶拿城中时，他知道历史已经完成了。所以，科耶夫在为1938—1939学年课程的第十一次讲课做注解时这样写道：“在我撰写上述注解的时候（1946年），在我看来，人回到动物的状态在（或多或少最近的）将来是不可想像（象）的。但是，稍后（1948年），我理解历史的黑格尔—马克思的终结还没有到来，而是在目前的一个现在。当我观察在我周围发生的事情和思考自耶拿战役以来在世界中发生的事情时，我理解，黑格尔在耶拿战役中看到本义上的历史的终结是有理由的。在这个战役中和通过这个战役，人类的先驱者潜在地已经到达了终点和目的，即人的历史发展过程的终结。从此以后，发生的事件只不过是在法国由罗伯斯庇尔—拿破仑实现的普遍革命力量在空间的延伸。从真正的历史观点看，两次世界大战和一系列大大小小的革命的结果使边缘省份的落后文明向最先进的（实在的或潜在的）欧洲历史观点看齐。之所以俄国的苏维埃化和中国的共产主义化超过和不同于德意志帝国（通过希特勒主义）的民主化和或多哥的独立和巴布亚的自治，仅仅是因为罗伯斯庇尔的波拿巴主义在中国—俄国

① [法]科耶夫：《黑格尔导读》，姜志辉译，译林出版社2005年版，第202页。

② [法]科耶夫：《黑格尔导读》，姜志辉译，译林出版社2005年版，第517页。

的实现迫使后拿破仑的欧洲加速清除它的大革命前的过去中或多或少不符合时代的许多后遗症。”①

这就是科耶夫式黑格尔历史观的大致轮廓。由此，我们可以看出，科耶夫对黑格尔《精神现象学》的解读，在忠实于文本的同时，又进行了自己的发挥，也就是说，科耶夫并非是字斟句酌地讲授黑格尔的《精神现象学》，而是在他对《精神现象学》的解读中，杂糅进了其他哲学家的思想，比如马克思、海德格尔、尼采等，同时又注入了他自己对时代的理解，从而使《精神现象学》以一种新的精神样态呈现出来，并焕发出迷人的色彩，深深地吸引着他的学生以及大批读者。正如有的学者已经指出的那样，此种解读已经将哲学、历史与政治学三者结合于一体②，阿隆的“讲授的主题既是世界史又是《现象学》，世界史通过用《现象学》解释变得清楚无误”的说法就是证明。正是这种结合使科耶夫对黑格尔《精神现象学》的解读独具特色。此种杂糅及结合的个中细节，在此不再多言。但是，科耶夫式黑格尔的历史观产生的影响是巨大的，就如阿隆，他将矛头直指马克思主义，极力鼓吹和宣扬“意识形态的终结”，当是受此“历史终结论”影响的一个典型的实例。

福山之所以看好科耶夫式黑格尔，并不是因为他喜欢科耶夫或黑格尔，而是此种思想，即“获得承认”的历史机制“导致”历史走向“终结”的重要思想，恰好是能够支撑他之“历史终结论”的重大支柱。就像福山说的，“当今世界，共产主义逐步被自由民主制度所取代，其原因就在于共产主义制度不能给人以完全的认可。”与共产主义相反的是，“自由民主制度用一种获得平等认可的理性欲望取代了那种希望获得比别人更伟大的认可的非理性欲望”。所以，“在现代社会中，人不仅完全获得认可，而且得到了‘充分的满足’。”③故而，历史已经“终结”。

这样，福山纵览古今，终于将其“历史终结论”拴在了“经济”和

① [法]科耶夫:《黑格尔导读》,姜志辉译,译林出版社2005年版,第518页。

② 仰海峰:《〈精神现象学〉中的主人—奴隶的辩证法——科耶夫〈黑格尔导读〉的核心概念》,《现代哲学》2007年第3期。

③ [美]弗朗西斯·福山:《历史的终结及最后之人》,黄胜强、许铭原译,中国社会科学出版社2003年版,代序第12—13页。

“认可”的两根擎天大柱上，成为一部所谓真正的世界普遍史的完成者。对此，他得意地总结说：“因此，在历史终结时出现的人人相同、人人平等的国家，可以被看作是建立在经济和认可这两个支柱上。通向这一目标的人类历史进程，就是一直被现代自然科学的发展和获得认可而进行的斗争这两套动力向前推进的。自然科学的发展归功于灵魂中欲望部分在近代初期得到解放，为人类带来了极大的物质财富。无限的物质积累在欲望和理性有机地结合下成为可能；资本主义与现代科学唇齿相依。而为获得认可的斗争与在上帝面前享受自由、平等的世界中当主人的向往所形成鲜明对照。不同时考虑这两根支柱，对历史进程的完整描述——一部真正的世界普遍史——是不会真正地完稿的。”①

可是，“经济”和“认可”的两根大柱能够达成默契并携起手来为福山擎起那片“历史终结论”的天空吗？答案当然是否定的。

三、立论根据的悖谬性

纵观福山对其“历史终结论”的论证，主观判断颇多，比如他列举的一些经验事实，可以说均是未经审视就被安插在此充当论据的，将马克思的自由王国类比于苏联、东德的共产主义，民主就意味着“你可以做你想做的事情”，等等，不一而足。这些论据的悖谬性在此不再赘述，本文在此仅只指出他之立论根据自身的悖谬。

从上面的梳理我们可以看出，福山用来支撑其“历史终结论”的两大支柱是“经济”和“认可”，但是尽管如此，最后福山还是将这两大支柱合而为一了：“虽然自然科学可以被看作是有方向性历史发展的‘调节器’，但它终究不会成为历史发展的最终原因。”②当历史发展的“经济”动因被福山抛弃后，“认可”之动因能否支撑起他之“历史终结”论？答案当然是否定的，因为，撇开“认可”之动因的错误与否不谈，对黑格

① [美]弗朗西斯·福山：《历史的终结及最后之人》，黄胜强、许铭原译，中国社会科学出版社2003年版，第234—235页。

② [美]弗朗西斯·福山：《历史的终结及最后之人》，黄胜强、许铭原译，中国社会科学出版社2003年版，第93页。

尔的历史观作“认可”式之解读本身就是一个误读，将一个本就误读的理论用来支撑另一个理论，这种做法本身就是需要商榷的。

针对福山的此种行为，德国的珀格勒写了一本大体相同的小册子来驳斥福山。他不但反驳福山把“历史”概念从包含宗教、艺术等诸多方面丰富的人类生活整体运动窄化为单纯的市民社会，而且还将福山极力吹捧的把历史发展的动力归为“获得认可”的说法上溯到科耶夫、施密特、施特劳斯等人的争论中去，直接驳斥科耶夫对黑格尔“承认”概念的解读。珀格勒说，“黑格尔那里的‘承认’不光是一个人对另一个人的承认，更重要地，它是个人进入一个超出这个人和那个人的整体，就像工匠加入一个协会，并不仅仅是为了得到其他那些具体的会员的认可，更主要地是想通过他们的承认，在一个整体中得到归属感一样，这个整体可以克服单个人的孤独。也就是说，承认是突破（个体）主体主义的关键一步，像科耶夫那样置黑格尔的这一伦理与思辨含义于不顾，用来构建人种发生学和历史终结说，他笔下的黑格尔已经不再是真正的黑格尔了。”①珀格勒对科耶夫的驳斥真是一针见血。这也正如庄振华所指出的那样，在黑格尔那里，承认自始就是一个主体间性的概念，而主体间性在黑格尔那里也不能抽象地看待，它本身还是以民族、国家这些伦理共同体为预设的，而伦理共同体要达到其真理，则又要回到更深的预设——绝对精神。这意味着，即便某个国家达到了黑格尔的理想国家标准，它也不会仅仅因为它具有这种理想的政制形式，而使得历史终结于它。②对于这些，福山完全视而不见，并且还认为，科耶夫的解释是否符合黑格尔的原意对于他的理论来说并不重要，重要的是科耶夫诠释后的那个思想：“尽管诠释黑格尔原著对于‘本议题’来说是一项重要的任务，但我们的兴趣不在黑格尔本身，而在科耶夫所解释的那个黑格尔身上，……而且我们所注重的是思想本身，而不是最初表达这些思想的哲

① 转引自庄振华:《黑格尔的历史观》,复旦大学2010年博士学位论文,第133页。

② 参见庄振华:《黑格尔的历史观》,复旦大学2010年博士学位论文,第133页。

学家。”[1]也就是说，只要是能够给他的“历史终结论”提供理论支撑，不管这个理论是何来头，都统统收归其囊中，为其所用。更让人啼笑皆非的是，福山为了美化科耶夫（更重要的是美化其“历史终结论”），竟然认为黑格尔的《精神现象学》借鉴了科耶夫的观点：“黑格尔在《精神现象学》中对历史进程进行深入论述时再次借鉴了科耶夫的观点，因此该书应该被视为是一部黑格尔-科耶夫合成哲学的著作。”[2]此种做法在说明福山无知的同时，其意识形态动机也昭然若揭。

第四节　“历史终结论”的理论本质

伽达默尔在《二十世纪的哲学基础》一文中阐述了黑格尔的“外部反思”概念，他说：“我们一般使用的反思概念（例如我们说某人正埋头于反思或某人是个反思型的人等等）被黑格尔叫作‘外部的反思’。门外汉不知道其他的反思概念。黑格尔说，对于门外汉，反思就是忽此忽彼地活动着的推理能力，它不会停在某个特定的内容之上，但知道如何把一般原则运用到任何内容之上。黑格尔认为这种外部反思的过程是诡辩论的现代形式，因为它任意地把给定的事物纳入一般原则之下。”[3]这段话实在是福山的真实写照。尽管他通篇在言说历史，但是历史从没有在他那里出场过，以上三节的论述已经呈现出了这一点。对于门外汉福山来说，他之“历史的终结”充其量只不过是一种“外部反思”罢了。此种“外部反思”除了鼓噪一些其他的门外汉与其一起唱响一曲“历史终结”论的大合唱以外，对于历史的发展进程不会产生任何的影响。“9·11”发生了，金融危机、经济危机依然“稳健”地穿梭游走在历史中。历史的辩证法向世人宣告的恰恰不

①［美］弗朗西斯·福山：《历史的终结及最后之人》，黄胜强、许铭原译，中国社会科学出版社2003年版，第165页。

②［美］弗朗西斯·福山：《历史的终结及最后之人》，黄胜强、许铭原译，中国社会科学出版社2003年版，第221页。

③［德］加达默尔：《哲学解释学》，夏镇平、宋建平译，上海译文出版社2004年版，第113—114页。

是历史的终结，而是“历史终结论”之意识形态神话的终结。

一、“历史终结论”遭遇的挑战

30年前，当东欧剧变后，福山站在美国自由民主之巅俯视全球并提出“历史终结论”的“假说”后，他或许真的没有想到，在这30年里，历史的发展竟然和他的“假说”相去甚远。尤其让他没想到的则是，西方自由民主尤其是美国的逐渐衰败和中国模式发生的奇迹，这是“历史终结论”遭遇到的严峻挑战。

（一）西方自由民主的衰败

30年前，福山宣告历史终结根据之一就是，世界上历史上再也找不出比西方自由民主之资本主义意识形态更好的意识形态了，因此“人类社会通过不同的政府形式不断进化”的历史会以“现代自由民主和以市场为导向的资本主义”的形式而告终。甚至在“9·11”之后，福山还是坚称：“西方的制度就像科学方法一样，虽然是在西方发现的，但是却具有其普适性。”[①]但是，在这30年里，这种“具有普适性”的民主制度却在逐渐衰败。

2013年9月，法国经济学家托马斯·皮凯蒂的巨著《21世纪资本论》出版，此后在全球范围内引起轰动。该书之所以能在全球引起轰动，就是因为它通过大量翔实的历史数据表明，不少西方民主国家正在经历20世纪初以来最严重的贫富差距。而一向被认为是自由民主之代表和领袖的美国，其贫富差距又是西方民主国家中最为严重的。皮凯蒂指出，1900—1910年，美国前10%人群的收入在国民总收入中的比重略超过40%，而法国为45%—50%（英国很可能更高些），这时的美国收入不平等低于欧洲。20世纪20年代，美国的收入不平等程度急剧上升，在1929年“大萧条”前夕达到顶峰，此时超过50%的国民收入为前10%的人群占有——比欧洲同期的水平略高。在1950—1980年间，美国收入不平等

① 转引自陈家刚编：《危机与未来：福山中国演讲录》，中央编译出版社2012年版，第126页。

达到了最低谷，收入层级中的前10%人群占到了美国国民收入的30%—35%。自1980年以来，美国的收入不平等开始快速扩大。前10%人群的收入比重从20世纪70年代的30%—35%，上涨到21世纪伊始的45%—50%——提升了15个百分点。而且皮凯蒂还指出，1980年以来，美国国民收入中有大约15%从最穷的90%人口转向了最富有的10%人口。而且从1977—2007年美国经济的增长情况看，最富有的10%人群占据了增长总额的3/4，这一时期最富有的1%人群就独占了美国国民收入增长的近60%。而对于底部90%的人群来说，收入增长率每年不足0.5%。①

同时，收入分配的严重不平等又导致了中产阶级的萎缩。2015年12月9日皮尤民意调查中心发布了《美国的中产阶级正在减少》的研究报告，报告指出，中等收入家庭的收入在1971年占全国总收入的61%，这个比例在2014年已经下降到43%，而高收入家庭的收入占总收入的比例则从29%激增至49%。2016年9月美国国家统计局发布的《2015年美国家庭收入和贫困报告》给出的数据显示，前20%家庭的收入在2015年已经占到了总收入的51.1%，而在1968年这个比例是42.6%。

不仅如此，大多数美国人对美国的民主制度也很不满意。来自《华盛顿邮报》和马里兰大学的2017年10月初的调查显示，16%的美国人对美国的民主制度感到“非常骄傲”，而这个比例在1996年是27%。有14%的受访者“强烈认为”当前美国政治体制功能失常，而“强烈认为”当前美国政治体制运转失调的比例则是27%。正是因为美国人对民主制度不满意，所以美国人开始怀疑民主存在的必要性。有数据显示，在出生在两次世界大战期间的这代人中，有72%的人认为民主政治是“不可或缺的（essential）”，但是出生于20世纪80年的“千禧一代”的年轻人只有30%左右认同此观点。

事实上，福山自己也承认西方民主尤其是美国已经衰败。在专著《政治秩序的起源：从前人类时代到法国大革命》中，福山指出：“21世纪第一个十年则出现了‘民主衰退’，参与第三波民主化的国家中，约有

① [法]托马斯·皮凯蒂:《21世纪资本论》,巴曙松、陈剑、余江,等译,中信出版社2014年版,第298—303页。

五分之一，不是回复到威权主义，就是看到其民主制度遭到严重侵蚀。”“21世纪第二个十年伊始，民主世界出现若干形式的病状”，民主国家出现了种种“政治焦虑”，而美国更是陷入了“政治衰败”。[①]在专著《政治秩序与政治衰败：从工业革命到民主全球化》中，福山专门列出一个部分论述分析“政治衰败”。这部分内容共有四章，福山用了三章探讨美国民主的衰败。福山认为，美国民主的衰败主要表现为：一些原本应由行政机构履行的国家职能正在被法院和政党所代替、美国政治重新走向家族化，以及少数利益集团对重大公共政策拥有事实上的否决权。[②]

正因为如此，福山对美国民主的衰败也不断提出批评。据2011年1月17日英国的《金融时报》报道，福山对美国以制衡原则为核心的“美国模式”提出批评：“美国人以宪法的制衡原则为豪，制衡原则基于不信任中央集权政府的政治文化。这种体制确保了个人自由和私营部门充满生机，但现在却变得两极分化、思想僵化。目前，美国无意解决其面临的长期财政挑战。美国民主可能拥有中国体制缺乏的与生俱来的合法性，但如果政府内部出现分裂，且无力治理国家，那么它对任何人来说都不是什么好模式。”[③]2013年10月，针对美国政府的关门事件，福山又对美国制衡制度进行批评：政党两极化再加上权力的极度分散导致了政府的瘫痪。在这种情况下，美国备受推崇的制约和平衡制度可以被看成是一种“否决政治”——它使得代表少数人立场的各种政治派别可以阻止多数派的行动，并阻止政府采取任何行动。

这也正如福山自己所言：“真正变得糟糕的是美国式的资本主义。”[④]

但是与“糟糕的”“美国式的资本主义”形成鲜明对比的是中国模式的奇迹。

---

①[美]弗朗西斯·福山：《政治秩序的起源：从前人类时代到法国大革命》，毛俊杰译，广西师范大学出版社2012年版，第3—10页。

②[美]弗朗西斯·福山：《政治秩序与政治衰败——从工业革命到民主全球化》，毛俊杰译，广西师范大学出版社2015年版，第32—34页。

③转引自王天玺：《中美关系论》，云南人民出版社2013年版，第319页。

④转引自陈家刚编：《危机与未来：福山中国演讲录》，中央编译出版社2012年版，第112页。

（二）中国模式的奇迹

关于中国模式，习近平总书记曾经给过以下界定：“所谓的‘中国模式’是中国人民在自己的奋斗实践中创造的中国特色社会主义道路。”①而且习近平总书记还强调指出：“中国不能全盘照搬别国的政治制度和发展模式，否则的话不仅会水土不服，而且会带来灾难性后果。”②无疑这是关于中国模式的经典表达。

从1978年开启的改革开放至今已经40多年。40多年来，中国在经济上取得的辉煌成就令世界瞩目，中国已经成为世界第一大贸易国和第二大经济体。党的十九大报告在总结“十八大以来的五年”发展成就时指出：“经济保持中高速增长，在世界主要国家中名列前茅，国内生产总值从五十四万亿元增长到八十万亿元，稳居世界第二，对世界经济增长贡献率超过百分之三十。”而这个成就却是在“世界经济复苏乏力、局部冲突和动荡频发、全球性问题加剧的外部环境”中取得的。③2018年，中国面临的发展形势更为严峻，但是取得的成就依然辉煌。据国家统计局数据显示，2018年中国国内生产总值为900309万亿元，比上年增长了6.6%。人均国内生产总值64644元，比上年增长6.1%。④正因为如此，国内外一些学者把中国经济发展取得的成就称为“中国奇迹”。正像有的学者指出的那样：“在那么多不利的困境下，中国的高速增长持续了那么久，历史上从来没有出现过……中国一定是做了非常对的事情才产生了我们见到的经济奇迹。那是什么呢？这才是真正重要的问题。”⑤

正因为中国模式奇迹的发生，中国特色社会主义道路得到了大多数中国人的认可和支持。据2008年和2012年的两次调查数据显示，受访者对中国政府的平均支持度分别达到了8和7.5（最低0，最高10）。此外，

①《十八大以来重要文献选编》（上），中央文献出版社2014年版，第111页。

② 习近平：《在布鲁日欧洲学院的演讲》，《人民日报》2014年4月2日第2版。

③ 习近平：《决胜全面建成小康社会 夺取新时代中国特色社会主义伟大胜利——在中国共产党第十九次全国代表大会上的报告》，人民出版社2017年版，第2—3页。

④《2018年国民经济和社会发展统计公报》，国家统计局，2019年2月28日。

⑤ 张五常：《中国的经济制度》（神州大地增订版），中信出版社2009年版，第117页。

国内各种调查机构横跨10多年的数据显示，接近70%的民众信任中央政府，远远高于世界平均水平。在2016年底的一次跨国调查中，76%的中国受访者表示信任政府，居全球第一。[①]

对于中国模式的奇迹，福山也多次承认并给予赞许。“中国是全球化进程最大赢家之一。”“中国正在崛起，而且将持续崛起，中国必将以这样或那样的改变世界。”[②]尤其是在2008年金融危机发生后，面对西方一些发达国家的发展颓势，他对中国更是赞扬有加：“中国克服了三年前始于美国的国际金融危机，作为世界上最健康的经济大国，年增长率保持在9%以上。与此相反，美国、日本和欧洲相继陷入了经济停滞和政治混乱的泥沼当中。”并指出，“中国模式有一大优点，那就是能够迅速地决定大规模的经济政策并果断地加以实施。”

也是基于此，福山认为，中国的崛起对其“历史终结论”构成了挑战：“过去20年，有两个事物的发展对我最初所提理论形成了挑战：……二是中国崛起。”“而中国经济成功的持久性，就经济体制而言，真的很有影响力。这在某种程度上的确给我的理论带来了挑战。”[③]

二、福山立场的摇摆及其对“历史终结论”的重新思考

（一）福山立场的摇摆

正是因为“历史终结论”在提出后的30年时间里不断遭遇来自现实实践发展的巨大挑战，所以福山的立场呈现出左右摇摆的状态：

一方面，福山在大多数场合仍然坚持他的“历史终结论”。比如，“9·11”刚过后的2002年，福山撰文指出：“尽管有‘9·11’以来的诸多事件，我仍然认为‘历史的终结’假说是成立的。以美国和其他发达民主国家为代表的现代性仍将是全球政治的支配力量，体现西方自由与平

---

① 谢韬：《美国民主的衰败与中国道路的崛起——对福山政治秩序的批判》，《世界政治研究》2018年第1期。

② 陈家刚编：《危机与未来：福山中国演讲录》，中央编译出版社2012年版，第4、107页。

③ 王文：《美国兴衰与民主体制是两回事——访弗朗西斯·福山》，《红旗文稿》2013年第16期。

等原则的制度仍会继续在全世界推广。”[①] 再如，2008年美国金融危机的爆发给了“历史终结论”重重的一击，但是福山如是说：“难道我的‘历史终结论’是错的，或者没有错，也需要进行重大的修改？我坚信，这一假说从根本上说依然是成立的。”因为，“当观察历史大趋势时，重要的是不被短期现象所迷惑。政治体制具有持久生命力的标志是长期的持续性，不是任何给定十年的表现。”又如，虽然中国模式的奇迹让他颇为称赞，但他还是坚持他的观点：“所谓的‘中国模式’可能成为唯一与自由民主竞争的体制，……但是，如果要下注，说50年以后是美欧变得更像中国，还是中国变得更像美欧，我毫不犹豫选择后者。”[②]

另一方面，当现实实践发生变化并对其“历史终结论”构成挑战时，他的立场又会动摇。比如“9·11”后，2003年3月8日至19日，福山来中国京沪宁三地讲学时发表了题为《“9·11”之后的世界：历史是否依旧终结？》的演讲。在这次演讲中，他表达了要对该理论进行修正的意图：“首先我想讲一讲关于历史终结的假说。1989年我写的那篇文章的题目是《历史的终结？》，句尾带着问号。现在这个问号仍在那里，因为这是个值得争议的问题。从提出到现在，我一直不断根据世界形势重新审视它。过去的两年中发生了很多事情，世界局势更加动荡，在中东，我们似乎走到了战争的边缘。我想有必要先回溯世界政治发展的基本线索，我将从重申和重新阐释对这个问题的看法入手，对世界的变化与近两年出现的挑战作出总结。”[③]再如，2008年金融危机发生后，福山在多次接受采访或演讲中，其立场动摇彰显无疑。2009年9月，福山在接受日本著名争论杂志《中央公论》采访时表示，近年来中国这一“负责任的权威体制”的发展表明，西方民主可能并非人类历史进化的终点。2010年12月19日，福山应复旦大学高研院的邀请在复旦大学发表演讲。在接受

① [美]弗朗西斯·福山：《历史又重新开启了吗？》，载陈家刚编：《危机与未来：福山中国演讲录》，中央编译出版社2012年版，第124页。

②[美]弗朗西斯·福山：《“历史终结论”依然成立》，雷少华译，《海外智库观点要览》2014年第2期。

③ [美]弗朗西斯·福山：《“9·11”之后的世界：历史依旧终结？》，白芃译，《国际政治研究》2003年第2期。

《21世纪经济报道》记者的专访时，福山表示，中国模式有其显著的特点，这些年中国作为大国所进行的外交努力和承担的国际责任，让任何人都不能忽视中国的发展。同时他还透露，目前他正在写一本关于政治发展的新书，作为对“历史终结论”的重新思考。①

（二）福山对“历史终结论”的重新思考

福山对“历史终结论”的“重新思考”从新千年，尤其从“9·11”就开始了，其表现就是福山一系列专著的出版，具体如下：

2004年福山出版《国家构建——21世纪的国家治理与世界秩序》（以下简称《国家构建》）。在该书中，福山对其“国家构建”进行了界定：国家构建（state-building）就是在强化现有的国家制度的同时新建一批国家制度。由此，福山提出了两个观点：第一，国家构建是当今国际社会最重要的命题之一，因为软弱无能国家或失败国家已经成为当今世界许多重要问题（从贫困、艾滋病、毒品到恐怖主义）的根源。第二，一方面我们对国家构建很熟悉，另一方我们仍不知晓的东西还很多，特别是对如何把强有力的制度移植到发展中国家来。②

2006年福山出版《美国处在十字路口——民主、权力与新保守主义的遗产》（以下简称《十字路口》）。该书的主题是自2001年9月11日基地组织对美国进行攻击以来的美国外交政策，是为阐明新保守主义遗产所做的一个努力。福山试图通过此书解释在他看来布什政府做错了什么，并勾画出美国同世界的其他部分打交道时另一种可能的方式。并且福山最后得出一个结论：“作为一个政治标志和一种思想的新保守主义，已经演变成某种我不能继续支持的东西。”③

2011年和2014年，福山出版了被称为姊妹篇的两本巨著：《政治秩

①叶慧珏、王潺潺：《福山：历史没有终结——专访前美国国务院顾问、“历史终结论”提出者弗朗西斯·福山》，《21世纪经济报道》2010年12月27日，第28版。

②［美］弗朗西斯·福山：《国家构建——21世纪的国家治理与世界秩序》，黄胜强、许铭原译，中国社会科学文献出版社2007年版，序第1页。

③［美］弗朗西斯·福山：《美国处在十字路口——民主、权力与新保守主义的遗产》，周琪译，中国社会科学出版社2008年版，2006年版精装本前言第1页。

序的起源——从前人类时代到法国大革命》（以下简称《政治秩序》）与《政治秩序与政治衰败——从工业革命到民主全球化》（以下简称《政治衰败》），旨在考量政治制度的历史起源和政治衰败的过程。在前部巨著的“序言”中，福山说明了该著的“两个起源”：一是源于其恩师塞缪尔·亨廷顿请他为《变化社会中的政治秩序》再版撰写新序。福山指出，亨廷顿的这本书尽管很有启发，但是自出版后世界已经发生很多重大变化，政治秩序在很多地方尚未到位，但在不少发展中地区却取得成功。因此他认为“确实需要认真的更新”。二是从2001年以来他一直关注的国家构建难题，即“现实世界中国家过于薄弱和最终失败的问题”[①]。

从《国家构建》到《十字路口》再到《政治秩序》与《政治衰败》，可以看到贯穿其中的主题一直是政治发展的核心要素——国家构建——问题（当然这是福山的观点），也就是说，福山一直在思考并试图解决一个问题：自由民主制应该在东欧剧变、苏联解体后“终结”了历史，但是为什么后来一直又没有把历史真正的“终结”掉？在福山看来，这是因为，“新兴和老牌的现代民主国家都面临一个难题，那就是未能提供国民所期待的实质性功能：人身安全、共享的经济增长和优质的基本公共服务，即实现个人机会所必需的教育、卫生和基础设施。出于可理解的原因，民主的主持者关注的是如何限制暴虐或掠夺型国家的权力，却没有花很多时间来考虑实施有效的治理——借用伍德罗·威尔逊的话，他们更感兴趣的是‘控制政府，而不是使政府充满活力’。”[②]换言之，历史之所以到现在还没有“终结”，不是自由民主制度的问题，而是现代民主国家自身的问题：“世界在政治上缺少的不是国家，而是有能力的、非人格化的、组织良好和能够自主的现代国家。发展中国家的许多问题，不过是它们的国家软弱低效的副产品。”[③]由此，福山提出了他之可以“终

① [美]弗朗西斯·福山：《政治秩序的起源：从前人类时代到法国大革命》，毛俊杰译，广西师范大学出版社2014年版，序言第1—2页。

② [美]弗朗西斯·福山：《政治秩序与政治衰败：从工业革命到民主全球化》，毛俊杰译，广西师范大学出版社2015年版，第497页。

③ [美]弗朗西斯·福山：《政治秩序与政治衰败：从工业革命到民主全球化》，毛俊杰译，广西师范大学出版社2015年版，第32页。

结”历史的现代国家，那就是政治三要素之三足两翼的平衡结构：“我认为，运作良好的政治秩序必须让三个政治制度——国家、法治和负责制——处于某种平衡之中。隐含在这个观念中的是一个规范性偏好。在我看来，一边是有效强大的国家，另一边是基于法治和民主负责制的约束制度，将两者结合起来的自由民主制，要比国家占支配地位的政体更公正，更有助于自己的公民。”①也就是说，福山认为，一个成功的可以“终结”历史的政治模式是，国家不仅要有法治，而且要有民主，同时政府还要高效而廉洁。

可是，这样的现代国家在哪里？福山说在“丹麦”。但是这个“丹麦”不是实际的丹麦国家，而是个“想象中的社会”：“我的所指，与其说是实际的丹麦国家，倒不如说是想象中的社会：它富强、民主、安全、治理良好，只有较低水平的腐败。这个‘丹麦’享有完全平衡的三个政治制度：称职的国家、强有力的法治和民主的负责制。”②

由此，福山用“想象”的“丹麦”“终结”了历史。换言之，福山构建了理想的现代国家——想象中的“丹麦”拯救了他的“历史终结论”。

三、“历史终结论”的意识形态本质

在《1844年经济学哲学》手稿之“私有财产和共产主义”中，有一段话马克思形象地描述了“抽象”的产生过程，福山的“历史终结”论就是这样一个“抽象”的产物。

实际上，当时苏联的解体是在西方世界的预料之外的，尽管西方世界一直致力于“攻心”大战以将其瓦解。亨利·基辛格在20世纪70年代担任美国国务卿时，就曾这样说过：“今天，在我们的历史上，我们第一次面临着一种（共产主义）没有止境的挑战这一严酷的现实……我们必须学会像其他国家这么多世纪以来那样驾驭对外政策，无法回避也无法

① [美]弗朗西斯·福山：《政治秩序与政治衰败：从工业革命到民主全球化》，毛俊杰译，广西师范大学出版社2015年版，第492页。

② [美]弗朗西斯·福山：《政治秩序与政治衰败：从工业革命到民主全球化》，毛俊杰译，广西师范大学出版社2015年版，第21页。

喘息……这种状况不会消失。"[①]应该说，基辛格的这种观点代表着西方世界的一种共识。就像福山自己所说的那样："其实，专业研究政治和对外政策的人都相信共产主义会长期存在。"所以，"80年代末期共产主义在世界范围内走入低潮是完全未曾预料的。"[②]故而，共产主义世界出现"大面积塌方"后，福山描述当时西方人士对此经验事实的普遍反映时，用的是"出人意料""最使人惊愕"这样的词语，显然是合乎常理的。

如此让人惊愕的世界性事件的发生当然也会引发世界性的追问和思考：这一切何以可能？福山的追问和思考的结论就是"历史终结"了，理由是：目前还没有任何一种自称为放之四海而皆准的意识形态能与自由民主相抗衡；我们无法为我们的自由社会描绘出一个从根本上不同于现在这个世界而且同时又更美好的世界，这是我们经过苦苦寻觅之后得出的结论。[③]不言而喻，福山由追问而得出的结论之前，已经有了一个抽象的预设，即共产主义以及在此之前的种种意识形态是劣于资本主义的，由此预设自然就会有"资本主义是无敌"的推论，而后也自然就会有"历史终结于资本主义"的结论。为了证明这个结论，他设定了一个"世界普遍史"，然后"兵分两路"（"经济"和"认可"），来论证设定的"世界普遍史"不仅是可能的而且其发展方向正是自由民主的资本主义。于是，在福山的一手"安排"下，历史走向"终结"的过程不仅环环相扣，而且顺理成章。殊不知，这一切均是在"抽象"中发生的。

更重要的是，当福山抽离了历史的物质基础而将"历史机制"归结为"获得认可的欲望"时，他忘记了"获得认可的欲望"也是由现实个人的物质生产生产出来的，而不是某个自在的UFO。特别是福山所说的"必须直接地、明确地提出一个跨历史标准的人性，以判定每个社会制度或社会体系的好与坏"的说法就是一个纯粹的抽象，因为，根本没有跨

① [美]弗朗西斯·福山:《历史的终结及最后之人》,黄胜强、许铭原译,中国社会科学出版社2003年版,第9页。

② [美]弗朗西斯·福山:《历史的终结及最后之人》,黄胜强、许铭原译,中国社会科学出版社2003年版,第9页。

③ [美]弗朗西斯·福山:《历史的终结及最后之人》,黄胜强、许铭原译,中国社会科学出版社2003年版,第51—53页。

历史标准的人性，有的只是特定社会历史条件下的人性。关于这一点，海德格尔在《关于人道主义的书信》中有较为清楚的论述，他说：“人的人性究竟何在？人的人性就在人的本质之内。但人的本质从哪里来以及如何来规定呢？马克思主张要认识并承认‘合人性的人’。他在‘社会’中发现了合人性的人。在马克思看来，‘社会的’人就是‘自然的’人。在‘社会’里，人的‘自然本性’，这就是说‘自然需要’（食、衣、繁殖、经济生活）的整体都同样地得到保证。”①

因此，尽管福山把“历史的终结论”论证得非常合乎他之“历史”的逻辑，但是二十多年来的现实实践却频频从他之“历史”中“出轨”，尤其是西方自由民主制度的衰败与中国模式的奇迹，似乎“出轨”更远，这让福山不得不“重新思考”他的“历史终结论”。这次思考福山的思路和当初不同，他抛开“人性”直接走向“国家构建”，先从“前人类时代到法国大革命”，再从“工业革命到民主全球化”，在宏大的世界“政治”发展史（从起源到衰败）中去探讨历史“终结”的逻辑。福山认为，这二十多年来，历史之所以还没有“终结”，不是因为他当初提出的“历史终结论”的“假说”是错误的，而是因为现代国家的国家建设能力出了问题。于是，他又想象出了一个国家建设能力很强的“丹麦”作为他之历史的“终结”点。可是如何“达到丹麦”？这连福山自己都不知道：“国际社会希望把阿富汗、索马里、利比亚和海地改造成像‘丹麦’那样的理想所在。可是如何付诸实现，答案却一无所知。我以前说过，部分原因是，我们不知道丹麦本身是如何抵达这个‘丹麦’的，因此无法理解政治发展的复杂和艰难。”②福山这次还是玩起了“抽象”。不过，福山在构建他的理想王国“丹麦”时却忘记了这些“丹麦”人是要从事生产吃、穿、住、用等物质生产生活，然后才可能成为“丹麦”人的。因为“国家、政治制度是从属的东西，而市民社会，经济关系的领域是决定性

① 孙周兴选编：《海德格尔选集》（上），上海三联书店出版社1996年版，第364页。

② ［美］弗朗西斯·福山：《政治秩序与政治衰败：从工业革命到民主全球化》，毛俊杰译，广西师范大学出版社2015年版，第21页。

的因素”[①]。

所以，尽管福山在他的论证中也不乏历史事实的堆积，但诸多堆积的史实不仅没有让“历史”出场，却恰恰放逐了“历史”。将历史“从天国降到人间”之做法的福山，其实质就是“德意志意识形态”在新的历史条件下的复活，所以，将马克思批判“德意志意识形态”时所说的那句话：“不仅是它的回答，而且连它所提出的问题本身，都包含着神秘主义”[②]，作为礼物送给福山是再合适不过的了。而马克思的“也许你是个设定一切都不存在，而自己却想存在的利己主义者”[③]那句话，当然也是对福山设定历史的“抽象”行为之意识形态动机的真实写照。

萨特曾经如是说：“在十七世纪后和二十世纪之间，我看有三个时代可以称为著名的时代：笛卡尔和洛克的时代、康德和黑格尔的时代以及马克思的时代。这三种哲学依次成为任何特殊思想的土壤和任何文化的前景，只要它们表达的历史时代未被超越，它们就不会被超越。我常常看到，一种‘反马克思主义的’论据只是马克思主义以前的一种观念的表面更新。对马克思主义的一种所谓的超越，在最坏的情况下是回到马克思主义以前的时代，在最好的情况下则是重新发现一种已包含在人们自以为超越的哲学中的思想。”[④]事实的确如此，只要现代社会未被超越，马克思主义就不可能被超越。因为“马克思在体会到异化的时候深入到历史的本质性的一度中去了，所以马克思主义关于历史的观点比其余的历史学优越”。故而，“人们可以以各种不同的方式来对待共产主义的学说及其论据，但从存在的历史的意义看来，确定不移的是，一种对有世界历史意义的东西的基本经验在共产主义中自行道出来了。谁若把‘共产主义’认为只是‘党’或只是‘世界观’，他就是像那些把‘美国制度’只认为而且还加以贬谪地认为是一种特殊生活方式的人一样以同样

①《马克思恩格斯文集》第4卷，人民出版社2009年版，第306页。

②《马克思恩格斯文集》第1卷，人民出版社2009年版，第514页。

③《马克思恩格斯文集》第1卷，人民出版社2009年版，第196页。

④［法］萨特：《辩证理性批判》（上），林骧华、徐和瑾、陈伟丰译，安徽文艺出版社1998年版，第10页。

的方式想得太短浅了。”[①]也因此，我们的思想不管怎样，都只能在马克思主义的土壤中形成，它们必然出于这种土壤为它们提供的范围之内，或是在空虚中消失或衰退。[②]

由此我们可以看到，“历史终结论”之所以没有“终结”历史，是因为它并不在“历史”中，质言之，尽管福山列出了诸多“历史终结”的根据和理由，但是，由于它们均没有触及“历史”的本质性的那一度，因而只能是一种一厢情愿式之空洞情感的表达，除了彰显自己的意识形态动机，从而触动人们敏感的神经外，它对于社会的实际发展没有任何意义，无论这种观念被表述过多少次，皆如此。就如习近平总书记所言：“历史没有终结，也不可能终结。中国特色社会主义是不是好，要看事实，要看中国人民的判断，而不是看那些戴着有色眼镜的人的主观臆断。中国共产党人和中国人民完全有信心为人类对更好社会制度的探索提供中国方案。”[③]因此，历史地看来，只要资本主义仍然存在，只要阶级和国家没有消亡，任何终结历史的尝试和努力都将是堂·吉诃德战风车。对于这一点，我们坚信不移。

---

①孙周兴选编：《海德格尔选集》（上），上海三联书店出版社1996年版，第383—384页。

②［法］萨特：《辩证理性批判》，林骧华、徐和瑾、陈伟丰译，安徽文艺出版社1998年版，第28页。

③《习近平在庆祝中国共产党成立95周年大会上的讲话》，人民网2016年7月2日，http://cpc.people.com.cn/n1/2016/0702/c64093—28517655.html。

第四章
塞缪尔·亨廷顿的“文明冲突论”剖析

就在福山的“历史终结论”红极一时的当口，他的恩师塞缪尔·亨廷顿的“文明冲突论”出场了。该论认为，随着苏联解体、两大阵营对抗样态的消失，原来国际政治舞台上的以意识形态为界限展开的冲突将消失不见了，取而代之的形式将是不同文明之间的斗争。在亨廷顿看来，后“冷战”时期，在全球政治格局中，意识形态及其分歧已不再重要，构成世界政治和国际关系的基本单元不再是一般的民族国家，而是由文明和文化构成的核心国家，即“全球政治开始沿着文化线被重构”[①]，换言之，文化和文化认同形成了“冷战”后世界上的结合、分裂和冲突模式。基于此，国内学界的一些学者认为，“文明冲突论”强调文明（文化），“淡化”意识形态，因而也属于“意识形态终结论”思潮。笔者认为，这种观点是对“文明冲突论”的误读。因为“文明冲突论”“淡化”的不是意识形态，而是脱离本土文明（文化）的意识形态，因为“苏联的遭遇表明，在缺乏人种、民族和文化共性的情况下，意识形态的黏合力是弱的”[②]。

因此，本章将对“文明冲突论”进行剖析，旨在澄清国内学界对这一理论存在误读的同时，更好地甄别“意识形态终结论”以及“文明冲突论”的真正本质。

---

①[美]塞缪尔·亨廷顿:《文明的冲突与世界秩序的重建》,周琪,等译,新华出版社2002年版,第3页。

②[美]塞缪尔·亨廷顿:《谁是美国人?》,程克雄译,新华出版社2010年版,第10页。

第一节“文明冲突论”的“意义”探析

一、文明范式的出场

在1993年夏季号的美国《外交》季刊上，亨廷顿发表了《文明的冲突?》一文。在该文中，亨廷顿认为，随着苏联解体、两大阵营对抗样态的消失，原来国际政治舞台上的以意识形态为界限展开的冲突将消失不见了，取而代之的形式将是不同文明之间的斗争。据此，亨廷顿将世界上的文明分成七八种，即：西方即基督教文明、儒教主要是中华文明、日本文明、伊斯兰文明、印度教文明、斯拉夫即东正教文明、拉丁美洲文明，还有可能出现的非洲文明，而“正在出现的全球政治的主要的和最危险的方面将是不同文明集团之间的冲突”①。该文发表后，即刻在国际舆论界和学术界引起了强烈反响，反驳之声不绝于耳。针对来自各方的反驳，亨廷顿均撰文予以驳斥，《如果不是文明，那又是什么?》一文也在当年《外交》的11/12月号上发表了。这篇反驳之文借当代哲学家卡尔·波普的理论，说明亨廷顿提出的“文明”已代替民族国家、意识形态等等而成为今后观察、讨论、判断一切国际纷争的“范式”，衮衮诸公的各种评论统统无异于废话。②此后，世界各国对亨氏提出的此种理论的评论绵延不断。鉴于人们对自己文章的“兴趣、误解和争论”，亨廷顿于1996年底又在如上两文的基础上扩充出版了专著《文明的冲突与世界秩序的重建》，旨在对《文明的冲突?》一文中提出的问题提供一个充分深刻而又全面详尽的解答。

在该书中，亨廷顿认为，冷战时期世界是被意识形态所认同和划分

①[美]塞缪尔·亨廷顿:《文明的冲突与世界秩序的重建》,周琪,等译,新华出版社2002年版,前言第1页。

②李慎之:《数量优势下的恐惧——评亨廷顿第三篇关于文明冲突论的文章》,载塞缪尔·亨廷顿:《文明的冲突与世界秩序的重建》,周琪,等译,新华出版社2002年版,第422页。

的。在意识形态认同中，全球政治是美苏两个超级大国的两极对抗形态，而世界则被分为美国及其盟国、苏联及其盟国以及除此之外的不结盟国家三个部分。但是，在冷战结束后的几年中，人们原先的认同和那些认同标志开始发生急剧的变化，“人民之间最重要的区别不是意识形态的、政治的或经济的，而是文化的区别。人民和民族正试图回答人类可能面对最基本的问题，我们是谁？……人们用祖先、宗教、语言、历史、价值、习俗和体制来界定自己。他们认同于部落、种族集团、宗教社团、民族，以及在最广泛的层面上认同文明。”[①]文化和文化认同（在最广泛的层面上是文明认同）成为冷战后世界上的结合、分裂和冲突模式，这样，全球政治开始沿着文化线被重构。于是，在后冷战时期，全球政治在历史上第一次成为多极的和多文化的。对国家最重要的分类不再是冷战时期的三个集团，而是世界上的七八个主要文明。“在这个新世界中，区域政治是种族的政治，全球政治是文明的政治。文明的冲突取代了超级大国的竞争。”[②]基于此，亨廷顿借用库恩的“范式”理论，提出了自己的“文明”之范式。

在亨廷顿看来，已有的四个范式，即欢欣而和谐的“一个世界”（福山）、我们和他们的“两个世界”“或多或少184个国家”“完全的混乱”（布热津斯基），尽管其中的每一个都显示了现实主义和简化两方面的不同结合，但是每一个都有自身的缺点和局限：一个世界的范式距离现实太遥远，它不可能对后冷战世界作有用的指导；两个世界的范式是一种毫无意义的想象，因为世界太复杂，不可能简单地在经济上把它划分为南方或北方，或在文化上把它划分为东方和西方；国家主义的范式无助于我们理解冷战后的全球政治如何不同于冷战期间和冷战之前的全球政治；完全混论的范式由于太接近于现实而几乎没有提供任何线索可以用来理解世界，因为世界可能是混乱的，但它并非全然无秩序。而且这四

① [美]塞缪尔·亨廷顿:《文明的冲突与世界秩序的重建》,周琪,等译,新华出版社2002年版,第6页。

② [美]塞缪尔·亨廷顿:《文明的冲突与世界秩序的重建》,周琪,等译,新华出版社2002年版,第7页。

个范式彼此也不相容。因此，“世界既不是一个，或两个，或184个，也不可能是近乎无限多的部落、种族和集体。”与这四个范式不同，文明的范式则为理解20世纪结束之际世界正在发生什么，提出了一个相对简单但又不过于简单的地图，因为，从七八个文明来看待世界，可避免许多困难。“它不像一个世界和两个世界的范式那样，为了简化而牺牲现实；但它也不像国家主义和混乱范式那样为了现实而牺牲简化。它提供了一个易于把握和易于理解的框架，可以用来理解世界，在越来越多的冲突中区分不重要的和重要的，预测未来的发展，为政策制定者提供指导路线。它也建立在其他范式的要素的基础之上，并结合了这些要素。它与其他范式之间较之那些范式彼此之间更加相容。”①

更为重要的是，冷战结束后的许多重要结果都与文明的范式相一致。比如苏联和南斯拉夫发生分裂；俄罗斯、土耳其和墨西哥国内正在进行着关于认同的斗争；等等。如果把90年代初任何其他六个月发生的类似事件汇编成一个清单，就会发现它们都显示出文明范式的相关性，比如1993年六个月期间发生的适合于这一范式的事件就说明了文明的范式与正在出现的世界的相关性。

不仅如此，我们还可以从文明的范式对未来世界的发展走势做出预测，而且从这个范式导出的预测结果证明比其他可供选择的范式更精确。于是，从文明的范式出发，亨廷顿规划了未来世界的政治走势。亨廷顿认为，冷战后，由于世界上的国家都倾向于追随文化相似的国家，抵制与它们没有文化共性的国家，所以，在正在形成的全球政治中，主要文明的核心国家正取代冷战期间的两个超级大国，成为吸引与排斥其他国家的几个基本的极，并在国际政治舞台上扮演着日益重要的角色。由此，文明的集团在文化认同中开始形成，它包括核心国家、成员国、毗邻国家中文化上相似的少数民族人口，以及较有争议的核心国因安全考虑而希望控制的邻国中其他文化的国家。而这些文明集团中的核心国家往往围绕着一个核心国家或几个核心国家分散在同心圆中，这反映了与那种

① [美]塞缪尔·亨廷顿:《文明的冲突与世界秩序的重建》,周琪,等译,新华出版社2002年版,第18页。

文明的认同程度以及融入那种文明集团的程度。由此，文化的共性以及一种更广泛、更强大的文明意识的形成就可能把这些国家维系在一起。于是，在这个世界上，文明的核心国家就成为文明内部秩序的源泉，而核心国家之间的谈判则是文明之间秩序的源泉。如此一来，文明就成为未来建立国际秩序的主要因素。[①]

而在这一新的以文明认同建立起来的国际秩序中，国与国之间的冲突就演变为文明之间的冲突。此种冲突有两种形式：在全球或宏观层面上表现为不同文明的主要国家之间的核心国家的冲突，该冲突中的问题主要是国际政治的典型问题；在地区或微观层面上表现为发生在属于不同文明的邻近国家之间、一个国家中属于不同文明的集团之间，或者想在残骸上建立起新国家的集团之间的断层线冲突。[②]

不仅如此，亨廷顿还认为，在这一多极的和多文明的世界中，为避免“文明的冲突”，促进“文明的对话”，更好地实现人类的和谐发展，各个文明共同体以及核心国家应该恪守如下三个原则：第一，“避免原则”，即核心国家避免干涉其他文明的冲突，这是在多文明、多极世界中维持和平的首要条件；第二，“共同调解原则”，即核心国家相互谈判遏制或制止这些文明的国家间或集团间的断层线战争；第三，“共同性原则”，即各文明的人民应该寻求和扩大与其他文明共有的价值观、制度和实践。[③]

毋庸置疑，亨廷顿以其敏锐的洞察力以及独树一帜的理论特色使“文明冲突论”成为后冷战时代国际关系理论中一道独特而靓丽的“风景”，它“以文明的历史演进为主线，从当代国际政治中最令人焦灼的冲突现象入手，仔细辨别暴力对抗行为（以及非对抗行为）背后的民族情绪、大众心理、文化特质、血缘标识、宗教基础、认同层次、角色意识、

① [美]塞缪尔·亨廷顿:《文明的冲突与世界秩序的重建》,周琪,等译,新华出版社2002年版,第167—169页。

② [美]塞缪尔·亨廷顿:《文明的冲突与世界秩序的重建》,周琪,等译,新华出版社2002年版,第229页。

③ [美]塞缪尔·亨廷顿:《文明的冲突与世界秩序的重建》,周琪,等译,新华出版社2002年版,第366—370页。

地缘因素和历史渊源，力陈国际政治将受文明冲突左右的观点”[①]，开创了国际政治的“大文化”研究之先河。你可以不认可“文明的冲突”之范式，但是你决不可以否认它在当今国际政治以及学术界所产生的重大影响及其冲击力，关于这一点，我们从该书在世界各国的相继出版即可窥见一斑，仅至1998年底，《文明的冲突与世界秩序的重建》一书就已被翻译成39种不同的文字。特别是“9·11”及其后续事件发生之后，这种影响更是被大大加强了。前美国国务卿基辛格指出：“亨廷顿是西方最优秀的政治学家之一，他为理解下个世纪全球政治的现实提供了一个极具挑战性的分析框架。《文明的冲突与世界秩序的重建》是冷战结束以来出版的最重要一本著作。”布热津斯基则如是说，《文明的冲突与世界秩序的重建》“是一本理性的杰作，思想开阔、想象丰富、发人深省，它将使我们对国际事务的理解发生革命性的变革。”[②]同时，对文明范式的反对之潮也是蜂拥而起，正像潘忠岐先生在《〈文明的冲突与世界秩序的重建〉导读》中所综述的那样，除了国外许多知名政治家以及学者对该理论提出质疑甚至批判之外，“大多数中国学者对亨廷顿的文明冲突理论也持一种批判的态度。这与亨廷顿把儒家和世界其他文明，特别是西方文明对立起来，认为儒家文明是对世界秩序的潜在威胁，并预言中国的崛起将导致全球文明冲突不无关联。”[③]

对于“文明冲突论”，无论是赞扬还是批判，自当是见仁见智。撇开这些，单就“文明冲突论”自身而言，必有其存在的理由和根据。就如亨廷顿自己所言，作为一种国际政治理论，“文明冲突论”旨在对冷战后全球政治的演变做出解释，同时渴望提出一个对于学者有意义的和对于决策者有用的看待全球政治的框架或范式。该理论的意义在于看它是否比其他任何可供选择的范式提供了一个更有意义的和更有用的观察国际

① 王逸舟:《当代国际政治析论》,上海人民出版社1995年版,第276页。

② 转引自塞缪尔·亨廷顿:《文明的冲突与世界秩序的重建》,周琪,等译,新华出版社2002年版,第419页。

③参见潘忠岐:《〈文明的冲突与世界秩序的重建〉导读》,载塞缪尔·亨廷顿:《文明的冲突与世界秩序的重建》,周琪,等译,新华出版社2002年版,第420页。

发展的视角。[①]

基于此，笔者认为，亨廷顿把文明或文化因素引入国际政治研究，用文明的冲突来诠释国际冲突，是有一定道理的，因为就其地缘政治而言，文明或文化本就是人的一种存在方式。波兰社会学家马林诺夫斯基就曾指出：“人类永远不会在侵犯性冲动的直接驱使下进行大规模的战斗……一切形式的战斗都是复杂的文化反应。”[②]不过在笔者看来，“文明的冲突”范式分明夸大了文明或文化在国际政治中的作用，特别是当亨廷顿强调西方文明与非西方文明之间的对抗和冲突，认为儒家文明会威胁世界秩序时，此种夸大作用表现得更为明显。而尤为要紧的是，在此范式中，当亨廷顿用文化实体取代意识形态实体来洞察预测冷战后国际政治的发展态势时，他之非此即彼的处理国际政治问题的范式无疑将意识形态和文明、文化当成了泾渭分明彼此无关的两个实体。问题是，意识形态和文明、文化之间何以能够掰扯得如此清楚?！由此，一个对文明范式构成直接冲击的、亨廷顿并没有予以解决的且被国际舆论界及学术界忽略的本质问题凸显出来，那就是文明、文化与意识形态之间的关系，只有在把这个问题道说清楚后，亨廷顿文明范式的“意义”方可呈现出来。

二、文明、文化与意识形态的关系

欲弄清楚文明、文化与意识形态之间的关系，首要之举当是弄清楚文明、文化以及意识形态的彼此内涵。

（一）文明、文化与意识形态的内涵

1.文明和文化的内涵

对于文明和文化的概念，不同学科、不同学者对此的理解各具特色。中国国际问题专家王辑思先生曾经指出：“想使文明的定义（以至几乎所

---

① [美]塞缪尔·亨廷顿：《文明的冲突与世界秩序的重建》，周琪，等译，新华出版社2002年版，前言第2页。

② 转引自常欣欣：《后冷战时代的和平：一种经济、政治和文化的分析》，天津教育出版社2002年版，第116页。

有社会科学概念）规范化，得到一致认同，是不可能的。几乎是有多少种论述文明的著述，就有多少种文明定义。”[①]比如汤因比，他认为文明大致包含三种含义：第一，文明是若干个同类民族国家构成的社会整体；第二，每一种文明都是由政治、经济、文化三个要素构成，其中文化是其核心；第三，文明是一种以文化为基础的历史形态。[②]再如中国学者张广智、张广勇，他们则从另一个角度将文明分为三层含义：第一，一般性含义，用来泛指人类社会的发展史，原始社会以来的历史就是文明的历史；第二，阶段性含义，一般与“社会经济结构”相吻合，“五形态”说大致与此含义相一致；第三，区域性含义，即依据区域来划分世界文明，如中国文明、印度文明、古埃及文明等。[③]对于文化概念的界定同样纷繁杂多。美国人类学家A.L.克罗伯，C.克拉克洪曾收集分析过160多个人类学家、社会学家、精神病专家以及其他学者给文化所下的定义。[④]学者蔡俊生曾在访问苏联时得悉，据20世纪80年代的统计，仅正式的文化定义就有360个以上。[⑤]比如，近代人类文化学之父爱德华·泰勒认为，“文化，或文明，就其广泛的民族学意义来说，是包括全部的知识、信仰、艺术、道德、法律、风俗以及作为社会成员的人所掌握和接受任何其他的才能和习惯的复合体。”[⑥]再如，马林诺夫斯基认为，“文化是指那一群传统的器物，货品，技术，思想，习惯及价值而言的，这概念实包容着及调节着一切社会科学。我们亦将见，社会组织除非视作文化的一部分，实是无法了解的；一切对于人类活动，人类团集，及人类思想和信仰的个别专门研究，必会和文化的比较研究相衔接，而且得到相互的

---

① 王辑思主编：《文明与国际政治》，上海人民出版社1995年版，第20页。

② 许启贤主编：《世界文明论研究》，山东人民出版社2001年版，第77页。

③ 张广智、张广勇：《史学，文化中的文化——文化视野中的西方史学》，浙江人民出版社1990年版，第8页。

④ 黄淑娉、龚佩华：《文化人类学理论方法研究》，广东高等教育出版社1996年版，第9页。

⑤ 蔡俊生、陈荷清、韩林德：《文化论》，人民出版社2003年版，第1页。

⑥ ［英］爱德华·泰勒：《原始文化》，连树声译，上海文艺出版社1992年版，第1页。

助益。”[1]又如，梁漱溟先生认为，“文化不过是一个民族生活的种种方面。总括起来，不外三个方面：（一）精神生活方面，如宗教、哲学、科学、艺术等是。宗教，艺术是偏于情感的；哲学，科学，是偏于理智的。（二）社会生活方面，我们对于周围的人——家族、朋友、社会、国家、世界——之间的生活方法都属于社会生活一方面，如社会组织伦理习惯政治制度及经济关系是。（三）物质生活方面，如饮食，起居种种享用，人类对于自然界求生存的各种是。”[2]

尽管人们对文明和文化含义的理解复杂多样，不过，诸多的界定无外乎或偏重于物质或偏重于精神或二者兼顾。就像亨廷顿所言，“视角、方法、焦点和概念的差异在这些著作中随处可见。然而，在关于文明的性质、认同和变化的中心命题上仍存在着广泛的一致意见。”[3]在对这些“广泛的一致意见”予以分类整理的同时，亨廷顿给出了自己关于文明和文化的基本理解：（1）文明和文化都涉及一个民族全面的生活方式，文化是所有文明定义的共同主题，文明是放大了的文化，一个文明是最广泛的文化实体；（2）语言和宗教是任何文明和文化的主要因素，人类群体之间的关键差别是他们的价值、信仰、体制和社会结构，而不是他们的体形、头形和肤色，因而文明是对人最高的文化归类，它尽管没有明确的边界，也没有精确的起点和终点，但它们之间的界限却是真实存在的；（3）文明既是持久的，但也会有终结，因而文明是动态和静态的统一，它们兴起又衰落，合并又统一。[4]在《谁是美国人？》中，亨廷顿又将文化的概念归纳为：“它是指人们的语言、宗教信仰、社会和政治价值观，是非观念和好坏观念，以及反映出这些主观因素的客观体制及行为范式。”[5]可以看出，亨廷顿偏重于在“精神”上使用文明和文化概念，

① [英]马林诺夫斯基：《文化论》，费孝通译，中国民间文艺出版社1987年版，第2页。

② 张海涛、梁培宽主编：《中国人：社会与人生》，中国文联出版公司1996年版，第12页。

③ [美]塞缪尔·亨廷顿：《文明的冲突与世界秩序的重建》，周琪，等译，新华出版社2002年版，第23页。

④ [美]塞缪尔·亨廷顿：《文明的冲突与世界秩序的重建》，周琪，等译，新华出版社2002年版，第23—28页。

⑤ [美]塞缪尔·亨廷顿：《谁是美国人？》，程克雄译，新华出版社2010年版，第23页。

并且认为文明和文化二者基本相通。李慎之先生认为，亨廷顿将文明和文化混用的做法无悖于通常的概念，1926年张申府先生在《文明与文化》中就详论了两者实无区别。[①] 尽管文化是人类在长期的实践活动中创造的物质财富和精神财富，但是在每一种文化中，构成文化的灵魂的往往是精神文化。因为，物质文化常常是不稳定的、易变的，是文化体系中最动荡的部分，而精神文化一旦形成，一般都会成为一种“惰性”的实体而具有持久性。因此本文也是在亨廷顿的意义上使用文化和文明概念的。

2.意识形态的内涵

意识形态同样是一个争议颇多且甚为复杂的概念。撒姆纳曾经归纳出10种意识形态定义[②]，伊格尔顿在《意识形态引论》中归纳总结出意识形态的6种流行的定义[③]。从这诸多意识形态概念中，我们从一个侧面可以看出学界对“意识形态”的理解是多么混乱不堪，所以，乔万尼·萨托利如是说：“‘意识形态’一词实际是一个黑箱。”[④]不知何故，关于意识形态的内涵，亨廷顿只字未提，也许在他的视野中，意识形态由于已经退出了政治舞台而无需再浪费笔墨予以关照了吧。

在第一章中，我们已经追溯了意识形态从“虚假”到“科学”的历程，并认为只有马克思主义才科学地揭示了意识形态的起源和内涵，因

① 李慎之：《数量优势下的恐惧——评亨廷顿第三篇关于文明冲突论的文章》，载塞缪尔·亨廷顿：《文明的冲突与世界秩序的重建》，周琪，等译，新华出版社2002年版，第421页。

② 这10种意识形态分别是：基于虚假意识的信仰体系，虚假意识的根源在于阶级利益；基于乌托邦幻想而形成的思想体系，乌托邦幻想的根源在于个人旨趣；根据事物的表象而形成的错误观念；任何系统化、体系化、标准化、制度化的思想体系；基于特定的生产方式和经济结构而形成的思想意识；排斥理论探寻而一味追求实用性的不科学的信念；人们在其无意识中幻想出来的与现实世界的种种关系；思想领域中的各种阶级斗争活动；具有政治意味和政治效果的社会实践活动；一种独特的社会实践活动，个人凭此生存于社会整体之中，并切身感受自己与整体之间的关系和社会的“真实”状况。

③ 这6种意识形态分别是：一个社会的信仰和价值；特定集团和阶级的“世界观”；一集团从其他集团谋取利益的合法化工具；把人民统一在一个统治强权下的方法；维护统治集团的欺骗性话语；由社会自身滋生出来的虚假性或欺骗性信仰。

④ 转引自季广茂：《意识形态》，广西师范大学出版社2005年版，第7页。

此无论现今的学界对意识形态的解释有多少种，如果离开了马克思主义的基地来界定意识形态，那么无论他们给予的意识形态定义看起来有多么地合乎事实和逻辑，其结果也只不过是给学界又增添了一个意识形态概念的解释罢了。

“马克思主义意识形态理论，是作为唯物史观的重要组成部分而构建的。其基本前提是正确解决社会存在和社会意识的关系，其基本主张是从人类‘社会有机体’的整体结构出发的。只有这样，才能对意识形态的社会地位和功能进行正确的定位”[①]在1859年的《〈政治经济学批判〉序言》中，马克思正确地定位了意识形态的社会地位和功能，他说：“人们在自己生活的社会生产中发生一定的、必然的、不以他们的意志为转移的关系，即同他们的物质生产力的一定发展阶段相适合的生产关系。这些生产关系的总和构成社会的经济结构，即有法律的和政治的上层建筑竖立其上并有一定的社会意识形态与之相适应的现实基础。物质生活的生产方式制约着整个社会生活、政治生活和精神生活的过程。不是人们的意识决定人们的存在，相反，是人们的社会存在决定人们的意识。”[②]在这段耳熟能详的经典表述中，马克思阐述的正是社会基本矛盾运动规律，即生产力与生产关系、经济基础与上层建筑的矛盾运动规律。根据这一规律，在任何社会中，竖立在经济基础之上的上层建筑是由政治上层建筑和观念上层建筑构成的。前者主要指建立在经济基础之上的政治法律设施和政治法律制度，其核心是国家政权；后者主要指政治法律思想、道德、宗教、艺术和哲学等思想体系。并且二者的关切极为密切：政治上层建筑是在观念上层建筑的指导下建立起来的；一旦政治上层建筑（特别是国家制度）形成后，它又会成为一种影响和制约观念上层建筑的现实的力量。这二者作为上层建筑，既是经济基础的反映，同时又对经济基础具有能动作用。可见，作为自觉地、系统地反映经济基础和政治制度的思想体系的意识形态，它不仅反映并服务于该社会占统治地位的生产关系，同时也决定着这个社会观念上层建筑的性质，并起

① 余源培：《论意识形态研究中的四个基本问题》，《河北学刊》2010年第1期。

②《马克思恩格斯文集》第2卷，人民出版社2009年版，第591页。

着维系社会存在、整合社会认同、缓和社会矛盾、实现统治阶级根本利益的作用。

（二）意识形态与文明、文化的关系

在基本弄清楚文化与意识形态的基本内涵后，它们之间的关系也就呈现出来了。

一方面，意识形态和文化是有区别的。这种区别主要表现在以下几个方面：（1）由于意识形态是经济基础的反映，它服从并服务于经济基础，因而具有鲜明的阶级性，也因此在阶级社会中，意识形态是一元的；而文化作为人类智慧的结晶，一旦被创造出来，只要它符合人类社会的发展趋势，则往往会成为全人类所拥有和享用的财富，因而一般来说并不一定打上鲜明的阶级烙印，因此在一定的社会中，文化则是多元的。（2）由于意识形态是一定的经济基础的反映，当经济基础发生变化时，意识形态也会随之或慢或快地发生变革，因而意识形态相对具有易变性；而文化尽管也是决定于经济基础，它一经形成，就会成为一种传统而具有相对稳定性和持久性，比如民族性格、语言文字等等。（3）意识形态作为一种自觉地、系统地反映并服务于经济基础的思想体系，它是以理论形态而存在的阶级社会特有的现象；而文化则除了理论形态的表现外，还有非理论形态的形式，比如风俗习惯、民间艺术等，而且文化也并非只是在阶级社会才存在，它会在人类社会中不断得到传承和发展。

另一方面，意识形态和文化又是相互交融、彼此互动的关系。毛泽东在《新民主主义论》中曾经指出：“一定的文化（当作观念形态的文化）是一定社会的政治和经济的反映，又给予伟大影响和作用于一定的政治和经济。”[①]可见，一定的文化和一定的意识形态一样，都是决定于并影响和作用于一定的社会存在的，因而意识形态和文化之间必然有着不可分割的内在联系。像怀特所说的“文化可被认为是一种自足、自决的过程，人们只能根据文化自身来解释文化”[②]的思想当属一种没有现实

①《毛泽东选集》第2卷，人民出版社1991年版，第663页。

②［美］怀特：《文化科学：人和文明的研究》，曹锦清译，浙江人民出版社1988年版，第2页。

根据的自说自话。意识形态和文化之间的关系主要表现在以下几个方面：（1）文化是意识形态形成的思想源泉和精神支撑。文化是人的生活实践的累积和传承，此种累积和传承既是物质的保留和传递，也是精神的渗透和绵延，它或显或隐地影响着人们的思想、价值观以及心理结构，并在潜移默化中积淀为意识形态的历史资源而成为意识形态构建的内在精神支撑。意识形态的构建是统治阶级为了自身利益的需要而不断选择并改造特定的文化传统的结果，因此，意识形态的形成离不开文化，从这个意义上，我们说文化本身也是一种意识形态。（2）意识形态影响、控制、引导着文化的发展和传承。历史上任何一种经济基础的存在都必须具备两个条件：一是专政手段，即运用强制性的政治法律制度来规范人们的行为；二是意识形态手段，即用意识形态来论证其经济制度和政治法律制度的合理性。当代表统治阶级的阶级意识的意识形态一旦形成，它就会成为该社会的主流文化而影响、控制、引导着该社会文化的发展方向，由此我们说，意识形态也是一种文化。

弄清意识形态与文化的关系之后，亨廷顿的“文明”范式的“意义”自然也就彰显出来了。

三、文明范式的“意义”

在“文明”范式中，亨廷顿极力强调文明和文化在冷战后国际政治中的重大作用，凸显“本土化”是后冷战时期国际格局的主要走势，从而指出了后冷战时期国际局势的多极化趋势，这的确称得上是一种当今世界政治发展的真知灼见。也正是在文化多元趋势的基础上，亨廷顿批判了西方文化的普世观念。他认为，现代化、经济发展、城市化和全球化使得人们重新思考自己的身份，从较狭窄、较亲近、较社群的角度重新界定身份和特性。国民层次以下的文化身份和地区身份比广泛的国民身份更受关注。因此，“人们认同于那些最像他们自己的人，那些被认为有着共同的民族属性、宗教信仰和传统以及传说的共同祖先和共同历史的人。”[①]然而，“我们只有在了解我们不是谁、并常常只有在了解我们反

① [美]塞缪尔·亨廷顿：《谁是美国人?》，程克雄译，新华出版社2010年版，第11页。

对谁时，才了解我们是谁。"[①]换言之，确立文化身份和国民身份的首要前提在于确立它的对立形态，即寻找敌人，一如唯有他者的存在才能更好地理解和关照自我一样。因为，"如果没有真正的朋友，也就没有真正的敌人。除非我们憎恶非我族类，我们便不能爱我族类。"[②]所以，西方文化的普世主义是不可能成立的。不仅如此，西方文化的普世主义观点还是"错误的、不道德的和危险的"，因为西方对其他文明事务的干预，"可能是造成多文明世界中的不稳定和潜在全球冲突的唯一最危险的因素。"[③]

尤其重要的是，亨廷顿透过苏联的解体这一重大事件洞察到了文明和文化在构建意识形态中所起的关键作用。他认为，苏联是一个以意识形态来界定其统一的国家，但是"一个没有文化核心而仅仅以政治信条来界定的社会哪里会有立足之地？政治原则对于一个持久的共同体来说只是一个易变的基础，"[④]并指出，苏联的解体对美国来说是一个警醒。后来在2004年出版的《谁是美国人？》中，亨廷顿再次阐述这一思想，他说："苏联的遭遇表明，在缺乏人种、民族和文化共性的情况下，意识形态的黏合力是弱的。"因此，"有的社会当生存受到严重挑战时，也能够推迟其衰亡，遏制其解体，办法就是重新振作国民特性意识，振奋国家的目标感以及国民共有的文化价值观。"[⑤]并由此提出要保护并巩固作为美国核心文化的盎格鲁-新教文化。此种洞见提醒我们，在后冷战的多极化时期，任何一个国家，在构建其意识形态时，都必须立足于本国的文明和文化传统，扎根在本民族传统精神的家园中，那些脱离本国文明

---

① [美]塞缪尔·亨廷顿：《文明的冲突与世界秩序的重建》，周琪，等译，新华出版社2002年版，第6页。

② [美]塞缪尔·亨廷顿：《文明的冲突与世界秩序的重建》，周琪，等译，新华出版社2002年版，第4页。

③ [美]塞缪尔·亨廷顿：《文明的冲突与世界秩序的重建》，周琪，等译，新华出版社2002年版，第361页。

④ [美]塞缪尔·亨廷顿：《文明的冲突与世界秩序的重建》，周琪，等译，新华出版社2002年版，第354页。

⑤ [美]塞缪尔·亨廷顿：《谁是美国人？》，程克雄译，新华出版社2010年版，第10页。

和文化而构建的意识形态不仅不具有吸引力，而且不能够发挥意识形态本来应有的作用。单就这一点而言，即强调文明和文化在塑造全球政治中的主要作用，并唤起人们对文明和文化因素的注意，“文明的冲突”范式之意义的确不可小觑。

同时，亨廷顿在《文明的冲突与世界秩序的重建》的“中文版序言”中指出，他之“文明的冲突”所期望的是，能够唤起人们对文明冲突的危险性的注意，将有助于促进整个世界上“文明的对话”。毋庸置疑，在世界多极化的晚期资本主义时期，当资本文明渗透到地球的每一个角落时，本土化无疑是民族国家实现自保的最好方式。在此境遇下，亨廷顿借重“文明的冲突”，在挑战西方文明之普世主义的同时，以求促进整个世界上“文明的对话”，这无论是对于学者还是对于决策者而言，都不失为一种有意义地看待全球政治的范式。

不过，在文明范式的“意义”中，笔者看到的并不是如亨廷顿所强调“随着冷战的结束，意识形态不再重要”的世情，而是后冷战时期国际政治中彰显出的意识形态的极端重要性，只不过这种意识形态及其极端重要性是用文明和文化及其冲突来表达罢了。换言之，冷战时期的以政治、经济所呈现的意识形态被后冷战时期的以文明和文化来呈现的意识形态所取代了。显见的是，亨氏理论中，一个悖论凸显出来，即一方面亨廷顿直言意识形态及其分歧在冷战后已经离场，但其理论中却又彰显出意识形态的时刻在场。之所以会有这个悖论，是因为亨廷顿将意识形态和文明或文化完全对立起来，而没有看到它们之间由于都是来源于并且服从和服务于一定的社会存在而具有不可剥离的相互交融及互动性，特别是在现代社会里，此种特性尤为明显。

第二节　“文明冲突”的根源与实质

在《文明的冲突与世界秩序的重建》的“中文版序言”中亨廷顿谈到，他的这本书之所以在世界上能够产生如此重大的影响，是因为冷战后的世界，“人们正在寻求并迫切地需要一个关于世界政治的思维框架”。而他之“文明的分析框架”由于“提供了一个对正在呈现的现实的洞见”而恰好满足了这一需要。不言而喻，亨廷顿认为，这本书能够产生重大的影响的原因有两个：一是生逢其时，二是切中现实。当然第二个原因是关乎本质的，因为如若不能够切中现实，即使生逢其时，也只是昙花一现。

那么，亨廷顿之“文明的分析框架”是否如他所言的那样，“提供了一个对正在呈现的现实的洞见”？换言之，“文明的冲突”模式是否切中了后冷战时代的社会现实？让我们对这一问题进行剖析之后再作定论。

一、文明冲突的根源之剖析

在亨廷顿的“文明冲突”之视野中，有一个特别重要的关键词——Identity（可以翻译成“身份”“同一性”“特性”“认同”等）。亨廷顿自己说这是一个“令人心烦，可是又躲不开”的概念。说它“令人心烦”，是因为这一概念有多重意义，难以界定；说它“又躲不开”，是因为它影响人们的行为，特别重要。那么，如何才能界定Identity呢？亨廷顿说，“要有别人”。而“别人”的存在就必然会有“差别”的产生，可是人的自尊心又定会让这种“差别”得以呈现，即决一优劣。于是，“敌人”随之诞生。换言之，只有“敌人”的存在方可界定Identity，因为“人们通过战斗与自己人形成认同感，把自己跟语言、宗教、历史或地理位置不相同的人区分开”，这样Identity就建立起来了。而“需要有敌人，这就说明了人类的社会与社会之间以及各社会内部为什么处处都有冲突”了。并且亨廷顿认为，国民特性来源于多个方面，它通常包括疆域因素、一种或几种归属性因素（如人种、民族）、文化因素（如宗教、语言）、政治因素（如国体、意识形态），有时还包括经济因素（如农牧）或社会因素（如各种网络）。不过，在这些因素中，亨廷顿认为文化因素始终居于中心地位[①]。亨廷顿的文明冲突之根源的分析视野就是从这里打开的。

① [美]塞缪尔·亨廷顿：《谁是美国人？》，程克雄译，新华出版社2010年版，第17—23页。

（一）亨廷顿论文明冲突的根源

在亨廷顿的视野中，身份是人之必备，而寻求认同更是人性中固有的天性。所以，当冷战结束后，原来由意识形态认同支撑起来的世界秩序坍塌了，世界跌入了茫无所措之中，新的认同亟待建立。而在亨廷顿看来，这种新的认同就是文明或文化认同。所以，在《文明的冲突与世界秩序的重建》之开篇中，亨廷顿引用了迈克尔·迪布丁的小说《死亡环礁湖》中的威尼斯民族主义煽动者所表述的一个世界观：如果我们没有真正的敌人，也就没有真正的朋友。除非我们憎恨非我族类，我们便不可能爱我族类。这些是我们在一个世纪之后正在痛苦地重新发现的古老真理和更加充满情感的奢谈。那些否定他们的人也否定他们的家庭、他们的遗产、他们的文化、他们的出生权，以及他们本身。他们不能轻易地得到原谅。对于这个世界观，亨廷顿的评论如下：政治家和学者们不能忽视蕴含在这些古老真理中的不幸的真理。对于那些正在寻求认同和重新创造种族性的人们来说，敌人是必不可少的，而潜在的最危险的敌人会出现在世界主要文明的断层线上。①

由此可以看出，亨廷顿的逻辑是：为了寻求认同，必须要有敌人，而敌人则会出现在主要文明的断层线上。所以，冲突也就会发生在世界主要文明的断层线上。因而，由此逻辑就会得出如下结论，即文明冲突的“罪魁祸首”就是Identity。我们姑且就将亨廷顿的这个逻辑称之为“认同逻辑”吧。

依据这个认同逻辑，亨廷顿将世界划分为七八个文明，未来世界的冲突就将在这七八个文明之间展开。不过构成文明之冲突主干的则主要是三大文明及其相互关系，即西方文明、中华文明、伊斯兰文明以及三者力量之间的此消彼长。而构成这三大文明之间冲突的原因主要有三个：

（1）西方文明（特别是美国）的衰落。亨廷顿认为，西方在冷战中的胜利带来的不是胜利，而是衰竭。冷战后，西方在政治、经济以及军

---

① [美]塞缪尔·亨廷顿：《文明的冲突与世界秩序的重建》，周琪等译，新华出版社2002年版，第4页。

事领域的权力正在下降，“西方的权力相对于其他文明将继续衰落”。[①]西方主宰天下的时代正在终结。亨廷顿把这种衰落归结为失去了敌人，因为“一个共同敌人的存在，通常能促进人民的认同感和凝聚力，而共同敌人的削弱和消失则会起到相反的作用”[②]。所以，为了确定自我和找到动力，人们需要敌人。“对于美国来说，理想的敌人该是意识形态上与己为敌，种族上和文化上与己不同，军事上又强大到足以对美国的安全构成可信的威胁。而20世纪90年代对外政策辩论中的主要问题就是谁可能是这样的敌人。”[③]亨廷顿认为，这样的潜在而可信的敌人有两个：一个是中国，因为中国的迅速崛起以及公民自信和“优越感”日益上涨。经济富有活力。另一个是伊斯兰，因为“伊斯兰教与美国的基督教和盎格鲁-新教文化在文化上的差异加重了伊斯兰构成敌人的资格”[④]。故而，西方与中国和伊斯兰之间的冲突就极有可能发生。

（2）东亚经济（特别是中国）的崛起。在西方衰落的同时，现代化促进了东亚经济的日益崛起。经济的增长刺激了社会的权力意识以及对自己抵制西方能力的肯定，而成功的经济发展便给创造出和受益于这一发展的国家带来了自信和自我伸张。并且东亚社会认为其经济成功是源于其儒教文化优越于西方文化，于是，他们便毫不犹豫地强调自己文化的独特性，从而强调自己独特的文化认同和使自己文化区别于西方文化的共性。故而，“文化复兴席卷亚洲”，因为，“物质的成功带来了对文化的伸张；硬权力衍生出软权力。”[⑤]特别是中国的崛起，更是核心大国大规模文明间战争的潜在根源，因为“中国的历史、文化、传统、规模、

① [美]塞缪尔·亨廷顿:《文明的冲突与世界秩序的重建》,周琪等译,新华出版社2002年版,第76—77页。

② Samuel P. Huntington, “The Erosion of Americon National Interests ”, Foreign Affairs, Vol.76No.5Sep/Oct 1997:32。

③ [美]塞缪尔·亨廷顿:《谁是美国人?》,程克雄译,新华出版社2010年版,第192页。

④ [美]塞缪尔·亨廷顿:《谁是美国人?》,程克雄译,新华出版社2010年版,第192—193页。

⑤[美] 塞缪尔·亨廷顿:《文明的冲突与世界秩序的重建》,周琪,等译,新华出版社2002年版,第103—110页。

经济活力和自我形象，都驱使它在东亚寻求一种霸权地位。这个目标是中国经济迅速发展的自然结果”。而且，“世界上的其他大国英国、法国、德国、日本、美国和苏联，在经历高速工业化和经济增长的同时或在紧随其后的年代里，都进行了对外扩张、自我伸张和实行帝国主义。”所以“没有理由认为，中国在经济和军事实力增强后不会采取同样的做法”①。

（3）伊斯兰教的复兴。亨廷顿认为，伊斯兰教的复兴既是现代化的产物，也是把握现代化的努力。因为，现代化的发展破坏了传统的乡村和氏族纽带，造成了文化和认同危机。而伊斯兰福利组织满足了穆斯林在现代化进程中的社会、文化和经济需要，伊斯兰教的象征、信奉和信仰满足了穆斯林的心理需要。由此，伊斯兰的本土化现象不可避免。此种复兴现象既体现了穆斯林对现代性的接受以及对西方文化的摒弃，又体现了他们在世界局势的变化中寻求“解决办法”的努力。尽管亨廷顿也认为，经济增长是伊斯兰教复兴的重要原因，但他更强调人口增长的因素，因为“人口增长是一个持续的动力”。更重要的是，“更多的人口需要更多的资源，因此来自人口密集和人口迅猛增长的社会的人们倾向于向外扩张，占领领土，向其他人口变动较小的民族施加压力。”②可见，伊斯兰教的复兴同样也构成了冲突发生的一个潜在威胁。

之所以这三个原因促使了三大主要文明之间冲突的可能发生，是因为文化或文明之间的差异，“国际环境的变化使亚洲文明和美国文明之间根本的文化差异显现出来。……冲突的根源是社会和文化方面的根本差异。”

同时，亨廷顿又指出，据国际关系的现实主义的预测，中华文明和伊斯兰文明可能会携起手来抵制西方的支配权。因为伊斯兰社会和华人社会都视西方为对手，而在政治上，共同的敌人将产生共同的利益，虽然它们在宗教、文化、社会结构、传统、政治和植根于其生活方式的观

---

①［美］塞缪尔·亨廷顿：《文明的冲突与世界秩序的重建》，周琪，等译，新华出版社2002年版，第255页。

②［美］塞缪尔·亨廷顿：《文明的冲突与世界秩序的重建》，周琪，等译，新华出版社2002年版，第110—122页。

念上存在着根本的不同，但基于共同的利益而使它们有理由彼此合作来反对西方。因此，三个文明之间的可能发生的冲突也会演变为西方与非西方之间的冲突。

总之，在亨廷顿的认同逻辑中，在这样一种格局及其力量对比关系的变化形势下，结果是，"在21世纪最初几年可能会发生非西方力量和文化的持续复兴，以及非西方文明的各民族与西方之间以及它们相互之间的冲突。"[①]

（二）资本文明惹的祸

由此我们可以看到，亨廷顿认为导致冲突发生的根源在于Identity。

在亨廷顿看来，Identity似乎是人与生俱来的一部分，而寻求认同同样是人的天性，因为只有敌人的存在才是人类社会发展的依托和动力。故而只要有人类存在，冲突的发生就是必然的。这是人类的宿命。在晚期资本主义时期，此种宿命的存在使冷战时期由于意识形态认同而导致的以美、苏两大集团的对抗以及由此产生的世界三个部分之间的冲突；冷战结束后意识形态式微、文化认同的凸显导致世界形成七八个文明以及由这些文明之间的差异与彼此力量的此消彼长而产生的西方文明、中华文明以及伊斯兰文明之间的冲突。依据此逻辑，或许我们还可以暂且舒展一下我们不太丰富的想象力：在不久的将来，当文化认同式微后[②]，其他的认同也会随之出现，比如疆域认同、语言认同，等等。

殊不知这纯粹是一个抽象，因为，"它对于现代文明冲突的前提和根源根本未曾批判地予以澄清，而只是使之归结为文明间固有的冲突本性，就像某物之可燃被归结为'燃素'、某人之作恶被归结为他的'恶性'一

① [美]塞缪尔·亨廷顿：《文明的冲突与世界秩序的重建》，周琪，等译，新华出版社2002年版，第125页。

② 亨廷顿在《文明的冲突和世界秩序的重建》的"前言"中明确指出，没有一个范式是永久有效的。虽然文明的研究方法可能有助于理解20世纪末和21世纪初的全球政治，但并不意味着它同样有助于理解20世纪中叶和21世纪中叶的全球政治。

样。”[①]乔姆斯基说，“文明的冲突”理论是一个“没有太大意义”的“时髦话题”，它不仅没有揭开相反倒是掩盖了当今世界之野蛮冲突的真正原因。因为“没有任何‘文明世界’会将世界投入一场大规模战争，相反，它会遵守国际法规定的各种手段”[②]。

那么，“文明的冲突”之根源到底是什么？

对此，吴晓明有深刻而精到的剖析。他认为，问题的关键之点始终在于当今世界之冲突的现代根源，此根源就在于现代文明，即以资本为原则的文明的基本性质。当今世界的历史性冲突就是由此而来。具体地说来，现代社会的现代性主要有两个支柱，即作为现实动力的资本和作为观念形态的现代形而上学，这二者共同构成了现代世界的基本性质和尺度。此种基本性质和基本尺度可以揭示为三个：第一，资本文明是不断进取的和无止境进步的；第二，现代世界按其本性来说是扩张的和普世主义的；第三，以资本为原则的现代文明的性质是强权主义的和进攻性的。[③]事实的确如此。

关于资本文明的这一本性，马克思在《共产党宣言中》已经道说出来，他说：“资产阶级除非对生产工具，从而对生产关系，从而对全部社会关系不断地进行革命，否则就不能生存下去。反之，原封不动地保持旧的生产方式，却是过去的一切工业阶级生存的首要条件。生产的不断变革，一切社会状况不停的动荡，永远的不安定和变动，这就是资产阶级时代不同于过去一切时代的地方。一切固定的僵化的关系以及与之相适应的素被尊崇的观念和见解都被消除了，一切新形成的关系等不到固定下来就陈旧了。”[④]正是这个不同于过去一切时代的资产阶级，“由于一切生产工具的迅速改进，由于交通的极其便利，把一切民族甚至最野蛮

① 吴晓明：《思入时代的深处——马克思哲学与当代世界》，北京师范大学出版社2006年版，第350页。

②［美］诺姆·乔姆斯基：《“9·11”》，载哈佛燕京学社：《全球化与文明对话》，江苏教育出版社2004年版，第43—45页。

③ 吴晓明：《思入时代的深处——马克思哲学与当代世界》，北京师范大学出版社2006年版，第353—355页。

④《马克思恩格斯文集》第2卷，人民出版社2009年版，第34页。

的民族都卷到文明中来了……它迫使一切民族——如果它们不想灭亡的话——采用资产阶级的生产方式；它迫使它们在自己那里推行所谓的文明，即变成资产者。一句话，它按照自己的面貌为自己创造出一个世界。”①

可见，倘若脱开现代性的根基，我们就不可能真正切中“文明的冲突”之现实。只有透过现代世界及其内在矛盾，我们才可以真正理解“文明”何以会“冲突”，故而我们说，所谓的“文明的冲突”只不过是现代世界及其内在矛盾的彰显罢了。

二、“文明的冲突”之实质

当我们揭示出“文明的冲突”之真正根源是现代世界及其内部的基本矛盾之后，那么“文明的冲突”之实质也就自然凸显出来了，那就是利益冲突。

我们知道，现代文明是以“资本来到世间”而发端的。资本的本性就是增值。为了增值，资本可以不择手段甚至不惜一切代价。所以马克思说：“资本害怕没有利润或利润太少，就像自然界害怕真空一样。一旦有适当的利润，资本就胆大起来。如果有10%的利润，它就保证到处被使用；有20%的利润，它就活跃起来；有50%的利润，它就铤而走险；为了100%的利润，它就敢践踏人间一切法律；有300%的利润，它就敢犯任何罪行，甚至冒绞首的危险。如果动乱和纷争能带来利润，它就会鼓励动乱和纷争。走私和贩卖奴隶就是证明。”因而，“资本来到世间，从头到脚，每个毛孔都滴着血和肮脏的东西。”②

不过在现实世界中，资本常常是罩着温情脉脉的面纱实现自己的目的，以美国为首的西方国家提出所谓的“道德关怀”和“推行人权”就是如此。比如，20世纪80年代里根总统将其外交政策的主导思想归纳为“不仅是阻止战争，更重要的是拓展民主，以求让每个民族、每个人都能够享受自由的庇佑”。再如，乔治·W·布什在2005年的第二次就职演说

①《马克思恩格斯文集》第2卷，人民出版社2009年版，第35—36页。

②《马克思恩格斯文集》第5卷，人民出版社2009年版，第871页。

中宣称：“我们土地上自由的存亡日益取决于他人土地上自由的成败”，“我们的目的，是帮助其他国家找到自己的声音，获得自身的自由，发现自己的自由之路。”因此，“那些生活在专制下绝望的人民应该知道，美利坚合众国不会漠视你们被压迫，不会原谅你们的压迫者，当你们保卫自己的自由时，美国将站在你们一边。”①实际上，对于美国所谓的自由和民主的实质，世人皆是心知肚明。恰如美国的一位学者所言：“称赞美国有‘伟大自由传统’是歪曲历史，它掩盖了美国政治和外交政策的真实动机。它把历史改编成了道德剧，因而为回避道德分析提供了理由。坚持认为解放别人只不过是美国政策的附属动机并非玩世不恭，这是自我认识的前提。”②也正是这个原因，当“9·11”之后，美国极力反恐时，乔姆斯基却指出，不仅当下恐怖主义的发生是美国政策的间接产物，并且在世界大多数地方，美国就被视为首屈一指的恐怖主义国家。③

所以，当以美国为首的西方国家为了自身的利益将不义之手伸向世界的每一个角落时，遭遇到的当然是敌视和对抗，冲突也必然会发生。所谓西方文明与非西方文明之间的冲突只不过是美国的“政治独裁和强权”以及反对该“政治独裁和强权”的表现罢了。“9·11”（那些袭击者当然是罪犯）应该是这种冲突的另类表现。

不言而喻，在资本逻辑下运演的国际关系中，其游戏规则的主旨当是利益至上。对于受该游戏规则支配的原子式的国家或地区来说，它们或是因利益相同而成为朋友，或是因利益不同而成为敌人；或是在此一时期因着共同的利益而结为秦晋之好，或是在彼一时期因利益的分歧而成为冤家对头，正可谓应了那句俗语：没有永远的朋友，只有永远的利益。

同样，亨廷顿所谓的“文明的冲突”模式也并不游离于这个游戏规则之外。文明相同或不同的国家或地区能否成为朋友或敌人，也是取决

① 王琪选：Full Text of Bull's Inauguration Address 2005，《大学英语》2005年第2期。

②[美]安德鲁·J·巴塞维奇：《美国的极限——实力的终结与深度危机》，曹化银、曹爱菊译，北京中信出版社2009年版，第21页。

③ [美]诺姆·乔姆斯基：《“9·11”》，载哈佛燕京学社主编：《全球化与文明对话》，江苏教育出版社2004年版，第46、9页。

于这些国家或地区之间的利益相同与否。比如美国的中东政策和对伊斯兰世界的基本立场就是完全服从并服务于美国的国家利益的。

“9·11”之后，《华尔街日报》曾对阿拉伯地区“富有的穆斯林”进行观点调查，这些人包括与美国有着千丝万缕联系的银行家、专业人员和商人。他们对美国支持残暴的独裁国家以及通过“扶持那些压迫性政权”而为独立发展和政治民主化设置障碍的做法十分无奈和愤慨。因为他们不愿意看到该地区的财富流到西方或一小撮西方化精英分子手里，更反对那些腐化的、残暴的但却受到西方强权支持的统治者。2003年，各国的民意测验发现，几乎所有的国家都认为：对世界和平的主要威胁不是来自伊拉克、伊朗或朝鲜，而是来自美国。显然，“正是美国及其欧洲前辈的中东政策给该地区人们带来的巨大痛苦和愤怒，使这些罪犯的行为获得了支持。”①

而且，亨廷顿视野中的文化上的固有差异并不一定产生冲突，在特定的历史条件下，在共同的利益驱动下，两个截然不同的文化共同体依然可以走近并结盟，他提出的儒-伊两大文明由冲突而走向联合的设想就是建立在具有某种共同利益的基础之上的。因此，文明之间是否冲突，并不在于文明是否有差异，而在于承载着那些文明的物质利益的实体之间是否有差异。这就像马克思所说的，当我们考察社会的变革时，“必须时刻把下面两者区别开来：一种是生产的经济条件方面所发生的物质的、可以用自然科学的精确性指明的变革，一种是人们借以意识到这个冲突并力求把它克服的那些法律的、政治的、宗教的、艺术的或哲学的，简言之，意识形态的形式。我们判断一个人不能以他对自己的看法为根据，同样，我们判断这样一个变革时代也不能以它的意识为根据；相反，这个意识必须从物质生活的矛盾中，从社会生产力和生产关系之间的现存冲突中去解释。”②因为，意识在任何时候都只能是被意识到了的存在，

① [美]诺姆·乔姆斯基：《“9·11”》，载哈佛燕京学社主编：《全球化与文明对话》，江苏教育出版社2004年版，第6—9页。

②《马克思恩格斯文集》第2卷，人民出版社2009年版，第592页。

而人们的存在就是他们的现实生活过程。[①]

第三节　文明范式的理论基础与本质

在搞清楚“文明冲突论”的“意义”及“文明的冲突”之实质后，接下来要追问的是，“文明冲突论”的理论基础及其本质是什么？也只有弄清楚这两个问题后，“文明冲突论”的全貌才能清晰地呈现出来。笔者在考察后认为，新种族主义是其理论基础，新种族主义意识形态是其本质。正因为如此，真正能够支撑起后冷战时期人类文明与文化发展未来的范式，并不是亨廷顿的以“冲突”之根基构建起来的“文明范式”，而是习近平总书记提出的为解决世界问题的中国方案——“人类命运共同体”的构建之范式。

一、新种族主义:文明范式的理论基础

关于种族主义，不同的工具书和文献对此皆有描述。比如：联合国教科文组织认为，“凡声称种族集团或民族集团生来就优越或低劣，从而意味着某些集团有权统治或消灭其他被认为是低劣的集团的任何理论”，皆为种族主义。它“包括种族主义思想、偏见态度、歧视行为、造成种族不平等的组织安排和制度化的做法，以及为集团之间的歧视关系从道义上和科学上进行辩护的荒诞言行”[②]。《简明不列颠百科全书》中指出：“种族主义的理论是认为人们在遗传上的体质特征同个性、智力、文化之间有一种因果关系，从而认为一些种族天生就比其他种族优越。种族主义的表现形式包括种族偏见、种族歧视、种族隔离等。”[③]《辞海》说，种族主义是“夸大种族差异、鼓吹种族歧视的反动理论。它把人类不同

①《马克思恩格斯文集》第1卷，人民出版社2009年版，第525页。

② 1920年联合国教科文组织大会第20次会议通过的《关于种族和种族偏见问题的宣言》，转引自联合国教科文组织编《信使》1984年1月号(种族主义问题专号)，第5页。

③《简明不列颠百科全书》(9)，中国大百科全书出版社1986年版，第503页。

种族的差异视为种族优劣的根据，把人类分成‘优等种族’和‘劣等种族’，认为前者应该统治后者，宣扬人种血统的‘纯洁’和种族‘优生学’，主张‘改良人种’，繁殖‘优种’，淘汰‘劣种’，以确保‘优等种族’的统治地位。”①《中国大百科全书·民族》指出，种族主义是“一种认为人类各种族在智力和道德发展能力上有高有低，种族差异决定人类社会历史和文化发展的反科学理论。种族主义认为：种族有优劣之分，高级种族生来具有创造高级文明的生物本质，负有统治世界的使命；低级种族则无力创造和掌握高级文化，注定成为统治的对象。”②诸如此类的描述或定义还可以列出许多。从这诸多的界定中，我们可以看出，种族主义就是某阶级（集团）为了达到自己的某种目的，用各种或自然或科学的根据将散居各地的人类群体（在生态进化的过程中由于各种因素而形成的种族）划分为具有贵贱等级的不同“类别”，从而将“我们”（文明人）与“非我们”（野蛮人）对立起来。这也就是所谓的“种族中心论”。

那么，种族主义是如何产生的？对此，有两种观点。一种是人类学认识的观点，该观点认为，种族主义是人或社会的本性，是非历史的。比如古生物学家斯蒂芬·杰·古尔德，他就不排除种族的偏见可能和“已知的历史同样悠久”。也因此，他赞同历史学家乔尔·科维尔提出的“在历史上种族主义现象到处存在”“种族仇恨存在于人类的本性中”的意见。第二种观点认为，种族主义是一种现代现象。它产生于18世纪中，到19世纪中叶形成了“种族学”的总和，是各种政治思想遗产成就不等的大杂烩。该种族主义怀疑人类的同一性，并将人类的各种种类，将分类学意义上的“种族”设想为相互区别的“人种”，甚至是不同的“种类”。前者将古已存在的种族偏见和种族压迫混为一谈，是过分泛化的种族主义。在我们看来，种族主义制度本身是殖民主义的特殊形式，因此它是一种源于欧洲的现代现象。③

①《辞海》，上海辞书出版社1989年版，第4564页。

②《中国大百科全书·民族》，中国大百科全书出版社，第582页。

③［法］塔基耶夫：《种族主义源流》，高凌瀚译，三联书店出版社2005年版，第2—7页。

对于这种现代现象的种族主义，法国著名的研究种族主义的权威学者塔基耶夫研究并分析了这种种族主义理论的三种版本：

（1）狭义的现代理论，即将种族主义看作为“人种”分类活动的直接结果（根据他们的假定，固定的或遗传的形态学性质区分），这是在18世纪中发生的。该理论取决于最早的博物学家兼人类学家（林耐、布丰、布鲁门巴哈、坎佩尔等）所进行的分类工作。此种版本借助于各种标准（器物的、地理的、精神的、文化的，特别是语言和宗教的标准），对人种进行等级分类，这意味着将每一个“类别”或“种族”放在一个价值尺度上。于是人作为分属于不同的种族而有了优劣、文明与非文明之分。[①]法国外交家阿瑟·戈比诺于1853年出版的《人类种族不平等》（此书也被称为种族主义者的圣经）一书就是该种族理论的最早代表。戈比诺试图根据各种族各个时代的历史资料证明，人们之间的种族差异是各国历史（文化）命运不同的根本原因。

（2）极端狭义的现代理论。该理论将种族主义缩小为明确的种族确定能力，甚至是态度和行为的能力，这似乎是对“人种不平等说”给予了科学的基础，向历史或人类演变提供了一把钥匙。此种理论将种族主义局限于种族的“科学”理论化和标准上的结论，因此种族主义也限于一个较短的时期。

（3）扩大的现代理论。该理论认为在西方现代时期之初出现了三种前种族主义的不同模型或类型，对“血统”或“种族”的援引离不开以等级制为基础的社会以及秩序社会的环境中的等级或阶级。这种前种族主义的意识形态核心是“纯血统”，为统治阶级的利益服务，旨在维护其在一个天主教-君主制社会中的特权。[②]

无论哪种种族主义，都“表现为世俗化的产物，表现为非宗教的科学现代思想的产物。所根据的标准是：人由于其自然归属于价值不等的种族（“进化度”不同），价值也不同，应当以不同的方式对待他们”[③]。

---

① [法]塔基耶夫:《种族主义源流》,高凌瀚译,三联书店出版社2005年版,第7—13页。

② [法]塔基耶夫:《种族主义源流》,高凌瀚译,三联书店出版社2005年版,第9—18页。

③ [法]塔基耶夫:《种族主义源流》,高凌瀚译,三联书店出版社2005年版,第16页。

到了20世纪中后期，随着反种族主义斗争的深入发展（尤其是20世纪60年代美国黑人发起的民权运动）以及遗传学、人类学、生物学和心理学等领域知识的进展，种族主义看起来已经被科学知识完全超越后而成为过去的东西了。为此，联合国教科文组织在1967年9月26日的关于种族和种族歧视的宣言中指出：“1967年9月在巴黎聚会的专家们承认种族主义的理论缺乏任何科学根据。”①于是，美国遗传学家缪勒乐观地预言，在“人迹所到之处充满着兄弟感情”的“世界社会”里，将完全没有对人种及社会阶级的偏见，因此人种的混杂便会逐渐自发地而又必然地发生，夏威夷充满和平而又富有吸引力的景况可视为这个过程的缩影。②

然而，历史并没有向缪勒所预期的方向发展。一种新的更隐蔽的种族主义悄然诞生了。这种新种族主义具有三个特点：（1）是对文化相对论价值的翻转（“种族”向“文化”转移，断言各种文化是绝对无法对比的）；（2）放弃不平等的主题而将文化差异绝对化，从而否定混合，肯定各种“文化”不可挽回的相互不可吸收性；（3）它所尊重的意识形态接受性规则的象征性质（由此产生了修辞上一定的复杂性，在赞扬差别时否定差别）。这种新种族主义并不像之前的种族主义那样，具有直白明了的种族偏见、种族歧视、种族隔离等表现形式，它“既不靠近不平等，也不走向生物学上的种族”；“既不出口伤人，也不明确呼唤仇恨”，因而是一种“不明言的”“隐藏的或象征性的”种族主义。这种种族主义正是“种族主义最近的意识形态蜕变”，其表现就是从宣扬“种族之间生物学的不平等”转向鼓吹“文化之间差异的绝对化”。这种种族主义是人类流动性的反映（流动性导致了人类的混合），其行为目的在于将脱离了集团类别的个体“归位”。因此，它是指“一切包含持久性信号的排除性行为”。不言而喻，这种种族主义的实质是对混合的焦虑，是惊恐无差异或

① [法]塔基耶夫：《种族主义源流》，高凌瀚译，三联书店出版社2005年版，第29页。

② 转引自[日]木村资生编：《人类的遗传前景》，载《从遗传学看人类的未来》，高庆生译，北京科学出版社1985年版，第162—163页。

是失去本性，由此而又表现为对差别的赞扬。[①]因此本质地看来，这种新种族主义必然既反对普世主义，又反对个人自由。

而亨廷顿的文明范式正是建立在这种新种族主义基础之上的。

二、新种族主义意识形态：文明范式的本质

不可否认的事实是，种族主义与美国的历史形影相随。在美国历史的展开过程中，种族主义一直贯穿其中。从美国作为殖民者踏上美洲印第安人的土地上开始到20世纪中后期尤其是冷战结束前，种族主义意识形态是以种族偏见、种族歧视等显性的形式表现出来的；冷战结束后，种族主义意识形态则是以尊重文化多样性、承认文化的天然差异的隐形的形式而呈现出来的，此种形式就是新种族主义。

（一）美国历史中的种族主义意识形态

美国著名历史学家迈克尔·H.亨特，在长期研究中美关系中发现了有史以来决定美国外交政策的三种意识形态，即伟大国家的使命感、种族主义和反对社会革命，而种族主义又居于这三种意识形态的中心地位。事实的确如此，美国在历史上的每次扩张，种族主义都必然成为其丑化或妖魔化其他民族、论证其扩张政策的“合理正义”的工具。就像亨特指出的，在美国，“黑人被选作铁砧，美国人在此铁砧上锤出了种族等级的理论以及伴随而来的以肤色划分世界的观点”，“这些种族观点早在南北战争前已在南方各州形成对国外事务的看法”，“这种由白人与黑人分占两极的种族概念被带进了美国的外交政策。由于辩论者与政策制订者的思想一致，由于新闻媒体也深受影响，由于成为竞选中的一个重大立场问题，种族观念强烈地影响着国家的对外关系。它不仅涉及富兰克林时期以前的印第安人，而且还包括拉丁美洲人、东亚人与欧洲人。”[②]

故而，种族主义从其一开始就成为美国制定外交政策的核心观念，成为美国政治精英论证其对外扩张政策合理性的意识形态工具。比如，

① [法]塔基耶夫：《种族主义源流》，高凌瀚译，三联书店2005年版，第31—35页。

② [美]迈克尔·H·亨特：《意识形态与美国的外交政策》，褚律元译，世界知识出版社，1999年版，第54—57页。

最初驱赶印第安人，在美国人看来，是因为他们作为“无知、愚蠢、不懂礼貌、天生懒惰”的“野蛮人”而不具有占有肥沃土地的资格，而他们的占有则阻碍了作为高贵人种的白人的“成功、结婚、生子的机会”；后来向墨西哥扩张，则是因为墨西哥人的“赌博、道德沦丧、低能且懒惰”，这样的民族是不能够掌管得克萨斯州的；向西班牙扩张，是因为“西班牙曾受到历史的审判和定罪。他们的宗教是偏执的；他们用柴捆与刑具来装饰圣事。他们的政治家臭名昭著；他们的外交家虚伪之至；他们的战争就是大屠杀；他们至高无上的目的就是摧残与祸害，决心要把大陆弄成不毛之地，把居民通通杀光” 。对苏维埃和中国更是如此。美国认为苏维埃是一个借自由之名以行恐怖之实的专制主义国家，是美国“凶恶的、无耻的敌人”，由此号召美国人民行动起来，因为“这不仅是挽救俄罗斯的问题，而且是在保卫文明”；中国更是被美国的媒体带上了各种妖魔面具：未来核战争的“狂人”、偷窃知识产权的“海盗”、威胁全球经济的“奸商”、要吃光世界粮食的“恶魔”，等等。[①]

种族等级观念之所以具有特别的吸引力，“是因为它提供了驾驭世界的一种最现成、最有用的方法。在这个多变的世界上，惟独这种观念最牢固、最稳定。这种观念最容易被大众所理解，也最容易使人去愉快地运用。用不着花费许多时间（也许还徒劳无功）去弄清楚别种文化的精细模式，精英们仅凭种族等级就能稳操胜券，运用便于理解的熟悉词汇，把别的民族、别的国家贬低下去。”[②]因此，把纯血统的美国人作为最先进的民族，不仅最能满足精英们的自高自大，而且也与美国追求国家强大的外交政策十分契合。此种种族主义意识形态不仅在十八九世纪产生时就对美国外交政策产生广泛而深刻的影响，而且此种影响还一直延伸到现在。只不过这种影响在20世纪中后期，特别是冷战结束后，是以新种族主义的形式而在现实世界中展开罢了。

---

① 王雯姝、刘舸：《从种族主义看美国冷战后对华外交策略的嬗变》，《清华大学学报》(哲学社会科学版)2002年第6期。

② [美]迈克尔·H·亨特：《意识形态与美国的外交政策》，褚律元译，北京世界知识出版社，1999年版，第57页。

（二）亨廷顿的新种族主义意识形态

众所周知，作为一个移民国家的美国，在18世纪后期刚刚实现独立时，还是一个有着清一色白人人种（即英裔人和新教徒，当时黑人和印第安人还不能具有公民身份）、有着共同的盎格鲁-新教文化的国家。但是，为了满足资本主义发展对劳动力的极大需求，美国大量接纳移民，于是美国逐渐地呈现出多种族和多文化并存的特征。“到20世纪末，美国人口增加了几乎一百倍，多种族（大约69%为白人，12%为拉美裔人，12%为黑人，4%为亚洲裔和太平洋岛裔人，其余约3%），多民族（没有任何一种民族属性的人占人口大多数），多宗教信仰（新教徒占63%，天主教徒占23%，其他宗教的信徒占8%，还有4%的人不信教）。”①尽管其间种族主义与反种族主义的斗争持续着，但是第二次世界大战让美国空前“统一”起来。二战期间90多万非洲裔的美国人应召入伍，在实行着种族隔离的军队中为民主和反法西斯而战斗。不久，种族隔离政策的破冰之举也出现了。1948年，杜鲁门总统取消了部队中的设施与训练种族隔离操作的做法，同时宣布取消联邦机构内一切基于种族、肤色、宗教和出生国的歧视。直到20世纪60年代之前，第一次世界大战之前来到美国的移民及其子女已成功融入美国社会，种族歧视正逐渐走向消失，经济出现了空前的繁荣，这一切加强了美国人对自己国家的认同。“美国人成为一个民族，其成员享有平等权利，共有一个主要体现盎格鲁—新教精神的核心文化，忠于‘美国信念’的自由民主原则。”②

但是，到20世纪60年代，民权运动、越南战争、嬉皮士文化、后现代主义齐聚于这一时期的美国，社会中到处回响着反叛和对抗的声音，60年代的美国人民似乎在经历着一场美国理想和现实的“反讽剧”。这种反抗的声音说，美国不是一个人人共享共同的文化、历史和信念的民族大家庭，而是一个不同种族和不同亚民族文化的聚合物，并指责美国此前流行的大熔炉理念或番茄汤理念，而争辩说美国是各不相同的民族

① [美]塞缪尔·亨廷顿:《谁是美国人?》,程克雄译,新华出版社2010年版,第9页。

② [美]塞缪尔·亨廷顿:《谁是美国人?》,程克雄译,新华出版社2010年版,第105页。

镶嵌在一起的马赛克，或一盘沙拉。同时这种声音将“文化多元主义理论”作为其行动的根据，鼓吹美国压倒一切的价值观应是多样性，而不是统一一致，并主张在法律上承认各群体的权利和种族权利，使之居于“美国信念”强调的个人权利之上。此种声音就是“多元文化主义”。“多元文化主义者常常是坚持种族中心的分裂主义者，在西方的遗产中，他们除了西方的罪行外几乎看不到任何东西。”他们的“态度是抛弃不道德的欧洲遗产，而从西方文化中寻求补充”。换言之，多元文化主义者拒绝接受美国的文化遗产，即他们并非要美国认同另一种文明，而是要建立一个拥有众多文明的国家，一个不属于任何文明的、缺少一个文化核心的国家。但是“历史表明，如此构成的国家不可能作为一个具有内聚力的社会而长期存在。一个多文明的美国将不再是美利坚合众国，而是联合国”①。因此亨廷顿认为，此种“多元文化主义”使美国的共同文化和“美国信念”遭遇到了严峻挑战，而苏联解体和东欧剧变使这一挑战更加严峻。

与福山所持有的苏联的解体预示了西方普世文明的美好未来的观点相反，亨廷顿认为苏联的解体恰恰使美国因为失去了敌人而有可能出现危机。“历史经验和社会学分析表明，国无外敌，其社会团结往往削弱，很可能孕育着分裂因素。”②所以他赞同日本哲学家梅原猛的观点：“马克思主义的彻底失败……苏联的急剧解体，仅仅是西方自由主义这一现代主流思潮失败的先兆。自由主义远不是取代马克思主义和在历史终结之时占统治地位的一种意识形态，它将成为另一块倒坍的多米诺骨牌。”③亨廷顿认为，苏联的解体使美国失去了一个“邪恶帝国”的对立面，由此，“我们是谁”就成为美国人面对的一个首要问题。换言之，美国原来在冷战期间由意识形态认同确立起来的国民身份在苏联解体后已不复存在，一种新的国民认同需要重新建立。而在美国的国民身份（主要包括

① [美]塞缪尔·亨廷顿：《文明的冲突与世界秩序的重建》，周琪，等译，新华出版社2002年版，第352—353页。

② [美]塞缪尔·亨廷顿：《谁是美国人?》，程克雄译，新华出版社2010年版，第14页。

③ [美]塞缪尔·亨廷顿：《文明的冲突与世界秩序的重建》，周琪，等译，新华出版社2002年版，第353页。

人种、民族、文化和意识形态四个部分）中，最重要的是文化。因此美国人应该重新在自己的文化和宗教信仰中找到自己的国民认同。而且，苏联的解体对美国来说是一个警示：政治原则对于一个持久的共同体来说只是一个易变的基础，而仅仅以政治信条界定自己但没有文化核心的社会是不会有立足之地的。“摒弃美国信条和西方文明，就意味着我们所认识的美利坚合众国的终结。实际上这也意味着西方文明的终结。”①

更为重要的是，冷战结束后，美国作为唯一的一个超级大国，尽管拥有世界上首屈一指的实力而使世界政治呈现出“一超多强”的形势，但是美国的实力和影响力逐渐在下降的确是不容置疑的事实。在处理诸如贸易保护主义、外交干预、经济制裁、人权问题、维和问题、制止大规模杀伤性武器扩散等重大国际问题方面，世界好像并不听从美国的调遣。尽管美国能够对任何重大的国际行动行使否决权，但是美国已经不能促使其他国家按其意志行事，这与“世界上唯一的超级大国”的形象并不相称。②美国的霸权正在后撤。因此，亨廷顿明示：“对于西方而言，明智之举不是试图制止权力的转移，而是学会在浅水中航行，忍受痛苦、减少冒险和捍卫自己的文化。”③而且，西方文明与其他文明的不同之处，不在于发展方式的不同，而在于它的价值观和体制的独特性，也就是说，西方文明的价值不在于它是普世的，而在于它是独特的。所以，“西方领导人的主要责任，不是试图按照西方的形象重塑其他文明，这是西方正在衰弱的力量所不能及的，而是保存、维护和复兴西方文明独一无二的特性。”④又由于美国是最强大的西方国家，这个责任就不可推卸地落在了美利坚合众国的肩上。

---

①［美］塞缪尔·亨廷顿：《文明的冲突与世界秩序的重建》，周琪，等译，新华出版社2002年版，第354页。

② Samuel P. Huntington, “The Erosion of Americon National Interests ”, Foreign Affairs, Vol.76No.5Sep/Oct ,1997:43。

③［美］塞缪尔·亨廷顿：《文明的冲突与世界秩序的重建》，周琪，等译，新华出版社2002年版，第360页。

④［美］塞缪尔·亨廷顿：《文明的冲突与世界秩序的重建》，周琪，等译，新华出版社2002年版，第360页。

但是，美国政府似乎并没有意识到美国所面临的严峻挑战和重大历史责任，并且还倾向于支持多元文化的发展。20世纪60年代民权法案通过后制定的各项立法就表现了多元文化的趋势，而在90年代，克林顿政府也把鼓励多样性作为其主要目标之一。美国政府"努力促进多样性的发展"的做法并"不是促进他们所管理的人民的团结"，相反还有使国家发生分裂的危险。

这严峻的形势对于"一名爱国者"亨廷顿而言，要说不产生国家的"危机感"肯定不符合事实。故而，作为一种"数量优势下的恐惧"（李慎之语）之产物的"文明冲突论"也就应时而生了。它打出文明或文化间差异的绝对性这块招牌，以呼吁西方国家团结起来捍卫已经衰落并且还在持续衰落的西方文明。殊不知，这正是亨廷顿在西方衰落、非西方崛起的后冷战时期的国际环境下的新种族主义意识形态话语权的彰显。

三、文明或文化的未来：冲突抑或共存？

至此，还有一个问题似乎是必然要予以回答的，即后冷战时期世界不同文明或文化发展的未来之路在哪里？冲突抑或共存？

许多学者或专家在反对亨廷顿的"冲突"模式时就提出了文明之间是共存、对话的观点。比如德国的米勒，他明确指出：不是文化的对抗，而是文化的共存与对话；国际社会必须更多地尝试进行合作，而不是简单地对抗；国际关系的复杂性、多样性不仅应该保持，而且应该善加利用。为此他奉劝大家："当心那些夸夸其谈的'伟大理论'，谁若戴上有色眼镜，看到的只能是有色的世界，久而久之他会把世界当成是有色的了，而忘记了它的本来状况。"[①]再如亚历山大·利洛夫指出，尽管亨廷顿的书中有出色的论述，但是他"认为文明的冲突将决定世界的地缘政治状况"是"一个错误的判断"，因为"人类的未来不取决于冲突，而取

① [德]哈拉尔德·米勒：《文明的共存——对塞缪尔·亨廷顿"文明冲突论"的批判》，郦红、那滨译，新华出版社2002年版，编者序言第2页。

决于各种文明之间的对话和互利合作"[①]。

对于不同文化及其发展，费孝通在耄耋之年时提出了"文化自觉"这一概念。"文化自觉只是指生活在一定文化中的人对其文化有'自知之明'，明白它的来历、形成过程、所具有的特色和它发展的趋向，不带任何'文化回归'的意思，不是要'复旧'，同时也不主张'全盘西化'或'全盘他化'。自知之明是为了加强对文化转型的自主能力，取得决定适应新环境、新时代时文化选择的自主地位。"那么如何实现"文化自觉"？对此，费老将这一历程归纳为十六个字："各美其美，美人之美，美美与共，天下大同。""各美其美"就是不同文化中的不同人群对自己传统的欣赏。这是处于分散、孤立状态中的人群所必然具有的心理状态。"美人之美"就是要求我们了解别人文化的优势和美感。这是不同人群接触中要求和合共存时必须具备的对不同文化的相互态度。"美美与共"就是在"天下大同"的世界里，不同人群在人文价值上取得共识以促使不同的人文类型和平共处。费老提出的此种文化价值的动态观念就是力图创造出一个跨越文化界限的"席明纳"（seminar的音译，即不同学者之间的对话），让不同文化在对话、沟通中取长补短。[②]

塔基耶夫在关于种族主义的分析中同样表达了不同种族的文化之间并不一定会发生冲突的观点。在《种族主义源流》中，在讨论"偏见、理论和行为"时，塔基耶夫引述了20世纪30年代的一个著名的社会学实验：社会学家理查德·T·拉皮尔于1934年和一对中国夫妇在美国旅行。在此期间，他们共住过66家旅馆，在180家餐厅用过餐，其中有一家拒绝接待他们。然后拉皮尔先生向所有他到过的旅馆餐厅发出一个问卷，询问其经理是否同意接待中国顾客。92%的旅馆和93%的餐馆回答是否定的。对此塔基耶夫说，这表明种族偏见和种族排斥行为之间"没有因果关系"，换言之，"不能仅仅从种族偏见或'排外'的态度（如通过调查可以衡量到那样）预见所谓种族主义的社会行为，也不能从被认为是

① [保]亚历山大·利洛夫：《文明的共存：世界地缘政治大趋势》，马细谱，等译，社会科学文献出版社2007年版，寄语中国读者第1页。

② 费孝通：《费孝通论文化与文化自觉》，群言出版社2005年版，第248页。

'种族主义'的意识形态著作（即使是有学问的）出发。这种非简单化直接违背了对于种族主义的共同认识的不容置疑的显见，因为这种认识假定偏见'必然导致'暴力'行动'，而行动意味着种族偏见或是种族主义的世界观（种族不平等作为'历史钥匙'的理论）。"①

不言自明的是，价值多元既是大势所趋，也是众望所归。因为，既然我们承认价值多元化是不可避免的事实，那么我们也就承认了建立在这种多元价值基础上的"差异"——无论这种差异是种族的、阶级的、风俗习惯的乃至还是其他方面的——是永远无法消灭的，甚至也未必要去追求这种消灭（正如我们未必追求"普世价值"一样）。还是习近平总书记说得好："人类文明多样性是世界的基本特征，也是人类进步的源泉……不同历史和国情，不同民族和习俗，孕育了不同文明，使世界更加丰富多彩。文明没有高下、优劣之分，只有特色、地域之别。文明差异不应该成为世界冲突的根源，而应该成为人类文明进步的动力。"②因此，未来人类文明或文化发展的方向绝不是亨廷顿的"冲突"之范式，而应是"和而不同，兼收并蓄"的"共存"之状态。

---

①［法］塔基耶夫：《种族主义源流》，高凌瀚译，北京三联书店出版社2005年版，第38页

②《习近平谈治国理政》第2卷，外文出版社2017年版，第543—544页

第五章 新时代中国意识形态构建路径初探

在《德意志意识形态》之“费尔巴哈”章中，马克思在批判一般意识形态特别是德国哲学时指出：“在思辨终止的地方，在现实生活面前，正是描述人们实践活动和实际发展过程的真正的实证科学开始的地方。……对现实的描述会使独立的哲学失去生存环境，能够取而代之的充其量不过是从对人类历史发展的考察中抽象出来的最一般的结果的概括。这些抽象本身离开了现实的历史就没有任何价值。它们只能对整理历史资料提供某些方便，指出历史资料的各个层次的顺序。”[①]在这里，马克思提到一个非常重要的概念——现实。

吴晓明认为，马克思的现实观与黑格尔的现实概念（真正的历史性）有着最本质的联系，其伟大变革的意义在于：它根本不依赖于绝对者上帝或神秘的“主客一体”，而完全从感性的—感性活动的—世界本身，来把握现实，阐述现实的本质性一度。他指出，在关于中国道路的理解过程中，马克思的现实观要求我们坚决地防止其转变为外部反思的抽象原则。因为外部反思严重地遮蔽了社会现实，根本不可能形成对中国道路的真正理解。[②]

对于加强新时代中国意识形态工作而言，我们同样必须在切中世情、国情、党情以及意识形态状况等诸多现实的基础上，毫不动摇地坚持马克思主义在意识形态领域的指导地位，极力防止意识形态的“泛化”与“淡化”，积极推动意识形态的改革与创新，加强意识形态工作的科学性，以避免各种脱离新时代中国现实的外部反思的抽象原则，形成一条中国

①《马克思恩格斯文集》第1卷，人民出版社2009年版，第526页。

② 吴晓明：《马克思的现实观与中国道路》，《中国社会科学》2014年第10期。

特色的加强意识形态工作路径。

第一节　坚持马克思主义在意识形态领域的指导地位

马克思主义是我们正确认识和改造世界的强大思想武器，是成功指导中国革命、建设和改革的行动指南。中国共产党创造性地将马克思主义普遍真理与复杂的中国社会实际相结合，深刻影响并创造着中国的历史进程，改变了中华民族的发展命运。中国共产党从建党开始，就明确以马克思主义为立党的根本。新中国成立以后，马克思主义又上升为国家的指导思想，成为执政党立国的根本。建国70多年以来，特别是改革开放以来，马克思主义越来越自觉地凝聚在党的纲领、路线、方针、政策和国家的社会、政治、法律、经济、文化、军事、外交活动之中。它作为指导性的意识形态影响着人们的政治言论和行动，成为评判执政党工作和社会发展是非得失最主要的政治标准。与此同时，作为国家的精神支柱，它还发挥着凝聚人心的社会功能，内化为衡量我国综合国力的一个重要尺度。实践反复证明，坚持马克思主义在意识形态的指导地位，不断推动马克思主义中国化，使其不断与时俱进地获得新的理论成果，用以能动地指导实践，是我们能够战胜一切艰难险阻、不断取得革命和社会主义建设胜利的重要原因。因此，对于“意识形态终结论”思潮，我们必须保持清醒的头脑，甄别其晚期资本主义意识形态的真正本质，毫不动摇地坚持马克思主义在意识形态领域的指导地位，引领新时代中国特色社会主义建设不断向前发展，实现中华民族伟大复兴的中国梦。

一、资本文明之“现实”本性决定了“意识形态终结论”思潮的晚期资本主义意识形态性质

克罗齐曾言：一切历史都是当代史。的确，我们总是以当代人的处境和方式阅读文本与历史。然而问题的关键在于我们应该采取何种方式和方法去阅读文本与历史，因为阅读的方式和方法不同，得出的结果也

必然不同甚至完全相异。就如黑格尔，他在对所谓主观思想或主观意识的批判过程中，以一种绝对唯心主义的方式，开辟出一条要求深入于社会现实的道路。但是黑格尔去世后，其哲学中已经绽出的社会现实在其学派的分裂和论战中却一度变得晦暗不明。青年黑格尔派和老年黑格尔派分别紧握着从黑格尔那里分有的“自我意识”与“实体”，在黑格尔的家园中展开了一场大战。虽然这是一场世界性的“喧嚣吵嚷”，但由于他们谈到的全部问题终究是在黑格尔体系的基地上产生的，因而问题本身及其回答都包含着神秘主义。也因此他们中甚至没有一个人试图对黑格尔体系进行全面的批判。尽管大战中费尔巴哈曾经“让人们的耳目为之一新”并多少向前迈进了几步，但他也因与黑格尔相比的“惊人的贫乏”而没有能够开辟出历史性的本质的那一度而最终仍然沦落为黑格尔哲学的一个“支脉”并偃旗息鼓于乡村生活中。唯有马克思，“站在德国以外的立场”上，从对“副本”的批判转到对“原本”的批判，开展出政治经济学批判以及在此批判中铺展开来的对黑格尔哲学——以及从属于“德意志意识形态”的全部“黑格尔哲学的分支”——的存在论批判，同时也开展出对“一般意识形态”的批判，扬弃了黑格尔哲学（德国哲学），拯救了在黑格尔那里已经绽出的“社会现实”，并在此“社会现实”的基础上科学地解释了历史：“意识在任何时候都只能是被意识到了存在，而人们的存在就是他们的现实生活过程。”也使科学成为“一门唯一的科学，即历史科学”。同时，马克思通过“自发分工”在存在论的层面上揭示了意识形态产生、形成和终结的过程，指出了一条消灭分工、消灭私有制、消灭劳动的实现人类解放的现实道路。正因为此，列宁在批判第二国际“修正主义”对马克思哲学的非难时，不仅指出其资产阶级意识形态的性质，而且提出“科学的意识形态”概念论证了马克思理论的科学性。也因此，海德格尔曾经如是说：现今的“哲学”只是满足于跟在知性科学后面亦步亦趋，这种哲学完全误解了我们时代的两重独特现实，即经济发展与这种发展所需要的架构；而马克思主义懂得这双重现实。[①]今天，我们依然生活在这样的社会现实中。

基于马克思历史唯物主义的现实观，笔者通过对从20世纪50年代开始兴起、20世纪90年代再度盛行、至今仍然苦苦支撑的“意识形态终结论”思潮进行考察后发现，这些“终结论”者在历史发生变迁的当口都及时捕捉到了此种变迁的脉搏，并从自己“独特”的视角将其道说出来。不可否认，此种道说在某种层面上对于社会发展经验事实的表达而言也并非不无道理。比如，贝尔对“后工业社会的来临”以及对那种特定历史条件下的某种意识形态的变化的阐述，福山对东欧剧变之“共产主义政权的大面积塌方”与“历史终结论”的分析，这些经验事实的确是社会历史发展过程中凸显出来的重要问题，并且这些经验事实的表达对于每个国家的决策者来说也具有一定程度的指导意义。但是，当他们将这些社会变迁的经验事实（“后工业社会的来临”、东欧剧变、冷战结束）作为宣判“意识形态的终结”的基本根据时，他们并没有将这些社会变迁的经验事实放在“现实”之“历史”中去考察，因为“事件如粪土”，即使是大事件，如若不能够将其纳入历史之中，也同样如此。质言之，他们所谓的“意识形态终结论”并没有真正切中当代的历史发展的社会现实，即历史发展大视野中的资本文明之本质。也就是说，根据历史唯物主义，只要资本文明没有被超越，阶级和国家依然存在，自发分工没有被消除，意识形态就不会终结。因此，笔者认为这股“意识形态终结论”思潮均因为没有能够真正切中资本文明之社会现实而成为虚幻的意识形态。

并且实践发展也已经证明了，马克思主义不仅没有终结，而且还是我们的同路人。从20世纪末的“千年思想家”评选中马克思的名列前茅，到2008年金融危机后“马克思热”的再度兴起，到福山的“对‘历史终结论’的重新思考”，再到中国特色社会主义的“奇迹”，马克思主义在现时代始终在场。就像习近平总书记指出的那样，马克思给我们留下的最有价值、最具影响力的精神财富，就是以他名字命名的科学理

① [法]F.费迪耶辑录:《晚期海德格尔的三天讨论班纪要》,丁耘摘译,《哲学译丛》2001年第3期。

论——马克思主义。这一理论犹如壮丽的日出，照亮了人类探索历史规律和寻求自身解放的道路。马克思主义极大推进了人类文明进程，至今依然是具有重大国际影响的思想体系和话语体系，马克思至今依然被公认为“千年第一思想家”①。所以，“意识形态终结论”只是那些资产阶级学者们对马克思主义的偏见和对资本主义制度的自恋，他们完全“不懂得资产阶级制度本身的伟大和暂时存在的必然性”②，因而才会有“以前是有历史的，现在再也没有历史了”③的外部反思式的主观论断。

胡锦涛曾经指出，“意识形态领域历来是敌对势力同我们激烈争夺的重要阵地，如果这个阵地出了问题，就可能导致社会动乱甚至丧失政权。敌对势力要搞乱一个社会、颠覆一个政权，往往总是先从意识形态领域打开突破口，先从搞乱人们的思想下手。”④正因为如此，尽管“意识形态终结论”者们一再向世界宣称“意识形态的终结”，但是，在其“意识形态终结论”的背后，掀起的却是反马克思主义之社会主义的惊涛骇浪。冷战时期，正是美国在意识形态领域对苏联的狂轰滥炸构成了苏联解体的一个重要原因。对此，约瑟夫·奈如是说：“冷战是借硬、软力量的结合取胜的。硬力量制造了军事遏制的对峙，但软力量从内部侵蚀了苏联体制。”⑤

后冷战时期，由以美国为首的西方国家主宰的意识形态战场更是硝烟弥漫。他们总是乔装打扮，打着维护“自由、民主、人权”的旗号，以不同手段向世界不同国家和民族传播资本主义价值理念。近年来发生在东欧各国的“颜色革命”就是最典型的事例。在美国为首的西方国家的插手和支持下，东欧各国先后发生了格鲁吉亚的“玫瑰色革命”、乌克兰的“橙色革命”、伊拉克的“紫色革命”、黎巴嫩的“雪松革命”、吉尔

① 习近平:《在纪念马克思诞辰200周年大会上的讲话》,《光明日报》2018年5月5日,第2版。

②《马克思恩格斯全集》第49卷,人民出版社2016年版,第80页。

③《马克思恩格斯文集》第1卷,人民出版社2009年版,第612页。

④《十六大以来重要文献选编》(中),中央文献出版社2006年版,第318页。

⑤［美］约瑟夫·奈:《软力量——世界政坛成功之道》,吴晓辉、钱程译,东方出版社2005年版,第52页。

吉斯斯坦的“黄色革命”、缅甸的“袈裟红”革命、伊朗的“绿色革命”等等，2010年底又在北非和西亚搞了个“阿拉伯之春”。“革命”之后建立的政权无一例外都是亲美亲西方的，以达到行销其所谓“普世价值”的目的。西方国家之所以有此作为，根本原因是为其国家利益服务的。“自由、民主、人权”是其意识形态的核心和灵魂，是维护其资产阶级国家利益的重要工具，因此，他们在任何情况下都会竭力将其向全世界推广。

不仅如此，西方国家还以文化渗透的方式向世界上其他国家特别是社会主义国家传播西方社会价值观，近年来较为突出的是通过新自由主义、民主社会主义、历史虚无主义等社会思潮传播资本主义价值观念。最近几年国际上还出现了专门针对中国的“中国威胁论”“中国责任论”“中国崩溃论”“中国奇迹终结论”等错误思潮。对此，习近平总书记一语中的：“国内外各种敌对势力，总是企图让我们党改旗易帜、改名换姓，其要害就是企图让我们丢掉对马克思主义的信仰，丢掉对社会主义、共产主义的信念。”①

因此，从当代意识形态领域更加激烈尖锐的斗争中不难看出，“意识形态终结论”是西方中心主义的“复活”，他们打着“终结”的旗号，其目的是想向全世界行销西方的价值观，从而让资本主义意识形态独霸全球，以实现其统治全球的野心。可见，这股思潮实质上是晚期资本主义时期最典型的资产阶级意识形态。对此，我们必须保持清醒的头脑，自觉抵制来自西方的“西化”和“分化”的不轨图谋，不为任何风险所惧，不被任何干扰所惑，“要把意识形态工作领导权和话语权牢牢掌握在手中，不断巩固马克思主义在意识形态领域的指导地位，巩固全党全国人民团结奋斗的共同思想基础”②，坚定不移地走中国特色社会主义道路。

---

①《习近平谈治国理政》第2卷，外文出版社2017年，第327页。

② 中共中央宣传部编：《习近平总书记系列重要讲话读本》，学习出版社、人民出版社2016年版，第193页。

二、实现中华民族伟大复兴的中国梦必须毫不动摇地坚持马克思主义在意识形态领域的指导地位

在纪念马克思200周年诞辰大会上，习近平指出，马克思主义不仅深刻改变了世界，也深刻改变了中国。近代以来，在争取民族独立、人民解放和实现国家富强、人民幸福的历史大潮中，中国共产党人不断地把马克思主义基本原理与中国革命、建设和改革开放的具体实际相结合，团结带领中国人民逐步完成了中国新民主主义革命、社会主义革命、社会主义建设以及中国特色社会主义新的伟大实践，使中华民族实现了从站起来到富起来再到强起来的伟大飞跃。这一系列伟大飞跃以铁一般的事实证明了：只有社会主义才能救中国；只有中国特色社会主义才能发展中国；只有坚持和发展中国特色社会主义才能实现中华民族伟大复兴。①

因此，在这样一个大发展大变革的全球化时代，中国特色社会主义要发展，必须要改革，舍此，别无他途；只要改革就必须坚持马克思主义为指导，坚持社会主义道路，舍此，也无他途。关于这一问题，我们已经有了前车之鉴，那就是20世纪的重大世界历史事件——苏联的兴亡。

众所周知，苏联的诞生是马克思主义和俄国实践相结合的结果，关于这一点无须多言。对于苏联解体，许多专家和学者说法不一。毋庸置疑的是，苏联的解体是多方面的原因造成的，比如，长期僵化教条的指导思想的统治，体制过时，经济结构失调，改革操作严重失误，等等。这些诸多的原因中凸显出的一个非常重要的因素，那就是意识形态因素，换句话说，苏联在意识形态领域的放松和失误是导致苏联解体的最重要原因。这种放松和失误主要表现在两个方面：

一是在社会主义建设和改革中没有真正坚持马克思主义在意识形态领域的指导地位。我们知道，历史环境理论是唯物史观的核心，它是马

---

① 习近平：《在纪念马克思诞辰200周年大会上的讲话》，《光明日报》2018年5月5日，第2版。

克思主义的活的灵魂，它要求理论和实践必须紧密结合，具体地分析具体的情况。因为，极为相似的事情发生在不同的环境中就引起了完全不同的结果，所以马克思特别反对将他的理论不加分析地教条化并贴上标签到处乱用。然而，苏联的社会主义建设和改革自列宁去世后，基本就是受僵化教条的指导思想，即所谓的马克思主义的统治，从而导致体制过时，经济结构失调，改革也不能沿着正确的方向进行，以至于后来苏共严重脱离人民群众而丧失了人心，等等。所以这种僵化教条的马克思主义已经不是真正的马克思主义了。

二是苏共在改革和建设中忽视甚至放弃了意识形态建设及其安全的维护。苏联解体后，世界各国的许多专家和学者都在总结和反省其解体的原因。美国著名的苏联问题专家大卫·科兹在《“来自上层的革命”：苏联的解体》一书中认为，是“来自上层的革命”导致苏联的解体，也就是说，在由戈尔巴乔夫改革产生的新的政治条件下，大部分位居国家要职的苏联党-国精英，以及其他重要的官方组织，由拥戴社会主义转向了拥戴资本主义，从而导致了国家的解体。①事实上，苏联之所以会发生“来自上层的革命”，还是苏联领导人忽视乃至放弃了马克思主义意识形态领域的工作导致的。比如1966年11月10日，苏共中央政治局专门召开会议着重研究和部署意识形态工作，勃列日涅夫主持会议并发表长篇讲话，他指出，“在我们党和国家的工作中，有一个领域我们做得还很少，这就是我们党和国家的意识形态工作。这方面的缺点，而在有些地方甚至是严重的错误，已经开始让人越来越明显地感受到了。”“我们拥有关于国际政治和实际问题、关于国内经济问题的情况通报。而关于意识形态工作问题方面，我们却没有这样的通报。”在会上，安德罗波夫也说：“确实需要一本那种书，一部真正马克思列宁主义的著作，一部应能阐明我们时代的多样性和丰富多彩的著作……我国年轻一代头脑中出现一片混乱的原因，就是没有一本教科书。”波诺马廖夫也指出：“没有什么问题比编写出一本马克思列宁主义的、论述我们党的历史的教科书更

---

① [美]大卫·科兹、弗雷德·威尔:《来自上层的革命:苏联体制的终结》,曹荣湘,等译,中国人民大学出版社2008年版,第3页。

为重要的了，我们应当在这本教科书中全力展现列宁和列宁主义。”[①]

与苏共政要对待意识形态的态度完全相反，美国历届总统都特别强调意识形态对于国家利益的重要性。比如，尼克松直言不讳地说：“我们与苏联的竞争是军事、经济和政治性的，但美苏之争的根源在于意识形态。苏联想要传播共产主义和毁灭自由，而美国则想要阻止共产主义和传播自由。如果我们在思想意识战中败北，则我们所有的武器、条约、贸易、外援和文化关系都毫无用处。”[②]里根也同样指出，对于两种不同社会制度来说，最终的决定性因素不是核弹和火箭，而是意识和思想的较量，要通过帮助这些国家培植“民主”的基础机构，即成立工会、组织政党、开办大学的制度，开展同苏联在思想和价值观念上的“和平竞争”，最终把“马克思列宁主义抛进历史的垃圾堆”。鉴于此，自冷战之始美国就动用了一切手段和工具，尽其所能地展开对苏联意识形态领域的“狂轰滥炸”。在这样的意识形态博弈战场上，鹿死谁手当然是再明显不过了。

正如马克思早已指出的那样：“如果从观念上来考察，那么一定的意识形式的解体足以使整个时代覆灭。”[③]所以，江泽民在总结东欧剧变、苏联解体的教训时说：“放弃了社会主义道路，放弃了无产阶级专政，放弃了共产党的领导地位，放弃了马克思列宁主义，结果使得已经相当严重的经济、政治、社会、民族矛盾进一步激化，最终酿成了制度剧变、国家解体的历史悲剧。”[④] 2000年，利加乔夫访问中国。在谈到中国改革的成功经验时，他认为马克思主义武装起来的政党起了最重要的作用，为此他说：“中国经济和社会发展的实践，验证着列宁的遗训：不走社会主义道路就无法前行。”[⑤]前车之鉴，后事之师，苏联解体的历史教训，

① 转引自叶书宗：《苏共思想教育工作的失策与苏联剧变》，载秦维宪、叶祝弟主编：《警钟：聚焦苏东剧变》（上），上海三联书店2016年版，第55—56页。

② [美]尼克松：《1999：不战而胜》，朱佳穗、华棣、刘亚伟译，长征出版社1988年版，第86页。

③《马克思恩格斯文集》第8卷，人民出版社2009年版，第170页。

④《江泽民文选》第3卷，人民出版社2006年版，第230页。

⑤ [俄]叶·库·利加乔夫：《警示》，钱乃成，等译，当代世界出版社2001年版，第6页。

我们必须谨记!

党的十九大报告确定了我国发展新的历史方位，即中国特色社会主义进入了新时代。在这一新的时代条件下，我们要进行伟大斗争、建设伟大工程、推进伟大事业、实现伟大梦想。而要完成这“四个伟大”，就必须增强“四个自信”，即道路自信、理论自信、制度自信、文化自信。而增强“四个自信”，就必须“既不走封闭僵化的老路，也不走改旗易帜的邪路，保持政治定力，坚持实干兴邦，始终坚持和发展中国特色社会主义道路”①。

故而，在当今资本主义仍然处于强势的全球化时代，我们建设新时代的中国特色社会主义，增强“四个自信”，完成“四个伟大”，必须毫不动摇地坚持马克思主义在意识形态领域的指导地位，努力加强社会主义核心价值体系建设，提高引导能力，壮大主流思想舆论，从而保证中国特色社会主义建设事业的正确航向，实现中华民族伟大复兴的中国梦。

第二节　科学定位意识形态的功能和作用，防止意识形态的“泛化”与“淡化”

一、意识形态及其功能和作用

我们知道，意识形态是一个争议颇多且复杂的概念。不过，在诸多意识形态概念中，马克思主义的意识形态概念科学地揭示了意识形态的真正来源、地位和作用：“人们在自己生活的社会生产中发生一定的、必然的、不以他们的意志为转移的关系，即同他们的物质生产力的一定发展阶段相适合的生产关系。这些生产关系的总和构成社会的经济结构，即有法律的和政治的上层建筑竖立其上并有一定的社会意识形态与之相适应的现实基础。物质生活的生产方式制约着整个社会生活、政治生活和精神生活的过程。不是人们的意识决定人们的存在，相反，是人们的

① 习近平:《决胜全面建成小康社会 夺取新时代中国特色社会主义伟大胜利——在中国共产党第十九次全国代表大会上的报告》,人民出版社2017年版,第17页。

社会存在决定人们的意识。”[①]在这段经典表述中，马克思阐述的是社会基本矛盾运动规律，即生产力与生产关系、经济基础与上层建筑的矛盾运动规律。根据这一规律，在任何社会中，竖立在经济基础之上的上层建筑是由政治上层建筑和观念上层建筑构成的。前者主要指建立在经济基础之上的政治法律设施和政治法律制度，其核心是国家政权；后者主要指政治法律思想、道德、宗教、艺术和哲学等思想体系。并且二者的关系极为密切：政治上层建筑是在观念上层建筑的指导下建立起来的；一旦政治上层建筑（特别是国家制度）形成后，它又会成为一种影响和制约观念上层建筑的现实的力量。这二者作为上层建筑，既是经济基础的反映，同时又对经济基础具有能动作用。可见，作为自觉地、系统地反映经济基础和政治制度的思想体系的意识形态，它不仅反映并服务于该社会占统治地位的生产关系，同时也决定着这个社会观念上层建筑的性质，并起着维系社会存在、整合社会认同、缓和社会矛盾、实现统治阶级根本利益的作用。

正是基于唯物史观对意识形态的科学定位，近年来，习近平总书记在多次讲话中，一方面强调，经济建设是党的中心工作，对于这一中心工作，我们必须始终坚持不动摇。“党的十一届三中全会以来，我们党始终坚持以经济建设为中心，集中精力把经济建设搞上去、把人民生活搞上去。只要国内外大势没有发生根本变化，坚持以经济建设为中心就不能也不应该改变。这是坚持党的基本路线100年不动摇的根本要求，也是解决当代中国一切问题的根本要求。同时，只有物质文明建设和精神文明建设都搞好，国家物质力量和精神力量都增强，全国各族人民物质生活和精神生活都改善，中国特色社会主义事业才能顺利向前推进。”[②]另一方面，习近平总书记强调，意识形态工作是党的一项极端重要的工作，要坚持和巩固党对这一工作的领导，毫不松懈。

①《马克思恩格斯文集》第2卷，人民出版社2009年版，第591页。

②《习近平谈治国理政》第1卷，外文出版社2018年，第153页。

二、防止意识形态的“泛化”与“淡化”

（一）意识形态的“泛化”及其危害

所谓意识形态的“泛化”，即“泛意识形态化”，是指在传播、诠释或践行意识形态的过程中，对意识形态所做出的泛化或过度化现象，导致意识形态被夸大和绝对化，使意识形态与非意识形态相混同甚至等同，从而过分强化以致曲解意识形态的功能。在人类历史上，意识形态“泛化”的现象很多，危害性也很大。

“文化大革命”就告诉我们意识形态“泛化”带来的严重后果。因此，改革开放后，我们党吸取“文化大革命”之意识形态“泛化”的经验教训，重新确立实事求是的思想路线，以经济建设为中心，大力发展生产力，不再搞姓“资”与姓“社”的意识形态争论，一心一意搞社会主义建设。因为，贫穷不是社会主义，发展太慢也不是社会主义。“社会主义的本质，是解放生产力，发展生产力，消灭剥削，消除两极分化，最终达到共同富裕。”所以，对于姓“资”与姓“社”，我们判断的标准，不是计划经济与市场经济，而是“主要看是否有利于发展社会主义社会的生产力，是否有利于增强社会主义国家的综合国力，是否有利于提高人民的生活水平”①。换言之，“又红又专”的意识形态标签以及由此展开的阶级斗争不可能把中国的社会主义建设好，更不可能带领中国人民实现中华民族伟大复兴的中国梦。

（二）“意识形态的淡化论”思潮与邓小平的“不争论”思想

和意识形态的“泛化”相反，意识形态的“淡化”，是指在意识形态的宣传、诠释和践行中，过分弱化甚至否定意识形态的社会功能，认为意识形态已经被“超越”、被“终结”了，因而主张“非意识形态化”“去意识形态化”。20世纪90年代前后，国内就出现了这种社会思潮。

“意识形态淡化论”思潮之所以在当时会出现，一方面是由于国内改革开放和社会主义市场经济体制的确立所带来的社会结构的深刻变动以

①《邓小平文选》第3卷，人民出版社1993年版，第372—373页。

及利益格局的重大调整而引起人们思想观念的深刻变化，另一方面是受西方“意识形态终结论”思潮的影响。“意识形态淡化论”思潮在我国开始出现并一度盛行。这股思潮在许多领域都有体现，主要有：学术领域中一些人宣扬马克思主义“过时论”“无用论”“对立论”，从不同侧面攻击、损毁马克思主义；历史领域中有的人宣扬“历史虚无主义”，美化帝国主义的侵略历史，歪曲中国革命的历史，否定中国共产党的主流和本质；文化生活领域中有些人主张文化应当与主流意识形态“分家”，热衷于“快餐文化”“庸俗文化”“非主流化”“躲避崇高”；教育领域一些人也主张“淡化意识形态”，有些地方的历史教科书忽视唯物史观，有些地方的教材内容舍弃经典，“全盘西化”；政治生活领域中，有些地方和部门忽视思想政治工作，放松对主流意识形态的学习，一些人只讲物质利益，不讲理想信念，只重视实践，不重视理论，少数党员干部共产主义信仰缺失，意志衰退，享乐主义、官僚主义突出。该思潮的出现对我国意识形态工作造成严峻的挑战。

“意识形态淡化论”者“淡化”意识形态的一个重要借口就是，认为改革开放以来国内及国际局势发生了重大变化，当时提出的“不争论”“解放思想”“三个有利于”“不去计较社会制度和意识形态的差别”等重要思想就是“淡化”意识形态在我国经济社会发展中的重要作用。笔者认为，这种观点是对“不争论”等思想的严重误读。

我们知道，“不争论”思想是邓小平提出来的。该思想主要有两方面的内涵：一是干实事，坚持实践第一，用事实说话，用邓小平的话说就是：“不争论，是为了争取时间干。一争论就复杂了，把时间都争掉了，什么也干不成。”[①]该思想体现了邓小平的马克思主义实践观。一种思想是否正确，不是靠争论而是在实践中检验出来的。针对当时中国改革开放中姓“资”还是姓“社”问题的争论，邓小平指出，不要争论姓“资”还是姓“社”，“我们改革开放的成功，不是靠本本，而是靠实践，靠实事求是。”[②]当1992年南巡中看到武昌、深圳、上海等地的巨大变化时，

①《邓小平文选》第3卷，人民出版社1993年版，第374页。

②《邓小平文选》第3卷，人民出版社1993年版，第382页。

邓小平更坚定地认为，改革开放的政策到底是姓“资”还是姓“社”，事实是最好的答案。因此，邓小平提出了判断姓“资”还是姓“社”的“三个有利于”标准。二是指在外交上不搞争论，即邓小平认为，改革开放时期我们党和政府在处理国际事务、发展国家关系时不以社会制度划界，不以意识形态决定亲疏。因为，“每一个国家、每一个党都有自己的经历，情况千差万别。”①当20世纪90年代前后苏东局势岌岌可危、国际局势风云变幻的时候，邓小平提出了“冷静观察”“沉着应付”等策略方针，指出“不管苏联怎么变化，我们都要同它在和平共处五项原则的基础上从容地发展关系，包括政治关系，不搞意识形态的争论。”②也因此，在1989年10月31日邓小平会见美国前总统尼克松时如是说：“考虑国与国之间的关系主要应该从国家自身的战略利益出发。着眼于自身长远的战略利益，同时也尊重对方的利益，而不去计较历史的恩怨，不去计较社会制度和意识形态的差别，并且国家不分大小强弱都相互尊重，平等相待。这样，什么问题都可以妥善解决。”③

当然，“不争论”也不是没有限度。在事关“举什么旗、走什么路”等重大原则问题、是非问题上，邓小平不仅主张争论，而且要争论到底。邓小平指出：“整个帝国主义西方世界企图使社会主义各国都放弃社会主义道路，最终纳入国际垄断资本的统治，纳入资本主义的轨道。现在我们要顶住这股逆流，旗帜要鲜明。因为如果我们不坚持社会主义，最终发展起来也不过成为一个附庸国，而且就连想要发展起来也不容易……只有社会主义才能救中国，只有社会主义才能发展中国。在这一点上，这次暴乱对我们的启发十分大，十分重要，使我们头脑更加清醒起来。不走社会主义道路中国就没有前途。”④因此，当资产阶级自由化思潮在当时盛行的时候，对于改革是姓“资”还是姓“社”的争论，邓小平特别强调说要争论：“某些人所谓的改革，应该换个名字，叫作自由化，即

①《邓小平文选》第3卷，人民出版社1993年版，第236—237页。

②《邓小平文选》第3卷，人民出版社1993年版，第353页。

③《邓小平文选》第3卷，人民出版社1993年版，第330页。

④《邓小平文选》第3卷，人民出版社1993年版，第311页。

资本主义化。他们‘改革’的中心是资本主义化。我们讲的改革与他们不同，这个问题还要继续争论的。”①

由此我们可以看出，邓小平之所以提出“不争论”思想，主要原因有三：（1）纠正国内存在的“意识形态泛化”的“左”倾错误；（2）减少改革开放政策的干扰力量，加快经济建设步伐，应对国际挑战；（3）吸取中华人民共和国成立后我们党内存在的两次大争论（中苏之间关于谁是修正主义的争论和“文革”中关于无产阶级与资产阶级、社会主义道路与资本主义道路的争论）的深刻历史教训。其根本目的是恢复马克思主义意识形态本来应有的在社会有机体中的地位和作用，实现意识形态功能和价值的理性回归。“意识形态淡化论”者将这些思想说成是对意识形态的“淡化”，要么是因其学理上的无知而造成的严重误读，要么就是别有用心而故意歪曲。对此，我们应学会甄别并保持警醒。

综上，“意识形态泛化论”者夸大意识形态的作用，“意识形态淡化论”者弱化意识形态的作用，二者的做法都背离了马克思主义，其最终结果也都削弱了马克思主义意识形态在中国的指导地位，给新时代中国社会主义意识形态建设构成严峻挑战。因此，积极应对这些挑战，做好新时代中国意识形态领域的各项工作，就必须在科学定位意识形态的功能和地位的同时，坚决防止意识形态的“泛化”和“淡化”。

第三节　推动意识形态改革与创新，加强意识形态工作的科学性

一、意识形态改革与创新是唯物史观规定的题中应有之意

根据唯物史观，意识形态是“社会有机体”的一个组成部分，它既由社会存在决定，同时又具有相对独立性和能动性，对社会存在具有反作用。因此，当意识形态领域出现各种各样的问题时，其实质则是经济基础领域诸多问题在意识形态上的反射和回声。所以要解决意识形态领

①《邓小平文选》第3卷，人民出版社1993年版，第297页。

域的各种问题，就不能局限于意识形态这个“副本”，归根到底要依赖于经济社会“原本”问题的解决。换言之，当经济社会之“原本”发生变化时，意识形态这个“副本”也应随之而发生变化，否则，“副本”不仅不能起到服务于“原本”的积极作用，反而会成为“原本”发展的严重障碍。因此，意识形态改革和创新是唯物史观规定的题中应有之意。

正是因为如此，改革开放40多年来，当我国的经济、政治、社会、文化、生态等领域都发生了重大而深刻的变化，我们党的意识形态也随之不断地进行改革和创新。从党的十一届三中全会提出的“以经济建设为中心，大力发展生产力”，到我们党的第二代领导集体核心邓小平提出物质文明建设和精神文明建设的“两位一体”建设，要求我们党要“两手抓，两手都要硬”，再到以江泽民为核心的第三代领导集体，结合新的历史实践创造性地提出政治文明建设，形成了政治、经济、文化建设“三位一体”的总布局，又到胡锦涛在党的十六届四中全会把构建社会主义和谐社会作为我们党的执政目标，创造性地提出了社会建设，把社会主义建设的总布局由“三位一体”升华为“四位一体”，都体现了这种改革和创新，又随着中国特色社会主义建设实践的深化，在科学发展观的指导下，我们党开始高度关注生态文明建设，并在十七大报告中率先提出了生态文明建设的概念和内容，在党的十八大报告中，把生态文明建设写入新修改的党章，提出“五位一体”的总体布局。党的十八大以来，我们党面对世界经济复苏乏力、局部冲突和动荡频发、全球性问题加剧的外部环境，面对我国京津发展进入新常态等一系列深刻变化，在统筹推进“五位一体”的总体布局基础上，提出“四个全面”战略布局、“一带一路”倡议、构建“人类命运共同体”等一系列新理念新思想新战略，出台一系列重大方针政策，推出一系列重大举措，推进一系列重大工作，由此解决了许多长期想解决而没有解决的难题，办成了许多过去想办而没有办成的大事，从而使中国特色社会主义进入了新时代。可见，正是因为我们党在中国特色社会主义建设的发展进程中不断改革和创新意识形态，才能有意识形态与经济基础以及政治上层建筑的良性互动，中国特色社会主义也才能在风云变幻的复杂国际国内环境中健康快速发展。

二、推动意识形态工作的改革和创新

2013年11月12日，党的十八届三中全会召开，会议研究了全面深化改革的若干重大问题，通过了《中共中央关于全面深化改革若干重大问题的决定》，这是中共中央关于新时期全面深化改革和发展的纲领性文献。该决定明确提出，必须更加注重改革的系统性、整体性、协同性，加快发展社会主义市场经济、民主政治、先进文化、和谐社会、生态文明，让一切劳动、知识、技术、管理、资本的活力竞相迸发，让一切创造社会财富的源泉充分涌流，让发展成果更多惠及全体人民。[①]改革的"系统性、整体性、协同性"要求意识形态必须改革和创新，否则难以促进"五位一体"总布局的发展。而且，当今国际国内局势的快速发展和变化，倒逼意识形态工作必须改革和创新。比如，随着互联网与自媒体的快速发展，我国网民规模快速增长，这迫使我们意识形态工作的方向、目标、方法、手段、内容等都要改革和创新。据中国互联网络信息中心（CNNIC）发布的第43次《中国互联网络发展状况统计报告》显示，截至2018年12月，我国网民规模达8.29亿，新增网民5653万，互联网普及率达59.6%，较2017年年底提升了3.8个百分点。其中手机网民规模达8.17亿，比例高达98.6%，使用手机上网的比例达到了98.6%，较2017年增长了1.1个百分点。手机网络视频用户规模达5.9亿，较2017年底增加4101万。报告还显示，2018年我国网民的人均周上网时长为27.6小时，较2017年底提高0.6个小时。该报告分析，互联网覆盖范围进一步扩大，贫困地区网络基础设施"最后一公里"逐步打通是网民总量上涨的主要原因。基于网络形势发展与网民数量尤其是手机网民数量巨大的现实状况，我们的意识形态工作就必须要把网上舆论工作作为重点来抓，不仅要加大力量投入，尽快掌握网络舆论战场的主动权，还要解决"本领恐慌"问题，不断学习新媒体技术，成为运用现代传媒新技术新手段新方法的行家里手。否则，网络意识形态战场就会被别的势力占领而使我们边缘化。因此，意识形态工作必须随着社会条件的变化而变化，"明者因时而

①《中共中央关于全面深化改革若干重大问题的决定》，人民出版社2013年版，第3页。

变，知者随事而制。”

也是基于此，习近平总书记特别强调，做好意识形态工作，现在比以往任何时候都更加需要创新，因为“有些做法过去有效，现在未必有效；有些过去不合时宜，现在却势在必行；有些过去不可逾越，现在则需要突破” 。同时，他还指出了抓好意识形态工作创新的三个方法，即理念创新、手段创新和基层工作创新，要求意识形态工作者要保持思想的敏锐性和开放度，努力以思想认识新飞跃打开工作新局面，积极探索有利于破解工作难题的新举措新办法，充分运用新技术新应用创新媒体传播方式，占领信息传播制高点，把创新的重心放在基层一线，扎实做好抓基层、打基础的工作。①

三、加强意识形态工作的科学性

在2013年的全国宣传思想工作会议上，习近平总书记指出：“能否做好意识形态工作，事关党的前途和命运，事关国家长治久安，事关民族凝聚力和向心力。”②也是由于意识形态工作的至关重要性，要求必须加强意识形态工作的科学性。

（一）坚持和巩固党对意识形态工作的领导

首先，这里的党是马克思主义的政党。马克思主义政党坚持以马克思主义为指导，坚持中国特色社会主义道路和共产主义信念，坚持以人民为中心，这是我党的根本。意识形态工作首先要固这个本，坚定这个信仰，不忘初心，牢记始终。国内外各种敌对势力，总是企图通过各种方式想让我们改旗易帜，扔掉对社会主义与共产主义的信仰，接受西方的所谓“普世价值”，对于这一问题，全党一定要保持清醒头脑，在事关“举什么旗、走什么路”这个根本问题上，我们必须旗帜鲜明、毫不含糊。

① 中共中央宣传部编:《习近平总书记系列重要讲话读本》,学习出版社2016年版,第196—197页。

②中共中央宣传部编:《习近平总书记系列重要讲话读本》,学习出版社2016年版,第193页。

其次，坚持党对意识形态工作的领导要全党动手。当今时代，社会思想观念活跃，价值观多元，主流与非主流、先进与落后、东方与西方，各种社会思潮叠加交织，这需要全党动手，齐抓共管，做好意识形态各项工作。“各级党委要切实负起政治责任和领导责任，严格落实意识形态工作主体责任，加强对意识形态领域重大问题的分析研判，加强对重大战略性任务的统筹指导，推动重大部署、重要任务的落实。”①

（二）树立大宣传理念，建立意识形态工作统一战线

做好意识形态工作，需要上下联动，齐抓共管。这就要求树立大宣传的工作理念，动员各条战线、各个部门一起做，把意识形态工作同各个领域、各个阶层、各个管理部门紧密结合起来，建立意识形态工作统一战线，形成意识形态宣传的强大合力。

首先，宣传思想部门要承担起意识形态宣传工作的重大使命。各级宣传思想部门的领导干部要加强学习，加强实践，提升自己的意识形态工作实力和能力，“打铁还需自身硬”，真正成为意识形态工作的行家里手，并带动整个宣传部门，做到守土有责、守土负责、守土尽责。进而守住思想舆论领域的红色地带，压缩黑色地带，争取灰色地带。

其次，哲学社会科学工作者要加倍努力。当前，我国哲学社会科学还处于有数量缺质量、有专家缺大师的状况，其在中国特色社会主义建设事业的作用还没有充分发挥出来。要改变这个状况，充分发挥哲学社会科学的重要作用，需要广大哲学社会科学工作者加倍努力。一是要坚持马克思主义在哲学社会科学领域的指导地位，不断改变一些不良现象，比如马克思主义在一些实际工作中、在一些领域被边缘化、空泛化、标签化，在一些学科中“失语”、教材中“失踪”、论坛上“失声”等，不断推进马克思主义中国化、时代化和大众化。二是哲学社会科学工作者要立足本土、借鉴外来，挖掘历史、把握当代，关怀人类、面向未来的思路，着力构建中国特色哲学社会科学，让哲学社会科学在中国特色社

①中共中央宣传部编:《习近平总书记系列重要讲话读本》,学习出版社2016年版,第195页。

会主义建设中发挥更大引领作用。

再次，思想政治理论课教师要真正落实立德树人的根本任务。2019年3月18日，习近平主持召开学校思想政治理论课教师座谈会，从党和国家事业长远发展的战略高度出发，深刻阐明了学校思想政治理论课的重要意义，并就如何办好新时代思想政治理论课做出部署，提出要求，为做好新时代学校思想政治工作、培养担当民族复兴大任的时代新人提供了重要遵循。基于此，每一位思想政治理论课教师，都要遵循这一要求，在培养中国特色社会主义事业接班人问题上，切实做到“旗帜鲜明，毫不含糊”，用习近平新时代中国特色社会主义思想铸魂育人，理直气壮地上好思政课，帮助“拔节孕穗期”的青少年“扣好人生的第一粒扣子”，充分发挥思想政治理论课作为“关键课程”的重要作用，真正落实立德树人的根本任务，为中国特色社会主义事业培养好“祖国的未来、民族的希望”。

最后，要重视文化统一战线的建设。意识形态工作必须以马克思主义为指导，这是大原则。在遵循这一原则的前提下，为了凝聚人心，团结一切可以团结的力量，必须要重视文化统一战线的建设工作。中国革命和建设正反两方面的经验已经证明了这一建设工作的重要性。中国新民主主义革命时期，如果没有文化上的统一战线，革命是不可能取得成功的。在新时代没有硝烟的意识形态战场上，我们更要重视文化统一战线的建设，在坚持马克思主义，坚持社会主义核心价值观的前提下，帮助更多的人在“多元”世界中找到“一元”，以解决人们的“共同家园”问题，从多元角度形成建设中国特色社会主义事业的强大合力，实现中华民族伟大复兴的中国梦。

主要参考文献

一

马克思恩格斯文集(全十卷)[M].北京:人民出版社,2009.

马克思恩格斯选集(全四卷)[M].北京:人民出版社,2012.

列宁选集:第1卷[M].北京:人民出版社,1995.

列宁专题文集(全四卷)[M].北京:人民出版社,2009.

毛泽东选集:第2卷[M].北京:人民出版社,1991.

邓小平文选:第2卷[M].北京:人民出版社,1994.

邓小平文选:第3卷[M].北京:人民出版社,1993.

习近平谈治国理政[M].北京:外文出版社,2014.

习近平谈治国理政:第二卷[M].北京:外文出版社,2017.

二

安东尼·吉登斯:第三条道路——社会民主主义的复兴[M].郑戈译,北京:北京大学出版社,2000.

大卫·哈维:新帝国主义[M].初立忠,沈晓雷译,北京:社会科学文献出版社,2009.

大卫·哈维:新自由主义简史[M].王钦译,上海:上海译文出版社,2010.

大卫·麦克里兰:意识形态[M].孔兆政,蒋龙翔译,长春:吉林人民出版社,2005.

戴维·S·梅森:美国世纪的终结[M].倪乐雄,孙远峰,等译,上海:上海辞书出版社,2009.

丹尼尔·贝尔:后工业社会的来临——对社会预测的一项探索[M].高铦,王宏周,魏章玲译,北京:商务印书馆,1984.

丹尼尔·贝尔:意识形态的终结——五十年代政治观念衰微之考察[M].张国清译,南京:江苏人民出版社,2001.

弗朗西斯·福山:国家构建:21世纪的国家治理与世界秩序[M].黄胜强,许铭原译,北京:中国社会科学出版社,2007.

弗朗西斯·福山:历史的终结及最后之人[M].黄胜强,许铭原译,北京:中国社会科学出版社,2003.

弗朗西斯·福山:美国处在十字路口:民主、权力与新保守主义的遗产[M].周琪译,北京:中国社会科学出版社,2008.

弗朗西斯·福山:政治秩序的起源:从前人类时代到法国大革命[M].毛俊杰译,桂林:广西师范大学出版社,2014.

弗朗西斯·福山:政治秩序与政治衰败:从工业革命到民主全球化[M].毛俊杰译,桂林:广西师范大学出版社,2015.

哈贝马斯:作为"意识形态"技术和科学[M].李黎,郭官义译,上海:学林出版社 1999.

黑格尔:历史哲学[M].王造时译,上海:上海书店出版社,2003.

黑格尔:小逻辑[M].贺麟译,北京:商务印书馆,1980.

黑格尔:哲学史讲演录:第4卷[M].贺麟,王太庆译,北京:商务印书馆,1997.

霍克海默:批判理论[M].李小兵译,重庆:重庆出版社,2005.

哈拉尔德·米勒:文明的共存——对塞缪尔·亨廷顿"文明冲突论"的批判[M].郦红,那滨译,北京:新华出版社,2002.

汉娜·阿伦特:马克思与西方政治思想传统[M].孙传钊译,南京:江苏人民出版社,2007.

加达默尔:哲学解释学[M].夏镇平,宋建平译,上海:上海译文出版社,2004.

约翰·B.汤普森:意识形态与现代文化[M].高铦,文涓,高戈,等译,南京:译林出版社,2005.

康德:历史理性批判文集[M].何兆武译,北京:商务印书馆,1996.

科耶夫:黑格尔导读[M].姜志辉译,南京:译林出版社,2005.

雷蒙·阿隆:雷蒙·阿隆回忆录——五十年的政治思考[M].刘燕清,等译,北京:生活·读书·新知三联书店,1992.

雷蒙·阿隆:知识分子的鸦片[M].吕一民,顾杭译,南京:译林出版社,2005.

罗纳德·H.奇尔科特:比较政治学理论——新范式的探索[M].高铦、潘世强译,北京:社会科学文献出版社,1998.

雷迅马:作为意识形态的现代化[M].牛可译,北京:中央编译出版社,2003.

路易·阿尔都塞:保卫马克思[M].顾良译,北京:商务印书馆,2007.

马尔库塞:单向度的人——发达工业社会意识形态研究[M].刘继译,上海:上海译文出版社,2006.

马克斯·韦伯:马克斯·韦伯社会学文集[M].阎克文译,北京:人民出版社,2010.

马克斯·韦伯:新教伦理与资本主义精神[M].苏国勋,等译,北京:社会科学文献出版社,2010.

尼克松:《1999:不战而胜》[M].朱佳穗,华棣,刘亚伟译,北京:长征出版社,1988.

斯拉沃热·齐泽克,泰奥迪·阿多尔诺:图绘意识形态[M].方杰译,南京:南京大学出版社,2002.

斯拉沃热·齐泽克:意识形态的崇高客体[M].季广茂译,北京:中央编译出版社,2002.

塞缪尔·亨廷顿:文明的冲突与世界秩序的重建[M].周琪,刘绯,张立平,等译,北京:新华出版社,2002.

塞缪尔·亨廷顿:谁是美国人?[M].程克雄译,北京:新华出版社,2010.

西摩·马丁·李普赛特:政治人:政治的社会基础[M].张绍宗译,上海:

上海人民出版社，1997.

西摩·马丁·李普赛特：一致与冲突[M].张华青，林恒增，孙哲，等译，上海：上海人民出版社，1995.

雅克·德里达：马克思的幽灵——债务国家、哀悼活动和新国际[M].何一译，北京：中国人民大学出版社，2008.

三

蔡俊生，陈荷清，韩林德：文化论[M].北京：人民出版社，2003.

曹长盛，张捷，樊建新：苏联演变进程中的意识形态研究[M].北京：人民出版社，2004.

常欣欣：后冷战时代的和平：一种经济、政治和文化的分析[M].天津：天津教育出版社，2002.

陈家刚：危机与未来：福山中国讲演录[M].北京：中央编译出版社，2012.

陈学明，马拥军：走近马克思——苏东剧变后西方四大思想家的思想轨迹[M].北京：东方出版社，2002.

陈越：哲学与政治：阿尔都塞读本[M].长春：吉林人民出版社，2003.

费孝通：费孝通论文化与文化自觉[M].北京：群言出版社，2005.

洪韵珊：恩格斯晚年思想研究[M].武汉：华中师范大学出版社，1988.

侯惠勤：马克思的意识形态批判与当代中国[M].北京：中国社会科学出版社，2010.

胡绳：中国共产党的七十年[M].北京：中共党史出版社，1991.

黄淑娉，龚佩华：文化人类学理论方法研究[M].广州：广东高等教育出版社，1996.

季广茂：意识形态[M].桂林：广西师范大学出版社，2005.

靳辉明，罗文东：当代资本主义新论[M].成都：四川人民出版社，2005.

李振城：无硝烟的战争——“和平演变”与对策[M].天津：天津社会科学出版社，1991.

梁建新:穿越意识形态终结的幻象——西方意识形态终结论思潮评析。北京:中国社会科学出版社,2008.

罗骞:论马克思的现代性批判及其当代意义[M].上海:上海人民出版社,2007.

秦绍德:引领我们前进的伟大旗帜[M].上海:上海教育出版社,2010.

秦言:知识经济时代[M].天津:天津人民出版社,1998.

孙晶:文化霸权理论研究[M].北京:社会科学文献出版社,2004.

唐晓燕:马克思意识形态理论逻辑进程[M].北京:社会科学文献出版社,2018.

王辑思:文明与国际政治——中国学者评亨廷顿的文明冲突论[M].上海:上海人民出版社,1995.

王雳:马克思主义与当代社会思潮[M].北京:中国人民大学出版社,1994.

王小章:丹尼尔·贝尔:介入的观念[M].杭州:浙江大学出版社,2000.

王逸舟:当代国际政治析论[M].上海:上海人民出版社,1995.

吴晓明,王德峰:马克思的哲学革命及其当代意义——存在论新境域的开启[M].北京:人民出版社,2005.

吴晓明:思入时代的深处——马克思哲学与当代世界[M].北京:北京师范大学出版社,2006。

吴晓明:形而上学的没落——马克思与费尔巴哈关系的当代解读[M].北京:人民出版社,2006.

吴易风:当前金融危机和经济危机背景下西方经济思潮的新动向[M].北京:中国经济出版社,2010.

许启贤:世界文明论研究[M].济南:山东人民出版社,2001.

薛华:黑格尔对历史终点的理解[M].北京:中国社会科学出版社,1983.

杨生平:论马克思主义意识形态理论的形成和发展[M].首都师范大学出版社,1998.

仰海峰:西方马克思主义的逻辑[M].北京:北京大学出版社,2010.

姚大志：现代意识形态理论[M].哈尔滨：黑龙江人民出版社，1993.

衣俊卿等：20世纪的文化批判[M].北京：中央编译出版社，2003.

余源培、荆忠：寻找新的学苑[M].上海：上海社会科学出版社，2001.

余源培：马克思主义经济哲学及其当代意义[M].上海：复旦大学出版社，2010.

余源培：余源培文集[M].上海：上海人民出版社，2003.

俞可平：全球化时代的“马克思主义”[M].北京：中央编译出版社，1998.

俞吾金：意识形态论[M].北京：人民出版社，2009.

张广智，张广勇：史学，文化中的文化——文化视野中的西方史学[M].杭州：浙江人民出版社，1990.

张秀琴：马克思意识形态概念理解史[M].北京：人民出版社，2018.

张一兵：回到马克思[M].南京：江苏人民出版社，2005.

中国社会科学院马克思主义学院：马克思恩格斯列宁论意识形态[M].北京：人民出版社，2009.

周宏：理解与批判——马克思意识形态理论的文本学研究[M].上海三联书店，2003.

四

陈启能：历史终结了吗？——评福山的历史终结论[J].史学理论研究，1997(3).

陈学明，李先悦：福山的“历史终结论”的终结说明了什么[J].马克思主义理论学科研究，2017(1).

程恩富，谢长安：“历史终结论”评析[J].政治学研究，2015(5).

胡大平：马克思主义的意识形态范畴[J].教学与研究，2009(11).

哈贝马斯：东欧剧变与《共产党宣言》[J].李晖编译，马克思主义与现实，1997(3).

胡潇：马克思恩格斯关于意识形态的多视角解释[J].中国社会科学，

2010(4).

塞巴斯蒂安·赫尔科默:后意识形态时代的意识形态[J].张世鹏译,当代世界与社会主义,2001(3).

苏富强:"意识形态终结"论的终结[J].求索,2007(2).

弗里德里克·詹姆逊:论现实存在的马克思主义[J].王则编译,马克思主义与现实,1997(1).

孙向晨:从黑格尔到现代法国哲学——论科耶夫的黑格尔主义[J].学术季刊,1998(1).

孙仲:质疑意识形态终结论[J].浙江学刊,2003(5).

吴晓明:马克思主义哲学与通达社会现实的道路[J].中国社会科学,2007(5).

吴晓明:社会现实的发现:黑格尔和马克思[J].马克思主义与现实,2008(2).

吴晓明:马克思的现实观与中国道路[J].中国社会科学,2014(10).

吴玉荣:"意识形态终结论"的百年历程及其对立[J].中国特色社会主义研究,2003(2).

仰海峰:《精神现象学》中的主人——奴隶的辩证法:科耶夫《黑格尔导读》的核心理念[J].现代哲学,2003(3).

余源培:论意识形态研究中的四个基本问题[J].河北学刊,2010 (1).

余源培,沈玉梅:新时期马克思主义中国化的世界历史眼光[J].毛泽东邓小平理论研究,2008(12).

俞可平:马克思论民主的一般概念、普遍价值和共同形式[J].马克思主义与现实,2007(3).

张国清:丹尼尔·贝尔和西方意识形态的终结[J].江海学刊,2001(2).

张骥、张爱丽:论苏联意识形态建设的教训及其启示[J].当代世界与社会主义,2008(5).

张秀芹,黄明理:意识形态的"泛化"、"非化"和"再化"的历史反思及其启示[J].求实,2010(3).

中联部六局:从勃列日涅夫时期意识形态方面的问题看苏联的解体的

原因[J].党建研究,2000(9).

仲崇东:“意识形态终结论”评析[J].天津社会科学,2002(4).

邹诗鹏:马克思哲学与意识形态问题[J].天津社会科学,2003(2).

后　记

弹指之间，博士毕业已经多年。论文一直拖到现在才修改出版，主要原因有二：一是感觉论文太拙，羞于出版面世；二是苟且一隅怠惰拖沓，懒于思考写作。后常赴沪拜见恩师，聊天中恩师提及拙文出版一事，并有督促，自己想来也是觉得这事真真不能再拖了。于是2019年之初，缩回书房，打开那个尘封已久的文档，开始对接多年前的思绪，并将之延展到当下。四个月之后，书稿终于成型，不过还是很拙。没办法，这是书稿主人之拙使然。

本书从求学时的选题、开题、撰写、答辩到毕业后现在的修改成型，一路走来，最要感谢的是恩师余源培教授。在复旦大学哲学学院三年的求学生涯中，先生总是悉心指点，不吝赐教。本论文从确定选题、资料搜集、框架的搭建到最后定稿，都离不开先生的谆谆教导。先生严谨的治学态度、高尚的为师风范、宽广的理论视野，都对我有深远的影响。正是先生的严格要求、极力鞭策和悉心指导才使天生愚笨而又功底单薄的我得以顺利完成学业。对我来说，去沪求学的确艰难，先生对此甚为理解，在督促我完成学业的同时，亦关心我以及家人的生活状况。特别是对我的就业，先生特别挂念，时常打电话询问，并给出自己的建议和意见。毕业后也常电话问及工作与生活情况。凡此种种，均让我感受到先生慈父般的关爱和家庭的温暖。此种严师慈父式的恩情，我会一生铭记！还有师母，每次去老师家中，师母总是嘘寒问暖，关怀备至，谢谢师母的呵护和关心！

感谢复旦大学哲学学院的所有老师，吴晓明教授、王德峰教授、孙承叔教授、陈学明教授、邹诗鹏教授、冯平教授、郑召利教授等，诸位先生的授课，使我颇受启发，这对我研读文本以及论文撰写都有重要的导引作用。论文的顺利完成，也得益于诸位先生在开题、中期考核以及预答辩中所给予的点拨和指正。在此，真诚地向诸位先生道一声：谢谢！

还有我的同窗：邓秋菊、郭燕、赵岩、谢静、赵春清、刘芳、黄学胜、姜海波、宋朝普、李春建、王文臣、王世进，以及室友胡佳、黄飞君、王红艳，在求学生涯中，他们都给予我许多的关照和帮扶。深情与厚意，我会永记心底，谢谢他们！

感谢为本书出版提供资助的宿州学院马克思主义理论重点学科以及宿州学院“原理”课程教学与科研工作室；感谢安徽师范大学出版社和编辑为本书的出版付出的辛勤劳动。同时，本书吸收和借鉴了许多专家和学者的研究成果，在此一并送上我最诚挚的谢意！

最后还要感谢自己。尽管本书还只是一本拙作，但是这对于天生愚笨又功底单薄的我而言也不是件容易的事，好在自己坚持下来了。那些从眉梢、指尖与脚端滑过的日子，酸甜也罢，苦辣也好，而今回看时，都已成为自己生命中最宝贵的财富，知足，且珍惜。

文虽言之凿凿，然则内心惶恐。面对着这个我虽已尽力但仍感觉难以提得上台面的拙作，甚感愧对师恩。还是借用阿瑟·克拉克的话作为对自己的勉励吧：“我永远都没有长大，但我永远都没有停止生长。”

由于学识浅薄能力有限，本书肯定存在这样或那样的不足以及值得商榷之处，恳请方家批评指正！

沈玉梅

2019年3月31日

于宿州学院西校区21号楼